U0908172

线上中国

移动时代的微信社区研究

王琛　刘楠　著

中国大百科全书出版社

图书在版编目（CIP）数据

线上中国：移动时代的微信社区研究/王琛，刘楠著．—北京：中国大百科全书出版社，2020.5
（深圳大学新闻传播学前沿文库）
ISBN 978-7-5202-0657-0

Ⅰ.①线… Ⅱ.①王… ②刘… Ⅲ.①互联网络—应用—社会交往—研究—中国 Ⅳ.①C912.3-39

中国版本图书馆CIP数据核字（2019）第279295号

出 版 人 刘国辉
策 划 人 曾 辉
责任编辑 鞠慧卿
封面设计 乔智炜
责任印制 常晓迪
出版发行 中国大百科全书出版社
地　　址 北京市阜成门北大街17号　**邮政编码** 100037
电　　话 010-88390636
网　　址 http://www.ecph.com.cn
印　　刷 北京地大彩印有限公司
开　　本 710毫米×1000毫米　1/16
印　　张 23
字　　数 255千字
印　　次 2020年5月第1版　2020年5月第1次印刷
书　　号 ISBN 978-7-5202-0657-0
定　　价 68.00元

目录

第二部分　微信社区里的明星与粉丝

第三部分 个人社区

绪 论

场景、社群与 SMT[①]

① SMT，Social Media technology，即社交媒体技术。

第一节　媒介化社会的到来

著名的媒介理论家保罗·莱文森（Paul Levinson，一译保罗·利文森）在《手机，挡不住的呼唤》中这样写道：

> 手机的名字十分美妙。在英格兰和世界其他许多地区，它叫作移动电话（mobile phone）；不过叫“蜂窝式便携无线电话”（cellphone）更传神，因为它不仅像有机体的“细胞”（cell）一样可以移动，而且与细胞一样，无论走到哪里，它都能够生成新的社会、新的可能、新的关系。[①]

在莱文森写这本书的时候，手机还只是一个将人从固定地点解放出来的通信工具，帮助我们传递信息、往来关系。短短十几年，媒介信息技术尤其是移动互联网的突飞猛进，将人类社会卷入了社会媒介化的洪流中，智能手机及相关应用几乎接管了世人生活的各个面向。弗里德里希·克罗兹（Friedrich Krotz）曾指出，媒介化不是一个常规意义上的简单过程，它更是一个元过程（meta-process），

① ［美］保罗·莱文森，手机：挡不住的呼唤，何道宽译，北京：中国人民大学出版社，2004。

可以用来作为描述和解释经济社会文化维度以及实际变化的基石[①]。媒介技术作为一种深刻改变社会形态的重要力量，在其自身迭代发展过程中，逐步向社会各个领域延伸渗透、彼此嵌套交互，进而全面深刻地影响社会变迁的过程。

社会的媒介化过程有两个阶段：

一是中介化（mediated）阶段。这个时期媒介的作用，如索尼亚·利文斯通（Sonia Livingstone）所指出的，"任何事物都处于被中介的关系之中"[②]。中介性是媒介的内在属性，当个体通过媒介了解社会时，媒体就成为人与社会之间关系的中介[③]。在这个阶段，媒介起到工具和桥梁的作用。

二是媒介化阶段。媒介化社会（mediatized society）不同于媒介中介化的社会（mediated society）。尼克·库尔德里（Nick Couldry）指出，在媒介化社会里，人们的工作、生活、关系等方方面面都与媒介融为一体，媒介不再只是中介，不再只是单纯的技术性的传播载体（比如电报、电视、互联网等），而是广义的用以联通个体与社会、承载个体生活以及社会生活的工具[④]。当代互联网技术的迭代革新，不仅为人们提供了联结的工具与聚合的空间，将原本分散的个

---

① Krotz，F.，"The Meta-process of 'Mediatization' as a Conceptual Frame"，*Global Media & Communication*，2007，3（3）：256-260.

② Livingstone，Sonia，"On the Mediation of Everything：ICA Presidential Address 2008"，*Journal of Communication*，2009，59（1）：1-18.

③ 孙少晶，媒介化社会：概念解析、理论发展和研究议题，载童兵主编，媒介化社会与当代中国，上海：复旦大学出版社，2011：3。

④ Couldry，N. and Hepp，A.，The Mediated Construction of Reality，Polity Press，2017.

体通过互联网彼此联结在一起，形成无数以各种关系或情感联结的网络群体，而且承载了社会生活方方面面的内容，与社会本身融为一体，构建出一个个网络社会世界。可以说，高度媒介化的社会正在形成。

互联网社区的发展以及学者们对其认识，都经历了一个发展过程。

网络社区最早在国外出现，最初的形式是论坛、聊天室、BBS、订阅组包括电子邮件等。在 20 世纪 90 年代中期，西方学术界掀起了互联网社区研究的热潮。学者们的研究集中在虚拟社区、与现实社区关系以及在线身份等方面。

斯塔尔·希尔茨（Starr. R. Hiltz）最早提出“线上社区”这一术语[①]。在更早的一本书里，希尔茨和图罗夫（Murray Turoff）探讨过以计算机为中介的人类交流[②]。被社会广泛接受的“虚拟社区”(Virtual community）是由霍华德·莱茵戈德（Howard Rheingold）提出的。他给虚拟社区下的定义是：“从网络兴起的社会集合体，有足够多的人进行足够长时间的共同话题讨论，伴有充分的情感交流并在赛博空间形成人际关系的网络。”[③]书中对早期的线上社区 THE WELL 进行了调查研究。他这样描述人们的线上生活：互相寒暄和争论、参与智力讨论、进行交易、交换知识、分享情绪和支持、制定计划、头脑风暴……

① Hiltz, S.R., Online Communities: A Case Study of the Office of the Future, Norwood, NJ: Ablex Publishing Company, 1984.

② Hiltz, S.R. and Turoff, M., The Network Nation: Human Communication via Computer. Reading, MA: Addison-Wesley, 1978.

③ Rheingold, H., The Virtual Community: Homesteading on the Electronic Frontier. Reading, MA: Adding-Wesley, 1993, 5.

随后雪莉·特克（Sherry Turkle）的《屏幕上的生活：互联网时代的身份》通过民族志的方法和个案研究考察了许多虚拟环境，揭示了用户如何创建在线身份并引导其离线生活。正如我们所常见的，虚拟环境仿佛成为一个艾米·布鲁可曼（Army Bruckman）所称的"身份工场"[①]（Identity Workshop），用户可以在其中自由地选择性别、人物和职业身份。

早期的线上社区研究成果还有安尼特·马卡姆（Annette Markham，1998）、南希·拜厄姆（Nancy Baym，1999）和林恩·乔尔内（Lynn Cherny，1999）等人的著作。安尼特·马卡姆 的《线上生活》详尽地记录了其作为一个互联网重度使用者的生活经验，呈现了线上社区的实践、身份及身体体验等[②]。南希·拜厄姆仔细研究Usenet里的一个肥皂剧粉丝论坛，发现观众社区与线上社区之间有很多相似之处，一个社区的结构是在惯习和重复的行动和实践中实现和再创造的，因而建议从"实践的社区"角度理解和研究线上社区[③]。林恩·乔尔内对一个游戏社区的实时聊天进行民族志调查，显示了人们的线上互动，及运用语言建构维系社区的作用[④]。

可以看出，互联网发展的早期还处在中介化阶段，学者们也只

① Bruckman，A.，Identity Workshop：Emergent Social and Psychological Phenomena in Text-Based Virtual Reality，https://mf.media.mit.edu/pubs/other/IdentityWorkshop.pdf.

② Markham，A.N.，Life Online：Research Real Experience in Virtual Space，Walnut Greek，CA：Altamira，1998.

③ Baym，N.，Tune in，Log on：Soaps，Fandom，and Online Community，Thousand Oaks，CA：Sage，1999.

④ Cherny，L.，Conversation and Community：Chat in a Virtual World，Chicago：University of Chicago Press，1999.

是把它当作一个虚拟的空间，探讨人们在其中的活动、经验、身份和角色构成等。随着信息传播技术在全社会的扩散与渗透，社会生活开始越来越广泛而深入地同步到互联网上。这样的变化也可以从学者们对概念表述的选择看出来。在 20 世纪 90 年代，“虚拟社区”一词是被学术界普遍接受和使用的，当时借由计算机技术所构建的是一个与现实社会不同的另一个空间——“虚拟空间”和“虚拟环境”。但现在虚拟世界与现实生活世界彼此嵌入，结界趋于消融。“虚拟社区”一词逐渐衰落，因为它暗含着模拟、不真实的镜像，学者们转而使用“线上社区”或“在线社区”这样的概念[①]。

互联网技术尤其是社交媒体技术（Social Media Technology，SMT）的到来，社会媒介化程度日趋加深。社会媒介化的重要结果，是媒介与社会的合一。如罗伯特 · V. 库兹奈特（Robert V. Kozinets）所指出，在线社区生活和“真实生活”的社会之间已不再有本质差别，“这两个世界合成一个世界，一个真实生活的世界，因为人们如此生活”[②]。

社会媒介化在改变人类社会沟通方式的同时，重新塑造了人与人、人与群体和社会的关系。

---

① ［美］罗伯特 · V. 库兹奈特，如何研究网络人群和社区：网络民族志方法实践指导，叶韦明译，重庆大学出版社，2016：3。

② 同上。

第二节 媒介情境中的生活世界：理论反思与时空架构

当“微信之父”张小龙将微信定位为“一个生活方式”的时候，微信还不是一种生活方式。他想象的是，“微信深入到每一个人的沟通里面，好友都在里面，能够与好友在里面频繁的交互”。随着持续增加的用户、持续不断的版本升级和功能扩展，现在的微信 App 成为手机最重要的应用，不仅集即时通信、社会交往与社会传播三大功能于一体[①]，而且覆盖了个人和群体日常生活的诸多面向。

2011 年初问世的手机 App 微信（WeChat），到 2018 年 2 月的全球用户月活数已突破 10 亿大关；2019 年 5 月 15 日微信官方公众号“微信派”发布了截至 2019 年 3 月 31 日微信第一季度的业绩报告。报告显示，微信国内用户及海外用户的合并月活账户数达到 11.12 亿，同比增长 6.9%。其他方面的持续增长也非常强劲：月活跃商户同比增长超过 1 倍，用户交易频率和交易额提升；金融科技及企业服务的收入增长 44% 至 218 亿元，这主要受益于商业支付及云服务的增长，小程序等促进了社区拼团等服务模式的扩展，用户群稳健增长；在 2018 年，平均每天有 450 亿次的信息发送出去，4.1 亿次音视频呼叫成功；微信通讯录里的朋友数量人均比三年前多了 110%……微信不仅早已成为国民级互联网社交产品，而且成为我们日常生活中不可或缺的功能助手。

作为一种通信工具，微信 App 以智能终端手机为载体，随身携带、操作简便，将互动沟通从地点固定的计算机 PC 端解放出来，打

① 魏超、张骁，微信的功能和属性分析，出版广角，2014（12）。

破时间和空间的制约，实现了沟通的移动实时。

作为一种社交软件，微信将各种社会关系联结起来，将以社会学角度所划分的各类群体，诸如亲缘群体、地缘群体、业缘群体、趣缘群体等正式、非正式群体都容纳在内，无论是长期的，还是临时的；是开放的、半开放的还是封闭的，都可快速联结建群。强大的社交功能使之成为连接个体与个体、个体与群体和群体内部灵活、便捷的工具。

线下的各类社群及其活动，同时在线上微信群里展开，或者说，线下的社群活动转移和反映到线上的微信，微信群成为移动时代的各类社区和社区生活的载体与容器。借用让·鲍德里亚（Jean Baudrillard，一译让·波德里亚）在《消费社会》中的一段话：

> 铁路所带来的“信息”，并非它运送的煤炭或旅客，而是一种世界观、一种新的结合状态，等等。电视带来的“信息”，并非它传送的画面，而是它所造成的新的关系和感知模式，家庭和集团传统结构的改变[①]。

正如刘易斯·芒福德（Lewis Mumford）等技术哲学思想家所指出的，技术的意义不在于技术本身，而在于它们所创造的新的生活方式和生存方式[②]。面对蓬勃发展的互联网世界和移动社会，中国学界做了不少的实证研究和理论探讨，内容驳杂，角度不一，难以尽述。概而论之，其中大部分可称之为“媒介－社会”观，延承了

---

① ［法］让·波德里亚，消费社会，刘成富等译，南京：南京大学出版社，2001：132。

② Mumford，L.，Technics and Civilization，Harcourt Brace and Company Inc.，1934：322–323.

早期互联网社区研究的取径，探讨不同的社会群体尤其是趣缘群体的在线互动与社会结构，可大抵归为社会学的“结构－功能”学派；另外有一部分姑且称之为“媒介－社会运动”观，他们主要关注互联网媒介技术在政治动员、社会抗争、邻避运动等方面的作用和机制，属于社会学“社会冲突论”的理论角度；最后一类可称之为“媒介－个体”观，关注新媒介技术与自我呈现、消费、景观、社会网络等，基本采用社会学“符号互动论”的微观研究视角。因此，总的来说，包括传播学、社会学、人类学等领域的学者动用了自埃米尔·涂尔干（Émle Durkheim）以来西方大量的学术资源，进行了多层面和多角度的研究。

如前所述，当今移动社会是社会媒介化进程深化的阶段，以往的研究虽然也认同网络世界与现实世界的密切关联乃至合二为一，但大体仍将媒介作为一种技术工具来探讨其之于社会或个体的意义与作用，媒介仍然被视为是一种“中介”性质的存在，缺乏社会媒介化视角的理解和研究。

本研究认为，从社会媒介化视角进行研究，需要将媒介作为日常生活的环境来分析，思考媒介与社会世界的彼此嵌套，即社会世界在媒介世界里的展开、内容、过程与逻辑，以及媒介世界对现实世界作用的机制力量，以此来描述和分析当今移动时代人们的生活世界和交往世界。这需要借鉴两方面的理论视角和理论资源：

一是媒介环境学派的理论资源。媒介环境学派（Media Ecology）发轫于20世纪60年代。伴随着西方印刷媒介向电子媒介的转变，社会生活带来了前所未有的重大变革，以哈罗德·英尼斯（Harold Innis）、马歇尔·麦克卢汉（Marshall Mcluhan）、尼尔·波兹曼（Neil

Postman）、约书亚·梅罗维茨（Joshua Meyrowitz）以及保罗·莱文森为代表的媒介环境学派，从媒介自身的特性出发，探讨在媒介技术日益发展的社会宏观背景下，媒介对人们行为方式、生活方式、社会结构变迁的影响，对媒介的作用进行解析和反思。媒介环境学派的普遍观点是“媒介并不单纯是两个或多个环境之间传递信息的渠道，而且也是一种环境”。经过三代理论学家的努力，媒介环境学派成为与经验学派和批判学派鼎力的“第三学派”。

梅罗维茨是媒介环境学派的第三代理论学家，他同样站在技术–社会视角下考察媒介环境对社会的诸种影响。但有所不同的是，他的研究落点在于媒介如何作用于社会交往系统，即媒介与人际互动的研究[①]，考察了在不同媒介情境下社会行为的变化。他继承了英尼斯、麦克卢汉关于媒介的理论，又借鉴了社会学家欧文·戈夫曼（Erving Goffman）的“拟剧论”中有关场景与角色的观点，将两者作为媒介情境理论的有力支撑。

麦克卢汉认为随着媒介环境的发展，西方社会必然会发生激烈的冲突和对抗，但是麦克卢汉“在他的著作中并没有说明电子媒介能够引起广泛社会变化的原因”[②]。同时，麦克卢汉在《理解媒介——论人的延伸》[③]（*Understanding Media：The Extensions of man*）中将媒介描绘为感官的延伸，并且阐述了媒介的感官平衡与人的心理认知

① 周勇、何天平，“自主”的情境：直播与社会互动关系建构的当代再现——对梅罗维茨情境论的再审视，国际新闻界，2018，40（12）：6–18。

② 李明伟，知媒者生存：媒介环境学纵论，北京：北京大学出版社，2010：135。

③ ［加］马歇尔·麦克卢汉，理解媒介——论人的延伸，北京：商务印书馆，2000：167。

以及社会结构之间的关系。但是，没有给出具体的理由解释为什么不同感官的平衡会为人带来不同的行为。

著名社会学家欧文·戈夫曼在《日常生活中的自我呈现》[①]（*The Presentation of Self in Everyday Life*）中，将戏剧表演的观点引入社会学的研究，将“前台”和“后台”的概念运用到对印象管理的分析，阐释了交往场景对社会行为带来的影响。他认为，“前台”是人们向他人展现的部分，具有表演的性质；“后台”是人们展示真实行为的空间。但是梅罗维茨认为，“对于戈夫曼和其他场景主义者而言，场景及其相匹配对角色是相对稳定的”[②]。戈夫曼把社会交往场景作为一成不变的物理空间，他并不考虑场景本身的变化，以及场景的变化所带来的社会交往与社会角色扮演的改变，而是研究每种交往场景中如何定义恰当的行为和角色扮演，以及人们在社会交往中和角色扮演中如何进行印象管理。

在梅罗维茨看来，戈夫曼与麦克卢汉二人的优势、劣势是互补的。戈夫曼侧重研究面对面的交往，而忽视了媒介对他所描述的变量的影响和作用。而麦克卢汉侧重研究媒介的效果，却忽略了面对面交往的结构特征。梅罗维茨在1985年出版了其代表作《消失的地域：电子媒介对社会行为的影响》（*No Sense of Place*：*The Impact of Electronic Media on Social Behavior*）。在这部论著中，梅罗维茨将英尼斯、麦克卢汉的媒介理论与戈夫曼的“场景主义”结合起来，提

① ［美］欧文·戈夫曼，日常生活中的自我呈现，冯钢译，昆明：云南人民出版社，1988：35。

② ［美］约书亚·梅罗维茨，消失的地域：电子媒介对社会行为的影响，肖志军译，北京：清华大学出版社，2002：38。

出关于媒介的情境理论。梅罗维茨认为，电子媒介的广泛应用会创造出新的社会环境，而社会环境重新塑造行为的方式可能会超越所传送的具体内容。由此，梅罗维茨主要探讨了两个问题，即媒介的变化如何改变社会环境，社会环境的变化可能对人的行为产生何种影响[①]。梅罗维茨认为，“对人们交往的性质起决定作用的并不是物质场地本身，而是信息流动的模式”[②]。现实社会中的场景并非拟剧论所设想的那样是静态的，而是在动态中变化着的。可以将媒介情境理论概括为：媒介环境 – 交往场景 – 社会行为。

对于梅罗维茨媒介情境理论的贡献，李明伟在《知媒者生存：媒介环境学纵论》中有简略概括。他认为，与之前宏大的媒介主题相比，梅罗维茨将媒介环境学推进到了社会变化的微观层面，聚焦于对日常人际交往的研究，其扎实的理论体系与细腻的观察表述都是前所未有的[③]。梅罗维茨在《消失的地域：电子媒介对社会行为的影响》原著前言中也提到，对电子场景如何影响社会行为的分析与描述，目的“不是为了对社会的变化或我们当今社会的特征做出一个完整的解释，而是为了说明媒介的变化与当今社会的潮流有着莫大的因果关系”，“更进一步的目的是提供一种研究媒介影响和社会变革的新方法，不仅能研究现在，而且能研究过去和未来”[④]。

在本研究中，梅罗维茨的媒介情境理论为群体行为与角色的变

① ［美］约书亚·梅罗维茨，消失的地域：电子媒介对社会行为的影响，肖志军译，北京：清华大学出版社，2002：12。

② 同上，第 33 页。

③ 李明伟，知媒者生存：媒介环境学纵论，北京：北京大学出版社，2010。

④ ［美］约书亚·梅罗维茨，消失的地域：电子媒介对社会行为的影响，肖志军译，北京：清华大学出版社，2002：5。

化提供了一种理论角度与视野。但是，媒介发展至社交媒介时代，梅罗维茨的媒介情境理论是否适用于网络媒介场景成为重要的议题。梅罗维茨所定义的“场景”是否依旧适用？“场景”作为信息流动的方式，在网络场景中发生了怎样的变化？网络社群作为联结群体的场景，场景的机制有怎样的改变？这种改变对网络群体行为会产生怎样的影响？这些问题都需要重新进行讨论。

欲研究媒介化社会的机制、过程与特点，选择社区来进行研究将是理想的切入口。从社区角度来看，会涉及社区/社群公共生活、社会互动与社会过程、社群认同、社区经济、社区社会资本、社区冲突、个人社会网络与自我认同等社会学、社会心理学的研究论题，因此，还需要借鉴社会学、人类学、社会心理学等人文社会学科的理论视角和理论资源，来思考和解释线上社会过程及其内在机制。

综上所述，本研究将媒介环境学派的理论视角作为研究进路，结合社会学及相关学科的理论资源，选择不同类型的社区进行个案研究。研究的着眼点在于个案社区日常生活中的互动。从日常生活批判理论来看，琐碎、重复的“日常生活”并非毫无意义，它作为人类各种专业化与技术化高级活动所留下的剩余物，隐含着深刻的内容，它是一切活动的纽带与共同根基，是各种各样的社会活动和社会关系得以萌生与成长的土壤和滥觞[①]。从对意义与认同建构的影响来看，社群日常化的互动交流比一次集体行动更为有潜移默化、自然而然的意义。因而，对于社区公共生活的研究有助于

① Lefebvre，H.，Critique of Everyday Life，trans. by John Moore，Verso，1991.

理解社交媒体环境下的城市社区关系、社区过程及社区意识等的深刻变化。

第三节　微信里的社区与社群

一、社区与社群概念

詹姆士·H. 道尔顿（James H. Dalton）曾指出，"社区"一词的含义有着多样性和不确定性。一方面，社区的感性内涵赋予它隐喻的可能性，因此带来界定上的困难[①]。如学者塞莫尔·B. 萨拉森（Seymour B. Sarason）将社区定义为"容易获得的、互相支持的人们能依赖的关系网络"，他将家庭、扩展家庭、好友、互助群体、俱乐部等，与街道、邻里乃至国家的职能组织都视为社区的形式[②]。另一方面，社区研究也的确涉及不同的生态水平，从微观到宏观，以及在当今网络时代，从线下到线上。

为明晰起见，笔者将家庭、扩大家庭及好友视为社会支持网络，将其排除在社区之外。社区应该被阐释为一个大的群体，在这个大的群体中，个体间互不认识，或者与他人联系不紧密，然成员彼此

---

① ［美］詹姆士·H. 道尔顿等，社区心理学：联结个体和社区，王广新等译，北京：中国人民大学出版社，2010：117。

② Sarason，S.B.，The Psychological Sense of Community：Prospects for a Community Psychology，San Francisco：Jossey-Bass，1974：131，153.

却共同承担义务[①]。这也是社区的传统概念，它包括城市街区、邻里、小城镇和农村。

传统社区往往以接近性为基础，偏重空间性。互联网出现以后，人类的交往突破了时间和空间的限制，实现了人与人之间的自由聚合，交互的深度和广度大大提升，进而将具有相同文化特征、兴趣爱好、价值观认同与需求的人们在网络上聚合起来并最终形成共同的社区意识和社区情感的关系网络称为“社群”。“社群”概念，与霍华德·莱茵戈德所谓的“虚拟社区”的含义在本质上是一样的[②]。该社群概念，又不同于社会科学研究里的“社群主义”[③]。

鉴于社区和社群概念的泛化多样，为简便起见，本书取学术界的一般用法，不将“社区”一词仅局限于地理位置上的共同体，而是也包含了在线空间中聚合的互动网络，没有对社区和社群进行区别。

二、微信社区与微信群聊

微信社区，属于通常所说的“网络社区/社群”，可以套用霍华德·莱茵戈德给虚拟社区下的定义，将之定义为：“在微信平台上的社会集合体，有足够多的人进行足够长时间的共同话题讨论，伴有

---

① ［美］詹姆士·H.道尔顿等，社区心理学——联结个体和社区，王广新等译，北京：中国人民大学出版社，2010：119。

② 孔剑平主编，社群经济：移动互联网时代未来商业驱动力，北京：机械工业出版社，2015。

③ ［美］丹尼尔·贝尔，社群主义及其批评者，李琨译，北京：生活·读书·新知三联书店，2002。

充分的情感交流并形成在线人际关系的网络。”

关于网络社区，还有很多的概念表述，如在线社区（Online communities）、互联网社区（Internet communities）、计算机中介社区（Computer-mediated communities）、电子社区（Electronic communities），以及兴趣社区（Communities of interest）、关系社区（Communities of relationship）、部落（Tribes）等。丰富的表述概念充分说明了网络世界的广泛而多样。然而，无论其名称和具体情境差异如何，虚拟社区大都具有霍华德·莱茵戈德经典定义的核心特点：网络社交聚合、交换情感和建立亲密关系。虚拟社区的成员资格是由意志选择驱动的，虚拟社区具有相对享乐主义的风格，会将快乐和个性放在遵从和一致性之前[①]，虚拟社区出于共同利益而非共同义务[②]。但微信社区，是基于社交媒体所形成的社区或社群，出现了与虚拟社区不同的特点。

微信自诞生以来便具有“关系”的特性。最初，微信是通过关联添加通讯录好友以及 QQ 好友的形式，扩展了微信好友，这使得微信具有了基于熟人关系的特质。基于微信平台的各类微信群，同样具备了微信的熟人关系的特征。

由陌生人组成的微信群的组建过程，也在不同程度上体现出“关系”的特征，并且也具有一定的群体边界。加入微信群具有一定的门槛，人际关系成为踏入这一门槛的钥匙。

---

① Muniz，A.M. and Jr. Thomas C. O'Guinn，“Brand Community”，*Journal of Consumer Research*，2001（27）：412–432.

② Valck，K. de，Virtual Communities of Consumption：Networks of Consumer Knowledge and Companionship，Erasmus Research Institute of Management（ERIM），2005：19.

这就使得微信社区分成了两大类：一类是现实社会关系的“在线化”，如家庭群、朋友群、同学群、同事群、社区群等，成员间相对熟识，也有不同程度的角色义务和权利规范等要求，可称为“关系型”微信群；另一类，主要是由陌生人组成的微信群，他们处于共同的兴趣或满足某种生活需要而形成。比如各类的兴趣群、粉丝群、二手买卖群、租房群等。群成立后，后来的人须通过人际关系拉入或扫描二维码进入，这是一种滚雪球式的群扩张方式。另外，还有一类人们因兴趣或其他需求聚集，像通常的虚拟社区一样入群是出于共同利益，这一类可称为“非关系型”微信群，或者功能型微信群，主要满足人的各种物质或精神需要。现实中还存在基于这两类群基础上交叉叠加的群。

微信社区的存在，主要体现在“微信群聊”。群聊是微信社区存在的形式。没有群聊，没有互动，群就形同虚设，社区便也不复存在。交谈作为自然事件，具有重要的研究价值。符号互动论、俗民方法论和知识社会学等研究都有相关的研究主题。从人类学的观点来看，交谈最关键的特点是它展现社会文化事实，“人们在谈话的时候就是在演练和生产他们的文化、社会角色以及个性”[①]。总之，交谈可以让人们领悟社会生活的秩序及合理性所在[②]，是维持现实的最重要媒介以及确保个体自身世界连续性的机制[③]，交谈促使群体成员界

① Moerman，M.，Talking Culture：Ethnography and Conversation Analysis，Philadelphia：University of Pennsylvania Press，1988：XI.

② Garfinkel，H.，“Remarks on Ethnomethodology”，in Gumperz，J. and Hymes，D. eds.，Directions in Sociolinguistics，New York：Holt，Rinehart & Winston，1972：323.

③ Berger，P. and Luckmann，T.，The Social Construction of Reality，New York：Doubleday，1966：140.

定他们的遭遇，形成群体的共同关注和一致行动[①]。因此敏锐地把握群聊中相互作用的微观过程，是微信社区研究的基本方式。

三、微信社区个案选择

微信社区，如前所述，是有着长期互动的社会集合体，因而不同于一般的微信群。微信群，也被称作微信群聊，是在线互动的社会网络，其类型是多样化的。从群聊建立的起点、过程和结果来看，主要具有以下 4 组形态：

1. 稳固形态和松散形态。以群内网络联结的紧密程度来区分。如果群内关系融洽、密切、交往稳定，则属于相对稳固形态的群；如果群内个体之间的关系比较松散、互动较少，则属于相对松散形态的群。

2. 封闭形态和开放形态。以个体进入该群网络的难易程度来看，有的社会网络具有明确的边界，或对新成员加入有严格规定，就属于比较封闭的群；反之就是开放的群。

3. 正式形态和非正式形态。借鉴社会学关于正式群体和非正式群体的划分，根据群内有无正式的架构和规章制度，可将群分为正式群和非正式群。以职业关系或组织关系为基础形成的各种工作群，属于正式群；没有正式的组织架构和严格的规章制度的各种家庭群、亲友群、朋友群、同学群等，属于非正式群。

4. 长期群与临时性群。根据群设立的目的和存在的时间来看，

---

① Blumer, H.,“Society as Symbolic Interaction”, in Rose, A. ed., Human Behavior and Social Processes, London: Routledge & Kegan Paul, 1972: 187.

有的群是为了临时性的事务沟通，事毕即解散或沉寂；有的群则是长期存在，成为群体日常化沟通的平台。

内部松散的、较少互动的群，以及临时性的群，不具有在线社区的性质，也没有研究的价值；正式组织的工作群、同事群，以通知和传达指令为主，是组织制度化的沟通渠道，群消息常常只有通知和“收到”一类的消息，其主要互动在线下沟通①，所以此类微信群也不具有研究价值。家庭群、同学群、朋友群等初级群体，规模太小、同质性较强，缺少社会过程，所以也不是理想的研究对象。

本研究的两个个案，一个是SZ市星河会社区微信群，这是一个城市实体社区的微信群，邻里们线上交流、线下互动，讨论公共事务，进行社区建设，改变了城市社区人际疏离、社区衰落的状况。在中国，小区在当前依然是有意义的社会单位②。当下许多城市社区都建了微信群或业主群，星河会社区微信群可作为一个社区生活的样本。

另一个是咖喱3000粉丝群，成立于2016年，这是一个因对一个乐队的共同喜爱而形成的微信群，粉丝们与明星共处一群，交流信息、参与创作，进行角色扮演游戏，发展出新型的明星－粉丝、粉丝－粉丝的关系。这类微信群，具有通常意义上“网络社区”的

---

① 从互动的角度来看，微信群大体可以分为交流群、交易群和通知群。交流群里的成员或关系紧密，或兴趣相投，或利益相关，有可能产生较多的互动；交易群，不同于以精神情感为主的交流群，主要以物质的交换交易为主，活跃但较少互动；通知群，至少有一人（通常是群主）是所谓的“头”，他与其他群成员的身份有明显不同，最典型的是有上下级关系的老板与同事构成的工作群以及老师与学生群、老师与家长群等。这些群以发布通知为主，群成员多说正式语言，目的性、工具性强。

② 桂勇、黄荣贵，社区社会资本测量：一项基于经验数据的研究，社会学研究，2008（3）。

某些特点，成员志趣相投，以同质化的兴趣爱好集结，但在微信的社交媒介环境下，又发展出不同的社会关系和角色关系，内部互动方式也不同。

本研究两个个案的选取，主要考虑了以下几个因素：

1. 典型性：两个个案都具有较突出的典型性。

星河小区是一个城市商业小区，其社区群已建群 5 年，群人数一直处于微信群人数的上限 500 人，该群承载了社区公共生活的基本内容，从中可以窥到社区全貌。

咖喱 3000 乐队有 4 位乐手，他们从业时间长、在音乐领域内知名度较高，是十分成熟的独立音乐人。同时，乐手及所在的乐队每年参加全国巡演、音乐节数十场，且在北京工人体育馆举行过专场演唱会、参与电视综艺节目的录制等，乐手的知名度高，每位乐手都拥有众多粉丝群体，可以说是音乐圈中的“摇滚明星”。

2. 活跃度：两个个案都有日常化的频繁互动。

星河会社区群信群作为地域共同体，有着共同的利益和关心的问题，邻居有问题通常去群内咨询，在群里讨论争论社区问题都成为惯常的群内社区互动内容。

佳丽 3000 微信粉丝群为乐队的官方群，此群内成员有共同的兴趣与关注点，乐手与粉丝的互动关系更为紧密。从建立起始，佳丽 3000 微信群成员数量始终保持在 300 ～ 400 人，最高人数达 430 人，日均群消息有数千之高，微信群成员活跃度高、群体黏性强。

3. 易得性：两位笔者分别以成员的身份进入个案社区，具有研究的便利。

经朋友帮助，笔者王琛于 2015 年 9 月以业主和邻里身份加入星河小区的微信群“星河会”，在 3 年多时间里尽可能地加入小区各个圈层的群空间，对社区交往活动和社区过程进行直接观察；另一位笔者刘楠则作为音乐爱好者和乐队的粉丝参与到微信群的互动之中，获取微信群内聊天记录和互动内容等一手研究资料，对研究群体进行近距离的观察与互动，并与粉丝和乐手们保持良好的线上线下联系。

这两个个案社区构成了本书的主要内容，即第一部分和第二部分。在本书的第三部分设计了“个人社区”一章。“个人社区”概念源自西方社区研究中巴里·韦尔曼（Barry Wellman）提出的社区解放论。继社区消失论、社区继存论之后，韦尔曼提出社区解放论，主张将城市社会关系网络视为社区，“把社区视为个人关系的网络”，研究高流动社会背景下的“个人社区”①。在移动互联网时代，手机成为个人社会关系网络的载体，个人社区的研究也就必不可少。此为本书微信社区研究的三种类型和内容规划。

第四节　研究方法与内容框架

一、认识论基础

两位笔者从事研究时，都将自身的身份认同视为“成员 – 学者”

① Wellman，B.，“Studying Personal Communities”，in Peter V. Marsden and Nan Lin eds.，Social Structure and Network Analysis，Beverley Hills：Sage Publications，1982.

的双重身份（Member-scholar），也即，研究者既是社区成员或粉丝，也是学者。我们将之视为互联网时代学者从事网络社区研究的一种有利的和必要的立场。双重身份可以为研究带来人类学所谓的主位（Emic）和客位（Etic）的双重视角。

人类学研究的独特方法——田野调查（Fieldwork）强调从调查对象的角度去理解其生活境况，获取主位观点，避免以自己的文化观点和思维框架裁剪和硬套处于不同情境下人群的意义世界，应透过一种同情心（Empathy）去认知和达成理解；“同情”作为一种社会行动，如美国社会学家查尔斯·霍顿·库利（Charles Horton Cooley）所说，是“交织着想象与差异的社会行动”①，是对外物如其所是的一种感知能力，这也构成了人类学方法的独到成功之处，可以比其他多数研究方法提供关于社会生活更为丰富的信息。因此，一旦从某个群体内部来着眼看问题，我们就会更好地理解这些成员缘何如此行事，并可以对同研究中的情况相交织的社会过程了解得更多②。加拿大麦吉尔大学学者加布里埃尔·科尔曼（Gabriella Coleman）为了从主位角度理解黑客意味着什么，不仅进行多年的在线研究，还前往旧金山与黑客们住在一起，并与黑客们一起游行，由内而外地学习他们的文化。她在著作《编码自由：黑客的道德与美学》（*Coding Freedom*：*The Ethics and Aesthetics of Hacking*）中所呈现的黑客文化与黑客美学之丰富与深厚足以令人称奇。

---

① ［美］查尔斯·霍顿·库利，人类本性与社会秩序，包凡一等译，北京：华夏出版社，1999：87。

② ［英］安东尼·吉登斯，社会学，赵旭东译，北京：北京大学出版社，2003：821。

在本研究的社区个案中，成员－学者的身份能让笔者充分进行线上线下的参与观察，得以获取真实而完整的一手资料；若非如此，欲从一个相对封闭的网络社群中获得一手资料几乎没有可能；进而，在内部理解社区过程的同时，以学者的角度（即客位角度）进行学术性的思考分析。

主位角度对于粉丝社群的研究更有必要。粉丝通常会被社会部分人群误解和污名化，获取内部观点不仅需要进入粉丝社群内部，更需要一种能带来理解的主位身份。“粉丝－学者”（fan–scholar）一词是由马特·希尔斯（Matt Hills）在其 2002 年专著《迷文化》（*Fan Cultures*）中创造的，被定义为在面向粉丝圈的作品中使用学术方法和理论的粉丝[①]。成为粉丝则意味着认同粉丝所在群体的文化，而作为学者对粉丝进行研究，则允许研究者“探索一些我们与社会、政治，以及文化现实和身份认同的关键机制”[②]。

二、研究方法说明

本研究主要运用参与式观察、深度访谈、文本分析与谈话分析、问卷调查等方法。

1. 参与式观察

两个主要个案的研究都采用人类学田野调查的方式进行了长时间的参与观察和深度访谈。在社区群的个案中，笔者在 3 年多时间

---

① ［美］马特·希尔斯，迷文化，朱华瑄译，台北：韦伯文化国际出版有限公司，2005：118–120。

② 同上。

里尽可能地加入小区各个圈层的群空间，运用在线民族志方法进行观察记录；在线下，笔者也以社区成员的身份跟随朋友参与了一些社区活动，如聚餐、烘焙、登山等，获取了大量真实、自然而难得的社区内部一手资料。

粉丝群个案的笔者在 2017 年 11 月 16 日以回答问题的方式由内部粉丝拉入佳丽 3000 微信群，对该微信群进行了一年多的参与式观察，收集到大量第一手资料，包括微信聊天、图片、视频、表情包、链接等，同时也与群中的部分成员建立了广泛的友谊。粉丝群研究者还参加两次线下乐队巡演，在与粉丝和乐队建立友谊的同时进行田野观察，并对粉丝和乐手进行了深度访谈。在线上参与方面，研究者作为粉丝，在线下参与方面，共参与咖喱 3000 乐队的一次巡演和一次专场演出。通过演出，观察和了解粉丝与乐手在线下的互动和关系的建立，以及佳丽作为粉丝群体在线下活动中的呈现与联结方式。

两位笔者在线上主要以在群“潜水”观察为主，隐藏了研究者的身份，在不以改变原有话题的情况下参与部分互动内容，积极接触研究对象，在自然情景中与群中数位成员结成好友，保持良好的互动关系。

2. 深度访谈

社区群个案中，研究者加群里一些邻居为好友进行聊天访谈，除了日常化的互动外，还对十多位元老、群主、活跃人士和业主进行了线上和线下访谈。话题涉及社区及社区群的历史、对社区群的认知和使用、某些事件的过程以及观点。

粉丝群个案中，由于被访者分散在全国各个城市，为了照顾到不同类别的访谈对象，深度访谈主要以线下面对面访谈和线上语音为主。每位访谈对象的访谈时间在 60 ～ 100 分钟。

在对访谈对象进行选取方面，根据不同的访谈对象进行选取。访谈的对象主要有：咖喱 3000 乐队成员，佳丽 3000 微信群粉丝。根据研究目的将粉丝分成了 4 种不同的类型，笔者对每种类型的粉丝均进行了访谈。访谈主要采用半结构式访谈，访谈内容与侧重点以访谈对象的不同而有所侧重：对于微信群中的粉丝，主要围绕在微信群内所结成的关系、对群体所产生的认同以及在微信群中的互动等；对于乐队成员，访谈内容主要围绕进群的动机、如何看待与粉丝之间的关系和互动、在群期间产生了哪些问题等。

3. 文本分析法与谈话分析

微信群聊里的聊天记录是文本，更是交谈、对话。如前所述，微信群聊是微信社区的存在方式和社会过程。本研究一方面对个案微信群内的聊天记录进行整理和分析，以微信群中的文本为基础，分析社区群里的互动话题，事件过程，言语冲突与过程、解决，社群集体行动等，旨在把握微信群体日常互动的形态和日常实践。

另一方面，对聊天过程进行会话分析或谈话分析。会话分析源于俗民方法论。作为一种社会分析的流派，俗民方法论与哈罗德·加芬克尔（Harold Garfinkel）、哈维·萨克斯（Harvey Sacks）等人倡导的常人方法学研究有关。加芬克尔将俗民方法论总结为“探究代表性的表达方式和其他实践行为的理性特征，把他们作为无时无刻不在进行的日常生活有组织的艺术实践”[①]。他们在日常生活的

---

① Garfinkel，H.，Studies in Ethnomethodology，Englewood Cliffs，NJ：Prentice-Hall，1967：11.

情境化的对话分析方面的成就，可为微信群聊中的言语互动提供方法论和借鉴。尤其是在进行冲突性话语分析时，会话分析有助于发掘存在与日常对话中的有规律性的社会秩序和结构，即会话在参与者之间是按照什么样的社会规则而有序进行的[①]。

需要说明的是，为了最大限度地呈现微信群内成员们交流的原貌，本文所引用的交流信息将使用其对话的形式，或者在必要时，直接用手机截图加以呈现。其中会包括网络用语以及可能出现的语法、字词以及标点错误，必要时会进行说明和补充。

4. 问卷调查

为了了解微信群的使用状况，本研究还在 2018 年 11 ～ 12 月间进行了“关于微信社区的问卷调查”。内容主要涉及微信群的数量、类型、参与度、重要性、活跃度以及退群等方面的情况。该调查是在确定问卷内容后，由笔者组织深圳大学传播学院 2018 级学生进行发放和回收，由笔者运用 SPSS 软件进行录入分析的。这部分的内容主要体现在本书第二部分个人社区中。

三、研究意义与价值

安・比利（Anne Beaulieu）曾提出了一个很好的问题：如果接触和翻译（文化）不再是民族志学者所能提供的独特事物，那它究竟能贡献什么？[②]线上文化已经完全通过文本展示，民族志学者的贡

① 施旭，什么是话语研究，上海：上海外语教育出版社，2017：24。

② Beaulieu, A.，“Mediating Ethnography: Objectivity and the Making of Ethnographies of the Internet”，*Social Epistemology*，2004，18（2–3）：155.

献又是什么呢？库兹奈特给出的答案是，通过增加有价值的解释性洞见，通过仔细聚焦和分析进行建构，将互联网中公开可获得的信息转化为知识典籍的一部分。[①]那么，基于微信形成的网络社群有哪些特点？各自有着怎样的空间形态和社会过程？群体互动机制和互动方式是怎样的？形成了怎样的关系模式？这是本研究想要探讨的问题。通过对两个不同类型的移动社区进行个案研究，本书希望在以下方面有所贡献和拓展：

第一，丰富社交媒体环境下的在线社区研究。

人类社会的群体形式、特点和功能一直处在变迁中。库利将人类群体分为初级群体（Primary group）和次级群体（Secondary group）[②]。初级群体，包括家庭、邻里和朋友等，这是人类社会最早出现的群体形式，在满足人的情感和心理需求上发挥重要作用；次级群体是随着工业革命以来社会分工的发展而广泛兴起并成为社会的主要组织形式。次级群体的兴起同时伴随着的是初级群体的衰落。网络社会的崛起是各类趣缘群体大行其道的时代。许多学者认为，网络社会的到来强化了同质性的兴趣和利益群体，削弱了地点的意义，凯斯·桑斯坦（Cass Sunstein）所说“真实世界的互动通常迫使我们处理不同的东西，虚拟世界却偏向同质性，地缘的社群将被取代，转变成依利益或兴趣结合的社群”[③]。也因此，在互联网时代，学

---

① ［美］罗伯特·V. 库兹奈特，如何研究网络人群和社区：网络民族志方法实践指导，叶韦明译，重庆：重庆大学出版社，2016：135。

② ［美］查尔斯·霍顿·库利，社会组织，北京：中国传媒大学出版社，2013。

③ ［美］凯斯·桑斯坦，网络共和国：网络社会中的民主问题，黄维明译，上海：上海人民出版社，2003：37 注释。

者们往往认为地点弱化而关注网络趣缘群体，较为普遍地忽视了互联网同时也将地域人群联结起来，许多地方出现再社区化和再地域化的趋势。中国地域社区邻里衰落，随着社会世界日趋数字化，一些地域社区也随着网络化而重新“社区化”。

城市实体社区的“社区化”正是社会媒介化的典型表现。社区生活借助社交媒体得以复活，原本缺乏交往的邻里关系、原本匮乏的社区公共生活，因为社交媒体而彼此嵌入——媒体嵌入社区，而社区生活也嵌入媒介空间。这种现象不仅在城市存在，在农村也存在，使因人口大量流出而失落的社区联结起来①。在城市里就更加突出。从个案研究来看，城市社区群实际成为城市人归属感的所在，成为一种家园的象征。

在城市化快速发展的今天，对城市社区媒介化的研究更有前瞻性的意义。

1949 年中华人民共和国成立时，中国的城市化率仅为 10.6%，至 1978 年改革开放之初，城市化率为 17.9%。改革开放尤其是 1998 年中国政府取消福利分房以后，中国城市化发展进入“快车道”乃至“超车道”。2019 年 3 月新华社发布的《关于 2018 年国民经济和社会发展计划执行情况与 2019 年国民经济和社会发展计划草案的报告》显示，2018 年中国城市化率已经达到 59.58%，2019 年预期全国常住人口城镇化率将达 60.6%。整个中国的一二三四线城市人口都急剧增加，4.5 亿人从农村进入了城市，城市面积大规模迅速扩张。2019 年 4 月 8 日，国家发改委发布了《2019 年新型城镇化建

---

① 兰叶剑，微信群：民族村落的再社区化，新闻传播，2018（3）。

设重点任务》文件，这个文件的出台标志着中国城市化迈入新的历史阶段，即“二次城市化”时代。大力发展城市群、培育都市圈、取消户籍限制等举措都将会促使中国城市化发展迈上新台阶。这预示着，城市人口将持续增加并成为主要的人口构成，同时还意味着，一种不同于传统乡村社会的都市生活方式进一步铺开，即路易斯·沃斯（Louis Wirth）所谓的“与城市发展有关的生活方式的鲜明特征不断增强的过程”①。如此，媒介化的城市社区将会是不断泛化的城市生活的一个缩影。

本研究的另一个个案，粉丝群个案的研究，呈现出趣缘群体在社交媒介环境中新的互动方式和关系形态，也是网络社群在微信时代的新发展。此外，从社区解放论“个人社区”的理论视角思考社交媒介环境下的个体与自我和群体的关系，也发前人之未发。总之，这三类社区都还属于尚少人涉足研究的领域，然而却能从中观和微观两个层面思考媒体时代中国社会的社区生活和个体状态。

本书取名《线上中国》，有致敬费孝通先生《乡土中国》之意。七八十年前费孝通先生出版了《江村经济》（1939）和《乡土中国》（1947）。前者是对一个普通的中国村落开弦弓村进行的人类学实地调查和社区研究，后者是从实际经验中提炼出的本土化概念和理论，这两本著作因而成为中国传统乡土社会的研究经典。斗转星移，日新月异。《乡土中国》问世仅仅70余年，中国社会已然发生了令世界瞩目的天翻地覆的变化。除去政治因素的作用，如果单从日常生

① ［美］路易斯·沃斯，作为一种生活方式的都市生活，赵宝海、魏霞译，载孙逊、杨剑龙主编，阅读城市：作为一种生活方式的都市生活，上海：上海三联书店，2007：2-18。

活脉络角度来看，发生这种变迁最大的拉动力量便是城市化和社会的媒介化。因此，本研究具有较强的现实意义。

第二，对媒介情境理论的发展。

微信群的传播与互动机制以及所形成的社群关系与社群所在的媒介平台息息相关。互联网技术的发展，继论坛、贴吧、微博之后，微信群成为群体新的联结方式。在微信群这一新媒介场景中，成员的构成、成员之间的互动形式、关系结构都相应地发生了变化。因此，本文以互联网场景的变化为背景，采用美国传播学家约书亚·梅罗维茨的“媒介情境理论”作为理论进路，将梅罗维茨的“场景”概念推演至网络媒介场景下，探讨移动社群场景下微信群对地域社区和粉丝社群的日常生活、互动传播机制、角色变化以及新的关系模式的影响，因此在一定程度上，本研究也是对媒介环境学派理论在新媒介环境下的推进和丰富。

具体来说，对于社区微信群个案，本文通过梳理社区相关研究，探索在微信群这一新的社交场景下，社区内部的互动、关系建构、日常生活、经济活动、社区社会过程、社区文化等出现的新特点，展现出社交媒体嵌入城市实体社区后的社区在线生活场景及邻里关系的重构。

对于微信粉丝群个案，本文通过对以往粉丝社群的研究的梳理，探索在微信群这一新的社交场景下，粉丝社群的互动形式、关系建构中出现的新现象与新模式。通过对不同粉丝社群场景的对比，探讨粉丝社群场景的变化，对粉丝群体互动方式、粉丝社群内部角色以及粉丝社群关系建构的影响及社区文化生产。在研究中，贯穿其中的是微信的媒介逻辑与社群互动场景的建构。

在个人社区部分，开拓性以个体为角度、以个体为中心，来探讨处在众多多样并置的微信群中的个体生存状态，个体所有的微信群数量、种类，重要性和参与度，认知态度，互动与规则，以及微信时代的自我建构与认同机制。

第三，是在研究方法上的贡献。

本研究是微信民族志研究的尝试。运用民族志的方法进行在线参与观察、辅之以线下考察和深度访谈，借鉴俗民方法学及会话分析的方法对线上文本进行分析。

值得说明的是，本研究的两个个案社区星河会社区微信群和咖喱 3000 粉丝群都有各自的特点。比如，个案星河小区属于中国一线城市的中产阶层社区，社区环境较好，业主对社区的认同感和对社区公共事务的关心程度相对比较高。这也许是本案例的结论不能推广到其他社区的主要之处。但是，由于相似的媒介条件和文化情境，本案例所反映出的特征会不同程度地存在于其他城市的社区虚拟空间乃至各种微信社区中。所谓“每一滴水都能反射出太阳的光辉”，个案会以自己的方式来反映其所在的社会和时代。

四、本书内容框架

地域社区、兴趣社群、个人社区这 3 种社区形态构成了本书的主要内容框架。在具体的社区研究中，我们以媒介情境理论作为理论进路，以互联网场景的变化为背景，按照“媒介场景－互动方式－群体角色－关系模式－社区过程与形态”的论述主线，思考微信群场景对社群的互动方式、群体角色、交往关系和社区过程产生的影响。本书两个社群个案，内部结构不同，社群内部生活和互动方式等多有不同，在总的研究思路下，两个个案的内容构成也有一些差异。

本书内容分为以下部分：

绪论部分，主要交代研究背景、相关研究梳理、研究问题、研究对象、概念界定、理论进路、研究方法等。

第一部分是社区群的研究个案。其中包括 5 章内容。

第一章为“网络社会中的地域社区”，首先对地域社区的研究语境进行梳理，呈现国内外学者对城市地域社区的学术研究脉络，之后对社区网络的发展进行纵向梳理和比较分析，指出社区微信群作为社区网络，与在线社区论坛和社区 QQ 群等早期社区网络在媒介属性、使用行为、社会属性和文化属性等方面都具有不同，微信有自己的媒介属性。最后对个案星河小区及其微信社区群“星河会”进行了介绍。以此展开下面的具体分析。

第二章主要讨论社区移动空间的状况及社区日常生活。虚拟空间像社会空间一样，根据人的活动和需要会产生不同的功能分化乃至空间再造。功能分化也是虚拟空间生长的特点之一。星河小区微信群在空间上的功能分化，展现了其作为社区生活载体的各个面向；随着星河在线空间的发展，社区的日常化互动和公共生活和邻里交往习惯成自然。概括来看，星河会社区微信群在社区公共生活中主要扮演着以下功能：协商、组织社区公共事务、监督物业工作、邻里监督、求助－回应的守望互助，社区（新闻）信息的分享与实时发布、消费、推销等经济活动，以及线上线下休闲与娱乐。

第三章着重讨论社区生活中的接龙互动行动。有三种典型的接龙：第一种为团购接龙，它是社区中一种典型的集体消费活动，往往会产生从众性消费。除了社区内部自组织的团购，本节还再现了日趋激烈的社区生鲜电商对社区的渗透。第二种为意见接龙。在公共事务征求意见时经常使用的方式。第三种为投票接龙，也可以称作表演式接龙。它可谓是典型的在线集体仪式。投票接龙虽然是线上虚拟，但其场景与符号、程序与节奏、呈现与展演乃至仪式道具等要素齐备，使得投票接龙在不同程度上成为社区的集体仪式，从而起到整合社区团结和成员身份认同的作用。这部分分析其作为一种集体仪式的过程、符号意义和社会结构性维度。

第四章从群体机制和媒介机制角度分析社区建设中的集体行动。现代城市社区邻里关系平等宽松，社区集体行动离不开两个因素：一是社区意见领袖。星河社区的骨干分子和积极热心的邻居成为社区各项活动的组织者和推动者，星河业委会作为业主中的权力机构在 2019 年 4 月正式成立后，在社区事务中发挥了主导作用；二是封闭可见的社区网络。社区微信群是一个边界分明而内部透明的网络，它使得社区各项事务直观呈现，群体成员的认知、情感和信息能够广泛、快捷地传递和融合，从而产生出高度共意性的集体感知和动员潜能。本章从一个事例个案入手分析了微信群中的社区过程，分析了在线社区集体行动的逻辑。最后对社区社会资本进行了探讨。

第五章是社区在线冲突。在对社区冲突进行梳理的基础上，主要运用冲突性话语分析的方法，对个体之间、群体之间的冲突进行描述和分析，然后着重从一个个案事例入手，对小区在线冲突的过程、话语模式、角色和意义进行了分类分析。最后总结了社区冲突的功能。

第二部分是粉丝群的研究个案。这其中包括 5 章。

第六章首先阐述粉丝与媒介的关系，在此基础上梳理粉丝研究的 3 个阶段，即作为生产性受众的“迷”、作为消费社会中的“迷”、作为日常生活中的“迷”，引出社交媒体时代迷群研究的新特点。本章最后介绍了个案社群“佳丽 3000 微信群”的概况。

第七章从媒介情境理论中“场景”的概念出发，梳理了从印刷媒介场景到电子媒介场景的演化过程，并将“场景”拓展到互联网环境之下，探究了在互联网的信息环境下，互联网媒介场景下新的特征与变化。其次，在互联网媒介环境之下，各式网络社交媒介平台的兴起为粉丝群体提供了不同的交往平台，以论坛、微博以及微信群为代表的 3 种社交媒介，组建了不同的粉丝社群形式。那么这 3 种不同的社群媒介平台造就了怎样的粉丝社群交往场景？它们具有怎样的特点？

第八章论述粉丝社群场景对群体角色的影响。从粉丝群体内部、粉丝群体与明星两个方面分别考察粉丝社群中的角色关系，以及社群场景对群体角色的影响。在微信粉丝社群场景下，语境化的互动场景使粉丝群体角色更具流动性，在角色过程中体现在明星与粉丝之间的角色关系打破了身份的二元对立，并形成了独特的参与式群体文化。

第九章主要论述在微信群场景下的明星与粉丝的关系建构。微信群对内的开放的信息空间，信息接收的平等性以及信息流形式的对话机制，对粉丝之间的争夺“迷资本”有怎样的影响？这样的媒介场景特征对明星－粉丝关系建构有怎样的影响？粉丝们又采取了怎样的行动策略以建构与明星之间的关系？情感认同是粉丝与明星之间关系建构的基础，粉丝通过对偶像的情感投射建立自我认同感和对偶像的共鸣，建立起对偶像的爱慕与崇敬。粉丝们在日常互动中通过符号性与角色性的策略，建立与乐手之间的关系，同时完成自我想象的展演。

第十章主要分析微信群场景下粉丝之间的关系建构。对“迷资本”的争夺贯穿于社群内部互动的始终。在微信社群场景中，信息开放性和信息流的互动形式，一方面使粉丝群体拥有了平等的信息接收权利，粉丝采用符号化、语境化的角色身份对“迷资本”进行争夺，这在另一方面又加剧了粉丝之间关系的不平衡，使粉丝群体之间的关系充满了张力。这一部分解析了 4 种不同类型的粉丝围绕“迷资本”在微信社群中形成的 3 种关系形态，以及在微信场景下构建的“桥梁 – 融合”的关系模式。

第三部分个人社区。包括第十一章。

这部分主要从个人社会网络与自我认同角度探讨微信群和朋友圈里的个体存在状态。这部分在问卷调查和访谈资料的基础上主要讨论 3 个部分的内容。首先论述手机与微信作为完美的个人社区网络载体的特点，以及微信中的社会关系状况，包括群的数量、类型与特点、重要程度和参与度等；其次讨论数量超载的群带给个体的信息冗余与群体融入和互动困境，以及使用倦怠；最后讨论微信中的自我建构与自我认同。格奥尔格·西美尔（Georg Simmel，一译格奥尔格·齐美尔）、诺贝特·埃利亚斯（Norbert Elias）和欧文·戈夫曼的相关理论认为，尴尬情绪根源于我们的自我意识 / 自我感的产生，在现代社会由于自我同一性与多重社会角色和社会情境之间的冲突，文明进化中人的理性化和心理化，以及羞耻阈限更趋敏感。本文认为，人的个体性和主体性成为自我发展中不断增强的一个趋势，手机更强化了个体作为社会主体与外界联结的主体性意志；但另一方面，微信时代被裹挟和吞噬的个人生活、被凸显强化的社会关系，加剧了个人与群体和社会之间的张力，主我与客我、自我和社会我之间的紧张有加剧的趋势。继安东尼·吉登斯（Anthony Giddens）将焦虑视为现代人的突出体验之后，尴尬或困窘成为我们泛化的时代情绪。朋友圈的物化呈现与个人生活世界的景观化，与居伊·德波（Guy Debord）所批判的景观社会的商品景观联结在一起，商品世界的景观及其价值观，就此接入和延伸进入个体的景观之中，借由个体自我的景观，而进一步内化和统治了个体的生活与自我认同。

本书绪论部分、第一部分和第三部分由王琛撰写，第二部分由刘楠撰写。全书由王琛统稿。

第一部分

实体社区的在线公共生活

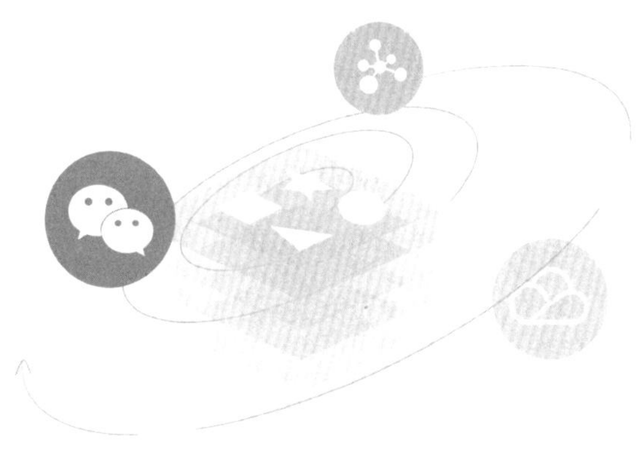

“星河会”是SZ市星河小区的社区微信群。这天一大早，关于异常路况的在线播报开始了：

邻居DX：雅贝隧道两货车相撞，大塞车。南光路一路堵。

邻居TZ：堵从何处开始？

邻居CV发了一张路况图：至少要半个小时通过。

邻居HJ：谢谢好邻居每天早上的交通实时播报，现在已经习惯了每天早上来群里看你的消息，规划路线。

邻居ZY：出门要早，我早上一路顺风顺水。

邻居YF：6点40分出门，37年不变，不堵车，省汽油，心情好。到单位回笼觉1小时，受益匪浅。

……

在这个由星河小区业主们自发组建的500人的微信群里，像这样七嘴八舌的聊天大家早已司空见惯、习以为常。居住在同一小区的邻居们线上互联、离线互助，仿佛紧密的生活共同体。值得关注的是，近年来随着社交媒体和移动互联网的飞速发展，国内像“星河会”这样基于城市地缘社区邻里关系的微信群大量涌现。

第一章 网络社会中的地域社区

第一节　地域社区的历史与当下

西方工业化和城市化进程的快速展开，削弱了传统的世俗社会关系。德国社会学家斐迪南·滕尼斯（Ferdinand Toennics）在 1887 年所著的《社区与社会》中用“社区”（一译“共同体”，也称俗民社会）与“社会”（也被称为法理社会）来分别乡土社会和城市社会两种不同的人类群体生活类型[1]。他认为，传统的、自然发展出来的社会组织形式（例如亲属、邻里、朋友等）将会被那些基于多种目的而理性地设计出来的关系组织（如经济实体、政治组织等）取代和超越。滕尼斯是较早提出“社区消失”这一主题的理论家。

社区消失论中影响较大的学者是格奥尔格·西美尔（Georg Simmel，一译格奥尔格·齐美尔）和路易斯·沃斯（Louis Wirth）。

① ［德］斐迪南·滕尼斯，共同体与社会，林荣远译，北京：商务印书馆，1999。

西美尔认为，城市社会规模庞大而又复杂变化的环境以及科层化的组织运作改变了城市社会人际关系的性质和特征，也造就了城市人不同的精神生活以及理性和功利主义的特点[①]。芝加哥学派代表人物沃斯从城市性出发揭示了城市生活方式带来的人际疏离与非情感化，他指出，城市规模庞大、人口密集、居民和群体生活的异质性强，"个体间缺乏感情纽带却要聚集在一起工作生活，形成了竞争、扩张和互相为用的习气"，频繁的近距离身体接触，伴随着巨大的社会距离，加重了独立个体间的互相排斥；亲密关系匮乏，形成以匿名性、表面性、短暂性和关联性为特征的人际关系。因此，血缘纽带、邻里关系和共同的民间传统影响下的世代生活所形成的情感已不复存在，竞争与正式控制取代了俗民社会赖以存在的坚实纽带[②]；城市中高度专业化的劳动分工破坏了传统社区共同体的团结，都市人不是由团结亲密的邻里或社区联结起来，而是由薄弱、无条理的次级社会关系网联结起来的[③]。

20世纪中期出现的社区继存论以奥斯卡·刘易斯（Oscar Lewis）和赫伯特·甘斯（Hebert Gans）为代表，他们从移民社区和亚文化社群中发现了紧密的社会生活圈和有意义的小团体，指出亲密关系和社会团结仍然存在于城市某些地方，大都市的专业化分工与科层化并没有弱化和破坏个人的初级社会关系和社区特质，人类能够在

---

① Simmel，G.，"The Metropolis of Mental Life"，in Kurt Wolf（ed.&trans.），The Sociology of Georg Simmel，Glencoe，Ⅲ，Free Press，1950.

② Wirth，L.，"Urbanism as a Way of Life"，*American Journal of Sociology*，1938，44（1）.

③ Wirth，L.，*Louis Wirth on Cities and Social Life*，Selected Papers，edited and with introduction by Albert J.Reiss，JR，Chicago：University of Chicago Press，1964.

任何社会环境下继承传统并适应新的社会条件来建构社区[1]。

20世纪70～80年代以来，由克劳德·S.费舍（Claud S. Fischer）和巴里·韦尔曼（Barry Wellman）为代表的社区解放论不再从地理社区中寻找社会团结和共同感，他们指出，城市改变了社区和个人的亲密关系形态，它不再是紧密的、团结的和在空间上固定重叠的，而是非地域性、扩散的、强度较弱和节点少而多元的，但它对于都市人来说依然是获得社会支持和社会资源的重要来源[2]。韦尔曼主张将城市社会关系网络视为社区，“把社区视为个人关系的网络”，运用社会网络分析方法揭示高流动社会背景下的“个人社区”[3]。当社区被用来作为组织和个人的社会网络时，社会团结和社会整合就不再是地域性社区的必要功能[4]。

人类学和社会学研究传统里的“社区”，一般是指以一定的地域为基础的社会生活共同体，它包括3个方面：①一定的地理区域空间，人们在这个空间里共同生活；②人们互动所形成的关系网络；③对社区的集体认同。这种社区分析对于一个工业化城市化程度较低、人口流动性较低的小型社会是有解释力的，其实质上就是邻里关系，但在观察城市化程度和人口流动性较高的大型复杂社会时就

① Gans, H. J., “Urbanism and Sub-urbanism as Ways of Life: A Re-evaluation of Definitions”, in Callow, A.B. Jr. ed., American Urban History, London: Oxford University Press, 1977.

② Fischer, C.S., To Dwell among Friends: Personal Networks in Town and City, Chicago: University of Chicago Press, 1982.

③ Wellman, B., “Studying Personal Communities”, in Peter V. Marsden and Nan Lin eds., Social Structure and Network Analysis, Beverley Hills: Sage Publications, 1982.

④ 张应祥，社区、城市性、网络：城市社会人际关系研究，广东社会科学，2006（5）。

显得力有不逮[①]。也可以说，现代社会缺乏传统意义上的社区，这种社区具有固定性和物理上的中心，具有一致的价值观念和统一的实体。

根据黎熙元的研究，“社区”概念在中国城市社会学中一直都具有清楚的地域意义，这是因为直至20世纪80年代中期，中国的城市发展速度缓慢，人口迁移和个体流动较少，居民居住地点相对固定，这种低流动性的社会特点使城市中出现许多“都市里的村庄”，街道办、居委会等基层组织也在一定程度上强化了同地而居的城市居民的共同利益和社区认同。因此，“社区”这一概念在学界的视野和基层政治实践层面都具有明显的居住地域含义。改革开放以后中国城市化进程加快，人口流动性大大增强，造成邻里关系断裂、社区异质性增加，城市邻里社区衰落是必然趋势[②]。许多学者讨论了中国城市社区邻里关系的衰微与冷漠、社区参与水平的低下[③]。

近年来随着媒介技术的快速发展，人类进入了互联网传播时代。社交媒体、移动4G及智能手机的普及，将人与人、人与群体无时无刻地联结起来。中国城市社区普遍先后出现了在线社区论坛、社区QQ群以及社区微信群、业主群等社区网络空间。从媒介环境学派的观点来看，媒介一直是社会变迁的动力。从口语到文字、印刷术的发明乃至电子网络，每一场传播革命深刻影响着人们的思维和行动

---

① 黎熙元、陈福平，社区论辩：转型期中国城市社区的形态转变，社会学研究，2008（2）：192–217。

② 同上。

③ 孙健，城市社区邻里关系陌生化困境的路径选择，哈尔滨学院学报，2010（4）；桂勇、黄荣贵，城市社区：共同体还是“互不相关的邻里”，华中师范大学学报（人文社会科学版），2006（6）；董焕敏、徐丙洋，新时期城市社区邻里关系的现状及对策分析，山西青年职业学院学报，2011（4）；等等。

方式，也同时创造着全新的社会关系。

学者们对互联网与实体社区关系的关注，在互联网发展的早期，主要有凯斯·汉普顿（Keith Hampton）和巴里·韦尔曼等学者对加拿大内维尔（Netville）社区的邮件列表的使用进行考察，研究指出互联网并没有损害和削弱社区，相反，它克服了社区组织的时间、空间与社会障碍，降低了成本，提高了社区集体行动的速度，有助于公民参与[1]，对社会资本也有积极影响[2]。进入社交媒体时代以后，西方学者关注的议题主要是 SNS（如 Facebook、Tweeter、Myspace 等）对社会资本与公共参与，尤其是跨地域抗议运动的作用[3]。中国一些学者也指出，社区网络平台和信息化的搭建有助于社区参与和自组织，尤其是邻避运动中的社区动员和组织，为社区赋权[4]；网络

① Hampton，K. and Wellman，B.，"Neighboring in Netville：How the Internet Supports Community and Social Capital in a Wired Suburb"，*City & Community*，2003，2（3）：277-311.

② Wellman，B.，"Does the Internet Increase，Decrease，or Supplement Social Capital? Social Networks，Participation，and Community Commitment"，*American Behavioral Scientist*，2002，45（3）：436-455.

③ Gerbaudo，P.，Tweets and the Streets：Social Media and Contemporary Activism，Pluto Press，2012.

④ 郑中玉，基于互联网的都市社区自组织：以北京 H 虚拟社区再地方化过程为例，中国人民大学，2008；闵学勤、王友俊，移动互联网时代的在线协商治理——以社区微信群为例，江苏行政学院学报，2017（5）；卜玉梅，从在线到离线：基于互联网的集体行动的形成及其影响因素——以反建 X 餐厨垃圾站运动为例，社会，2015（5）；王斌、古俊生，参与、赋权与连结性行动：社区媒介的中国语境和理论意涵，国际新闻界，2014（3）；黄荣贵、桂勇，互联网与业主集体抗争：一项基于定性比较分析方法的研究，社会学研究，2009（5）。

还将社区服务和社区治理的功能重归社区[①]，对失序乡村秩序的维系有积极的意义[②]。

但城市实体社区网络的研究还处在初步阶段，其中一个被普遍忽略的领域是，当互联网尤其是社交媒体“嵌入”城市社区时所引发的社区交往与社区生活的变化，也即社区的媒介化过程。尤其是基于内部视角、对于实体社区的在线公共生活及社区在线公共文化的探究极度缺乏。

第二节 移动在线社区：技术发展与语境变迁

由互联网技术连接起来的实体社区，被称为“网络化的社区”（Networked Community），社区居民通过技术手段进行互动以维持社区生活[③]。以计算机技术为媒介的交流（Computer-Mediated Communication，CMC）是网络化社区互动的主要方式。随着互联网及信息技术的不断迭代出新，社区互动平台也在不断发生转移：从早期的在线社区论坛、业主论坛，到社区 QQ 群乃至当下流行的社区微信群。微信群寄居在每个人的手机上，实现了社区的移动在线，

---

① 魏淑娟，后单位时代脱域社区的再地域化——基于社区网络平台的讨论，江汉学术，2015（1）；黄辛蕾，建起“微信群”为老服务也时髦，社区，2016（16）；等等。

② 牛耀红，在场与互训：微信群与乡村秩序维系——基于一个西部农村的考察，新闻界，2017（8）。

③ Park S.B. and Hwang，H.S.，“Reconfiguration of Communities in Cyberspace”，in Goran D. Putnik，Maria Manuela Cruz-Cunha，Encyclopedia of Networked and Virtual Organizations，2008（3）：1349-1356.

成为社区的移动空间。以下从媒介属性、社会属性和文化属性等角度，对社区论坛、QQ群和微信群三类社区网络形式进行比较分析，揭示社区网络的发展与语境变迁。

一、媒介终端与使用行为

从媒介使用角度来看，无论是社区论坛，还是QQ群或微信群，都是社区交流交往的平台和空间。但不同类型的媒介提供的功能和可能性不同，会形成不同的使用方式和规律。

社区论坛和QQ群的终端是PC端即计算机。因受制于固定地点，社群互动与群内的活跃有着比较明显的时间规律。研究显示，社区论坛的在线人数呈现两个高峰，高峰分别呈现在中午12～13点和晚上22～24点之间，而双休日业主登录社区论坛的频率则低于平常时间[①]。这说明：①在工作日期间社区成员对社区论坛的参与是在工作之余，与工作时间不冲突；②在周末休息日，居民则会从事休闲娱乐或其他活动，所以不会坐守在电脑前参与论坛和QQ群聊。社区论坛与QQ受制于PC终端的特点，使人的使用行为呈现出阶段性和节奏性特征，无法实现对生活与工作等活动的全覆盖。

与前两者相比，微信诞生最晚，覆盖快速而面广。它以智能终端手机为载体，不仅随身携带、操作简便，将互动沟通从地点固定的计算机PC端解放出来，打破时间和空间的制约，实现了移动实时

① 王丽娟，广州市基于居住关系的网络虚拟社区发展及其影响研究，中山大学，2006。

互动的可能。而且，手机媒体集即时通信、社会交往与社会传播三大功能于一体，为它带来极大的“破壁”能力和兼容性：在工作期间突破了工作与非工作的边界，兼容工作活动与非工作活动；在休闲时间打破了休闲与非休闲的边界，整合了碎片时间，因而具有了须臾在身的全面覆盖。对“星河会”的在线互动进行观察，除了作息的规律外，一天之中随时有人发言和回复；一周中，周末更加活跃。突出的随身性和日常性使之成为社区日常化互动的媒介环境。

二、社区网络的媒介属性

从媒介作为交流平台来看，社区在线论坛，借助于网页进行板块设计，通常由若干内容模块构成，在平台规划时往往围绕着社区生活方方面面的内容安排，有直观的分类和指引，各部分内容相对固定、各就其位。比如，搜房网上的“华南新城社区论坛”首页，就包含“运动休闲”“业主维权”“宠物故事”“女人话题”“育儿天地”“原创文学”等多个固定栏目，每个栏目下面有诸多的帖子排列。就版面形式来说，图文并茂、条理整饬，类似于报纸版面。

微信群，包括QQ群，更偏重于交流对话分享，是虚拟的FtF（Face to Face）的社区群聊。它在内容构成上以对话为主，在时间上则呈线性发展。它构建出一个公共参与的实时虚拟空间，与社区事务相对应或“呼应”。

微信App作为即时通信工具，在信息的即时传递方面远胜论坛和QQ，丰富的多媒体手段可发送文字、图片、表情包、小视频乃至群直播，从而形成语境化的互动。尤其是微信互动中的图片、视频等图像化信息，增强了群体互动的视觉化特征，丰富多样的表情包不仅弥补了看不见的“身体语言”，还是构建轻松交流氛围的“润滑剂”。这些都凸现了微信偏向口语交流的媒介属性。

三、社区网络的社会属性

早期出现的社区网上论坛，多依托于房地产门户网站，如搜房网、房产网所设立的“业主社区”栏目，这些社区论坛大体起步于 2000 年，至 2003 年得到快速发展，这一方面得力于房地产网站兴起带来的技术支持，另一方面也源于居民意识的属性[①]。就用户边界来看，大多数的社区/业主论坛都比较开放，并非只有业主能参与，这同时也具有一定的匿名性和符号性，在一定程度上削弱了其社群性。

业主 QQ 群的兴起稍晚，在用户边界上开始明确和封闭，有产生“内群体”意识的作用。

微信本身更具有强化社会关系的媒介偏向。微信基础上的交往主要基于各种社会群体，即有着内在关系的群体，既包括血缘、地缘等初级群体，也包括业缘职业等次级群体。对于由实体社区形成的社群来说，入群成员都是通过业主拉业主入群，真实性强、信赖度高、相对封闭，地缘内群体的归属感更突出。

① 王丽娟，广州市基于居住关系的网络虚拟社区发展及其影响研究，中山大学，2006。

四、社区网络的文化属性

对于社区论坛这种在空间呈现的媒介来说，栏目化、版块化和异步性（Asynchronous）使社区论坛相对具有更多的书面文化特点，更多文字化与表达上的理性与思考，相对富于文化建构。如“野猪乐小镇”社区论坛，是广州雅居乐花园业主自主建立的社区网络。网站首页的背景画面随着季节和节日的到来应景更换，页面中间是5个主要栏目：“小镇名人堂”“小镇焦点”“小镇风情”“小镇版图”“小镇公告”，页面右侧以路标形式列出了新旧八大版块：“小镇杂事”“小镇体育馆”“娱乐新天地”“心情茶坊”等。这种板块栏目的设计、逻辑性的内容安排，以及内容发布的审慎精心，使其具有某种“出版印刷”的气质。虽然也有讨论区，但因其“书面文化”气息浓厚，该社区论坛已成为社区的精神家园。

社区群（包括QQ群）以社群沟通互动为主要目的。日常化的具体情境、多圈层交往关系、浓厚的社交属性、时间轴线性流动的对话和口语表达，实时与同步性（Synchronization）等，给社区群带来了突出的口语文化特点。

综上，社区论坛、QQ群和微信群都属于社交媒体，但媒介技术上的日趋时空无羁和便捷简单，社区网络空间也向着移动实时，具体贴近，内部封闭与口语化、日常化的方向发展。

第三节　星河社区与星河会群

SZ 市星河小区是一个城市商品小区，为 WK 旗下的楼盘。总占地面积约为 68 216.67m^2，总建筑面积约为 124 150m^2，容积率为 1.82%，绿化率为 30.5%。小区内外环境秀丽。其所在位置三面环山，层峦耸翠；片区内湖泊交错，水光山色；地势东高西低，小区内园林规划借鉴日本皇家旅游胜地“虹溪诺雅”的风雅情趣，精心打造私家原生瀑布层层叠水景观，为社区带来清雅幽深、闹中取静，藏而不隐的生活意境。

在小区的东侧和南侧绵延着一处不大的青山，可拾级而上，山上覆盖着原生态的草木，四季葱绿，有步道可缓行，有亭子可远眺。山下不同位置有两个铁栅栏门，业主们可以凭门卡进入。这座小山既是小区业主的私家公园，也是小区的天然屏障。小区临街的两处大门实行门禁制度，业主刷卡或刷脸进入。小区内还有楼宇对讲、单元门锁、摄像头等安全管埋设施。

中国城市商业楼盘往往设立门禁，这通常是出于安全考虑和便于管理。托马斯·桑切斯（Thomas Sanchez）等学者分析美国的富人区指出，门禁社区（Gated communities）具有排他性，“使人将专属性开发地产的意象与昂贵的住房与同样昂贵的生活方式联想到一起”，给居民一种地位高的感觉，一种社区感和对社区服务的控制感[①]。中国城市社区普遍设门禁，虽然未必都有昂贵和身份地位的意

① Sanchez, T. W., Lang, R. E. and Dhavale, D. M., “Security Versus Status? A First Look at the Census’ Gated Community Data”, *Journal of Planning Education and Research*, 2005, 24 (3): 281–291.

味，但门禁所隐含赋予业主的主人式的尊贵感和权利意识是无疑的。物理空间上的封闭排他，还会产生心理上的排他边界，以及内群体的社区意识。

星河小区物业为WK物业。管理服务中心“幸福驿站”设在小区内的一处楼下，内设小会议室、聊天室，也提供复印等服务。物业为每栋楼都配有管家，管家电话和微信二维码就粘贴在每栋楼的电梯间内。管家的微信号属于公司所有，换人不换号。业主通常会与管家加为好友，便于向其反映问题、咨询、投诉或反映自身的各种需要。

社区内配有会所、游泳池、幼儿园、篮球场、运动广场等基础配套设施。会所里有活动室，可以打乒乓球、羽毛球、跳健身操。为服务社区精神文化生活，在社区党群服务站里面建成了一个阅览室，于2019年7月1日开放。

星河小区的目标人群为SZ新中产家庭。小区内有6栋计578套平层大宅和40余套双拼别墅，陆续于2011～2012年间开盘。平层住房单位面积175～230㎡，别墅面积为275㎡。根据物业管理处提供的数据，星河小区总户数为612户、近3 000人。根据社区工作站的统计，截至2018年9月，其中有公司产权购买10户37个租户，以及37户房屋空置。

业主们多是私营企业主、经理人员、专业技术人员（如律师、教师、记者）、个体工商业者等。他们的教育程度与社会地位相对较高，也有较强的权利意识和表达意识。小区的房子基本上是业主自住，相对稳定，流动性较小。一位业主WXH在访谈中说道：“我们在SZ搬了四次家了，这是最后一次，就养老了，不打算再搬了，所以买的家具都是很重的红木家具。”另一位业主FY在访谈中说，“星河小区是改善型住房，不是刚需型的”，所以，房子“以业主居家自住为主”。

业主们之间的联系在小区刚刚建成、尚未入住甚至还没入伙时就开始了。最初的在线沟通是 QQ 群，建于 2012 年 4 月 1 日，群标签为“置业安家、团购”。SY 是最早加入 QQ 群和微信群的业主之一，她在访谈中说：

> 当时建 QQ 群的时候，还没有入伙。因为房子是精装修的，没交楼之前，大家就建了一个群，房子精装修会遇到什么问题，小区管理上有什么问题……很多小区的事务大家都会在 QQ 群里聊。比如原来绿化带种的树比较高，后来通过沟通才慢慢改掉的。那时大家还交“维权金”，还在钓鱼塘的酒店里吃饭，与管理处的主任碰头一起吃饭，要解决这个问题、那个问题。与切身利益有关，出一份力，……大家热情都挺高涨的，群策群力出谋划策。

早期入伙的业主“元老”们组建 QQ 群进行交流互助，商讨小区公共事务和维护业主们自身利益，对于小区建设有筚路蓝缕之功。这些元老们了解小区的发展历史，关心社区事务，也是社区公共生活的主要力量。

随着移动互联网和智能手机的迅猛发展，作为移动端的即时通信工具——微信应运而生。微信群“星河会”于 2014 年底由业主 WE 发起建立。她说，“当时的想法就是给邻居们建立一个可以交流的平台，构建和谐邻里关系”。群人数在短短几个月就到达了 500 人的上限。偶尔有人退出，也会很快有人补入，群一直保持在 500 人的规模。QQ 群渐趋冷落。据说，一些社区的元老一开始不愿意进微信群，“忠诚”于QQ群，“很后来才入微信群，因为大家都转移到微信了”。新搬入的邻居可能不知道QQ群，但通常会很快知晓微信群并加入。根据观察，星河会群成员年龄层跨度较大，从20多岁到六七十岁都有，以40～55岁为中坚力量，男性女性比例差别不大，女性略多。

以地域社区为基础的网络社交平台，不同于泛社交平台，或兴趣社交平台，它建立在真实的社会关系基础之上，随着时间和生活的累积，会逐步沉淀出不同程度的地方性和邻里关系。

本章小结

城市化的快速发展削弱了传统的世俗社会关系，西方社区研究中的社区消失论、社区继存论和社区解放论都反映了城市社区关系的变迁。中国自改革开放以后，人口流动加快，邻里关系断裂、社区异质性增强，也造成了城市邻里社区的衰落。进入移动时代，中国城市社区普遍出现了在线社区论坛、社区QQ群以及社区微信群、业主群等社区网络空间。尤其是社区微信群的出现，推动了社区媒介化的进程，开始建构出新型的社区关系。

从媒介技术角度来看，微信以智能终端手机为载体，随身携带、操作简便，将互动沟通从地点固定的计算机PC端解放出来，打破时间和空间的制约，实现了移动实时互动的可能。微信集即时通信、社会交往与社会传播三大功能于一体，为它带来极大的“破壁”能力和兼容性；偏向口语的媒介属性、实时同步、封闭的边界及其带来的内群体意识等特点使之成为社区日常互动的最佳媒介。

国内像“星河会”这样基于城市地缘社区邻里关系的微信群大量涌现，对城市实体社区的线上线下融合世界进行研究，既有学术价值，也有现实意义。

第二章

社区移动空间与日常公共生活

互联网学者菲利普·霍华德（Philip Howard）将互联网称为“嵌入式媒体”（embedded media）[①]：人们越来越以互联网来进行一系列的日常活动。如果说互联网具有嵌入性，那么社交媒体的嵌入程度更甚。这是由于它的交互性，人们不仅消费媒体，而且进行内容生产[②]。社区群的“媒体嵌入性”无疑是全面和深入的。这既表现在新的传播工具实时嵌入社区生活，也表现在社区的日常生活也全面深入地嵌入社交新媒体。社交网络嵌入实体社区，带来社会交往与社区公共生活的复归，促成社区环境包括人际环境、信息环境乃至物理环境的重构。

① Howard，P.，Society Online：The Internet in Context. Sage，2004.

② Thurlow，C.，and Lengel，L. etc.，Computer Mediated Communication：Social Interaction and the Internet，Sage，2004.

第一节　社区移动空间的生产与分化

享利·列斐伏尔（Henri Lefebwre）说，“社会空间是社会的产物”[①]，每一种特定的社会都历史性地生产属于自己的特定空间模式。从空间的角度来看，虚拟空间像社会空间一样，根据人的活动和需要会产生不同的功能分化乃至空间再造。功能分化是空间生长的特点之一，不同的空间有着不同的功能与景观。成员个体层面和社区公共层面的需要，促使社区微信群的多圈层功能分化。

一、大群与小群：社区空间的功能分化

如前所述，微信群聊是时间线性的互动，对于分布在不同地点却在同时说话的群成员来说，这种时间线性的在线互动是很困扰的，也不能满足社区生活的现实需要。其主要原因在于线性堆叠造成内容混杂，进而带来沟通的困难和效率的低下。因此，社区网络空间的功能性衍生分化几乎是必然的，通过空间的功能性分化来弥补时间性媒体的不足。

也可以说，社区论坛是以空间呈现为主的媒介，空间构架中包含时间要素；而社区群（包括 QQ 群）是以时间偏向的媒介，在线性发展中经历空间分化过程。

空间的生产和多圈层增长是社区群空间的普遍特点。在其他城

① Lefebvre，H.，The Production of Space，trans. by Donald Nicholson-Smith，Oxford（UK），Cambridge，Mass：Blackwell，1991：26.

市，如南京市许多小区的社区微信群都有若干个二级三级小群和多种兴趣群[①]。“星河会”于是成为星河社区微信群的总称，它包含了母群和众多子群。500人的大群是规模最大，也最热闹的公共空间。小区的人把这个500人的群（星河会）称为“大群”。在大群的“母体”上陆续生产出若干“小群”，以满足社区多样化的交往需求和社区事务的专门化要求。比如，志同道合兴趣相投的“小群”，如篮球群、烘焙群、瑜伽群、健身会、新生妈妈群、麻将群等；同一个楼栋的邻居组建的小群，如××栋大家庭群；另外，某一项活动或事件临时组建的群，如果后续有沟通，该临时群就延续下去。新群成立的时候通常会在“大群”里发个通知和二维码，愿意加入者直接扫码入群。

二、社区政治空间：议事厅与业委会

一个重要空间的出现体现了社区公共事务领域的专门化。由于大群每天都充斥着各种话头、询问、求助和团购，纷乱嘈杂，在讨论社区公共事务的时候，需要经常“爬楼”查看，就很难集中主题和话题。由社区元老ZY发起，先后建立了“星河议事厅”和“业委会筹备群”两个子群。这两个群规定不得发布广告、团购等商业性内容，要求每户仅一人入群，以便最大幅度地将小区业主容纳进来。热心社区事务的骨干分子还成立了更核心的讨论群，比如，业委会成立后，5位业委会成员和7位热心骨干组成了“星河业委会－智囊团”12人的小群，就社区内外的事情先行沟通提议，随后或同

① 于洁尘等，微信群，让社区更温暖时尚，南京日报，2017-2-27（8）。

时再去议事厅和筹备会、大群全面推出，由居民们协商讨论。

三、生活汇：社区经济活动空间

商业经济活动的专区“星河生活汇”也是后来分化出来的一个社区群空间，它主要是为服务邻居们团购的需求而成立的。

它的起因是在大群里团购接龙的帖子在两三天时间里持续不断地刷屏，导致部分业主的强烈不满。之前为了防止扰民，已经有一些解决办法，比如在大群里发一个二维码，需要购买的人扫码入群。但 2017 年 11 月在组织新疆酸奶的第三次团购中，尽管组织者 SYT 发了二维码，也不停地提醒大家请在团购群里接龙。但还是控制不住，连组织者都不得不一直在大群里重新粘贴排序。邻居 LLF 实在忍不住了：“不要刷屏了。”接着又发一条：“这样我退群了，天天卖东西。”邻居 WW：“弄个群二维码吧，这样是不好。”组织者解释说：“有群二维码，我发了两次，而且我没打算在大群说，是其他邻居发出来的，又有邻居接龙，我只能提醒，造成这样的困扰很不好意思。”稍后发帖重申：“大群接龙邻居我不再提醒，没进群的接龙无效，不要怪我哈。”（握手、抱拳）[1]然而依然是刷屏翻页的接龙帖，而且因为接龙帖都很长，一页满屏也显示不完。

终于邻居 CFHC 忍耐不住了：“刷屏太厉害了！你们能不能建个群？ 500 人都要看。”多位邻居附和。

群主 FQL：@所有人：团购的邻居自己建个群，以免

① 括号里的表情描述是发帖人所使用的微信中的表情图。后同。

打扰其他人。

邻居 CFHC：建议群主制定群规，以后团购都要自建群。可以在本群发广告，但是不得在本群接龙。

邻居 ZY：其实作为生活群，活跃点更有生气。

邻居 XL：接龙就还是不要了，可以建群扫二维码好点。不然不团的看着头晕。（笑脸）

邻居 CFHC：团的看着也头晕。（大哭）

邻居 YXJ：不然群里不热闹。

邻居 BR：最好是把现在的团购群弄成专门团购群，所有东西发一个群，每种建一个群也是麻烦。

于是，元老级业主 ZY 搭建了一个生活群，并发二维码欢迎有团购需要的邻居扫码入群。“星河生活汇”就这样成立了。很快群成员满百人，需要有人拉才能进群，大群的邻居纷纷求拉入生活群，ZY 一边拉一边“唱”：“妹娃子要过河，那个来拉我，一二哟一二哟。”（龇牙）

几天内生活群就聚集了 200 余人，并持续有人加入，截至 2019 年 10 月群成员有 302 人，成为规模较大、日活跃度较高的二级社区空间之一。

空间的分化，使得“星河会”成为一个包含有多层次、多面向、多功能的社区群集丛，形成了叠床架屋般多圈层群空间生态（如图 2.1）。

就像一个传统的乡村社区一样，有议事的公共空间、有交易的空间、有开放的生活空间、有娱乐的空间……星河小区移动网络空间的功能格局基本完备。根据群的性质（综合 / 专门）、人群覆盖面（跨楼栋）、规模等几项指标，可将星河社区内部的各类群划分为 3 个级别的活动空间，情况如下（人数截止到 2019 年 9 月 20 日）：

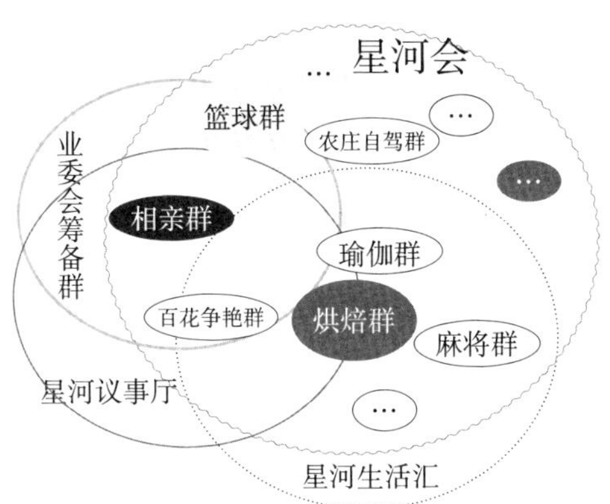

图2.1　网络化的星河小区的社区虚拟空间

星河小区各层级在线公共空间（不完全列举）

群名称	规模（人）	功能与描述
星河会	500	一级综合大群，传播面最广，具有综合性，起初最为活跃，分化出专门群后活跃度降低，但仍是公共事务的热烈讨论空间
业委会筹备群	255	二级专门群，每户仅一人进入，阶段性活跃
星河议事厅	162	二级专门群，商讨社区公共事务空间，阶段性活跃
星河生活汇	299	二级，引入商家、方便社区团购的专门空间，非常活跃
星河X栋大家庭	248	三级，同楼近邻，具有综合性和专门性，日常性活跃
好货分享	74	三级，几位业主与某平台对接的团购水果的群，非常活跃
百花争艳群	82	三级，团购年花专门群，发展为养花爱好者的分享空间
地铁群	94	三级，跨区域的热点事件群，事件结束之后沉寂
农庄自驾群	26	三级，某一活动的临时群，事件结束之后沉寂
星河健康筛查群	98	三级，某业主的医疗公司为社区专设优惠健康检查，优惠活动之后沉寂

大群是覆盖整个社区的最大公共空间，各个分化小群是覆盖不同领域、需求和范围的专门空间。各分化小群在一定程度上降低和

稀释了大群的互动频度和热度，也同时提升了大群的纯度和级别。在哪一个层次的空间里发声，推出事件、组织活动开始有了规则，呈现出相对可辨的边界。

列斐伏尔“空间的生产”概念中的“空间”包括3个层面的意义：它既是一种空间实践，一种扩展、可感知的物质性的环境；它也是一种空间表征，即指导实践的概念；它同时也是表征的空间，蕴含着实践主体与环境之间的紧密关系，通过中介性的空间，身体与其他身体的交流互动[①]。线上空间虽然没有可感可见的物质形态，但其表征指导实践及主体间关系的意义更加明确——它不是通过外在物理形态来隐喻，而是通过语言来表征，通过默会的文化来指引，故而直接明确。这些互相嵌套、有着联动关系的大群小群构成了多圈层的虚拟交往世界，成为社区社会生活的载体和“容器”。一方面，社区的不同个体，有了适合自身兴趣性格和心理需求的适宜空间；另一方面，社区形成不同层次的、多样化的在线公共生活空间，密实了原本较为空疏的社区关系，生发出丰富的社区生活。

第二节　社区日常在线生活

社区群空间分化，不仅意味着功能的分化，也同时形成了不同的交流互动群体。不同的群空间里，互动的内容和频密程度也有不同。

① Lefebvre，H.，The Production of Space，trans. by Donald Nicholson-Smith，Oxford（UK），Cambridge，Mass：Blackwell，1991.

从星河会大群里的聊天内容来看，议题和话题主要可以归纳为以下方面：

一、协商、组织社区公共事务

在小区各楼陆续开盘的早期，就有一些早入伙的元老和热心邻居密切互动。他们早期成立 QQ 群，就小区公共事务和房屋装修等事情进行讨论，达成意见和共识，也一起团购装修材料。这样的传统在微信群空间里一直延续着。以下这个事例可以看出星河小区居民对社区事务的关注度和实践能力。

SHS 是社区的元老之一，他留意到小区外正在修建的道路忽略了小区门口的区域，于是在群里呼吁：

邻居 SHS：亲们：星河会西门很快就要铺沥青了，今天看到施工单位只在正式道路范围内填挖路基，门口原埋管施工挖坏路基部分（现已填水泥那部分）并未放在一起，这样会造成二次修补比较麻烦和难看，甚至不再修补，因此请大家一起反映下，让施工单位一起把这部分挖掉，一起压沥青面层。（因明天起要出差，所以请大家跟进一下这事）拜托了！（随后发了两张照片）

邻居 AZH：这么大的事情管理处就应该出面和施工方交涉了，马上找管家反映。

邻居 DYW：在“住这儿”上面反映[①]。

---

① 住这儿，是 WK 物业的一款服务社区的手机 App。

邻居 YDT：（点赞）

邻居 KAN：（点赞）

邻居 ZY：交委已经回复，将派人了解。

邻居 BHQT：辛苦了！谢谢好邻居！（点赞、玫瑰）

到了第二天上午，ZY 在大群里发了发跟交委相关人员沟通的微信聊天截图。

邻居 ZLX：ZY 兄，按照这种进度，年底高架和天桥弄好应该是没问题吧，晚点通车倒没问题，主要是把路弄舒服了。

邻居 LG：（尴尬）就剩门口一小块！挖掉，铺完整钢筋！对施工方来说，太简单的事！

邻居 DLH：@邻居 ZY　大哥别那么斯文，直接和他说一声。叫他这么做了，大家省事。

图2.2　SHS的提醒、ZY发的报名接龙、现场沟通会直播、邻居们的点赞截图（从左到右）

邻居 ZY：交委让我们先与施工单位沟通，他们再来处理，下午 1 点在西门集合，多多益善！至少得 10 个人，才有气势。

ZY 呼吁大家多多参加下午的现场沟通会，接着发了个报名接龙在群里。当"结束了！达成要求！"的结果一出来，点赞鲜花上百条刷屏："感恩感谢专业、负责、又热心肠的邻居们，您们辛苦啦！"

对于一个地理社区来说，有一些非常关注社区内外事务的精英人士，对于社区状况的好坏与发展非常关键。小区业委会的选举、小区内道路改进、申请地铁站点、社区文明公约、社区建设募捐、绿化种树等的讨论、离线行动安排与后续情况公开等，都由这些社区精英组织、实施。当这些社区热点事件在大群、议事厅、业委会筹备群里同步铺开的时候，讨论、各种意见、点赞、跟帖和投票接龙也会持续刷屏。这构成了星河小区社区公共生活中最激动人心的时刻。

二、监督物业工作

社区问题、社区公共环境的些微变化，随时会被某一业主放到群里而成为社区周知的事情，客观上也起到邻里监督和对社区物业管理的监督和促进的作用。

根据在线聊天的观察，某种程度上，对物业管理处工作的各种吐槽是业主们乐此不疲的兴趣所在："楼道电梯清洁不够干净""物业为了省钱雇的打扫卫生阿姨貌似 60 岁了，走路都迟缓，做活不干净""现在的管家不如以前"等，是闲聊常见的主题。有时邻居间有冲突纠纷了，最后把原因归结为物业管理不到位，"让邻居之间产生误会"。

在大多数情况下，对小区环境的在线"周知"的确成为改进小区物业的重要机制。2018 年 8 月 17 日，一位邻居在群里提起了车库地面质量差的话题，又引起了议论：

> 邻居 DJW：（发几张图片）这是 27 栋负一层才翻新的地面又破了！
>
> 邻居 JANS：得了，肯定越来越多。
>
> 邻居 DJW：这质量也太差了！
>
> 邻居 XL：我早就发现了。
>
> 邻居 DJW：OK，都去议事厅说说。
>
> 邻居 YWZ：估计施工队重返工没有费用，越返越差。水泥基层不行，不从基础开始返修，表面返一万次都一样。

随后邻居 2702 又在群里发了几张车库地板的照片，图片显示地面有几处破裂口。

> 邻居 27XL：这种做法治标不治本，修一次估计一年不止，然后继续坏。
>
> 邻居 XL：27 栋负二层入口路都不平（捂脸），没修前还好点。
>
> 邻居 SHS：亲们，星河会负一层地坪漆返修，刚修完就出现上面这种现象，这是我们 27 栋的两个车位，请各栋热心的邻居在停车的时候分别看一下，有没有上述现象，如果有就通知物业公司，让维修人员全部停工进行整改，然会再开展下一步工作，否则过不了几天全坏了，又得返

修，劳民伤财，还影响大家进出。

邻居2702：好多地方坏，要在“住这儿”投诉。

邻居SHS：尽早落实，继续下去，过不了几天，又全坏了。

邻居XL：他们完全没有按最早你们的方案去做@SHS，还是做的表面。

邻居DJW：我也在“住这儿”反映过。

邻居An77：真的是劳民伤财，耽误时间，为什么不一次好好质量呢？又不是高难度。

邻居DS：是地板砂浆层不合格，不是表面油漆问题。应该铲掉砂浆层，而不是表面刷漆。上次专门找物业协调，已经指出问题和解决方案了，不知WK为何明知没用，却还是表面刷漆了事。已经全面维修过一次了，为何这次还是不彻底维修？是不专业还是不想花钱？真弄不明白！现在刚刷好的没用两天，又开始烂了！看来永无宁日，永远是破烂的地下室了。

诸如此类的在线吐槽使得小区角角落落的情况都尽在眼前，得以凸显，督促物业改进服务。这些建设性的意见往往也能发生实际作用。比如，小区原来每栋楼下只有一干一湿两个大垃圾桶，经常满溢，大家在群里提出并经反映到物业后，很快每栋楼下多配置了两三个垃圾桶。狗便便的问题遭到邻居的吐槽后，小区在多处都安装配置了“拾便器”，方便狗主人收拾清理。

每位业主入住以后都会添加楼栋管家为微信好友，他们会将聊天截图发给管家，管家再反馈到管理处进行解决。

三、邻里监督：谴责不良行为

在集体生活中，人们会形成一些约定俗成的、关于辨别是非善恶、正义与非正义的价值标准，社区群提供了一个随时吐槽并立竿见影的监督机制。尽管对于大多数邻居来说，见面未必相识，社区群却将一个陌生的邻里社区变成了一个“网络熟人社会”，舆论和道德能够充分发挥规范制约作用，充分显示了传统社区所具有的自治能力和自我管理机制。垃圾乱丢、高空抛物、养狗不牵绳、主人不清理狗便、噪音扰民、车乱停放、电梯间抽烟等，所有不良现象也会被发到群里“示众”，成为大家吐槽抨击的对象。

在微信群空间里对不良行为的曝光，形成一种舆论的议题和监督解决机制，也能够在小区内逐步建立基本的公共道德秩序。

当前中国社会正在见证中间阶层或中产阶级的形成[①]。吕大乐、刘硕对北京一个中产小区KC的日常生活的观察和研究显示，中产阶级日常生活的话题中，往往会触及他们期望的一种相处方式和生活的道德秩序，在无形中建立一种规范，以大家认可的、合理的、有素质的方式共同生活[②]。中产阶级有着自身的阶层属性和利益关注，吕大乐的看法比较准确地概括出了中产阶级的特点：对生活品质和生活秩序的期望。这也是星河会大群里议题和语题的主要指向。邻居们在谴责不良行为的时候，经常会有诸如“我们这么高档小区……”“这哪里像高档文明小区”“我们有素质的高档小区”“感

---

① Hsu，C.L.，Creating Market Socialism，Durham：Duke University Press，2007.

② 吕大乐、刘硕，中产小区：阶级构成与道德秩序的建立，社会学研究，2010（6）：25–40。

图2.3　邻居在群里对各种不良现象的抨击

觉让整个楼盘都掉价了”之类的评价，显示出对于高档小区及文明行为内在统一性的认同。在中国城市的中产社区中，对中产的行为模式、生活风格的追求是一致的，“像中产般理解事物，表现得像一位中产阶级，像中产般消费，将人打造成为中产”①，以建构一种中产阶级的生活方式和制度文化。

四、求助－回应的守望互助

在《一个人打保龄球》中，罗伯特·普特南（Robert Putnam）这样写道：

---

① Archer，M. and Blau，J.R.，“Class Formation in Nineteenth-century American：The Case of the Middle Class”，*Annual Review of Sociology*，1993（19）：17-41.

> 如果通过邻里之间相互守望，从而使犯罪率下降，就算我大多数时间行色匆匆，甚至也不和相遇的邻居打招呼，我也仍然可以从中受益。①

也许在星河小区里散步行走，邻居们碰了面也不认识。但在星河会社区群里，询问如哪有修鞋的、哪有照相的、哪家餐厅好、小区附近学校怎么样、换什么牌子的洗碗机好、餐厨粉碎机好不好用、马桶盖型号、小区洗手间地漏牌子、求搭顺风车，等等，居家的各种疑问和问题都可以向群里邻居询问，基本都能得到回应甚至多方回应，当事人可以从中选择自己方便合适的方案；同样，像借点儿葱姜蒜、临时救急的药品、寻找学生课本、转让多余物件……此类生活中的问题，只要在群里说一声，也很少得不到回应，仿佛群里的成员有一个共同承诺。咨询、借物、提示，这些是社区群最常用的功能。

生活中遇到的问题和困难在群里向邻居求助，已成为小区居民的心理依赖和行为习惯，这也是最为快捷、有效的办法。下面是2019 年 8 月的一天晚 7 点。一位邻居 SLD 家里的水有点儿不正常，于是她在群里说了情况：

> 邻居 SLD：这两天不知道怎么回事，家里的水一会儿大一会儿小。（尴尬）
>
> 邻居 YXJ：是不是由于其他地方同时在用？
>
> 邻居 02F：我家也一样的。（大哭）一会儿大一会儿小，

① Putnam，R.，Bowling Alone：The Collapse and Revival of American Community，New York：Simon & Schuster，2000：20.

有没有人问问管家是怎么回事?

邻居 R：最近晚上都是这样。搞得像要停水一样。

邻居 02F：有点郁闷。（难过）

邻居 DZXB：水太小了，热水器都打不开了，每晚孩子们洗凉水澡。

邻居 26A：@邻居 DZXB 我们家不会啊!

邻居 DZXB：@邻居 26A 我家差不多一周以来都是这种状况，洗衣机启动时会有水闸故障提示，因为出水太小了，热水器点不着火，花洒因为水压太小也用不了，只能用龙头冲凉水。

（邻居 DZXB 发了两段视频，视频中，她家的水龙头出水很小）

邻居 YXJ：@邻居 DZXB 会不会是外面的进水阀有人碰过没有完全的打开?

邻居 DZXB：去看过了，是打开的。

（邻居 YXJ 发了一段视频，视频显示她家的水龙头出水很大）

邻居 YXJ：叫物业来看看!

邻居 LL：@邻居 DZXB 我是楼下邻居，我家刚修过，减压阀有问题。

邻居 DZXB：@邻居 LL 好的，谢谢您哈，今天我再联系管家。

邻居 LL：不谢!

邻居 DZXB：（抱拳、抱拳）

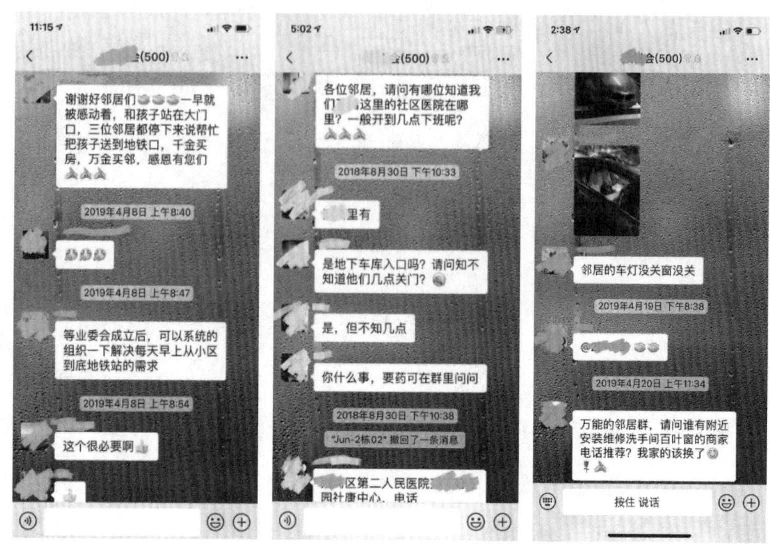

图2.4 邻居们的守望互助

邻居 SLD：@ 邻居 DZXB 让管家也顺便看下我家的，是不是也有这种状况，谢谢！

邻居 SLD：@ 邻居 DZXB 我跟管家说了，师傅一上班就来，我让去你家也看一下。

邻居 DZXB：@ 邻居 SLD 谢谢哈！（爱心）

邻居 SLD：@ 邻居 DZXB（OK、玫瑰）

（第二天上午 9 点）

…………

邻居 DZXB：@ 邻居 LL 谢谢！（抱拳、抱拳）刚才工作人员修好了，是减压阀的问题。

邻居 LL：@ 邻居 DZXB 不谢！（握手、强）

这些问题，有的带有一定的普遍性，有的则是自家的问题。但经群里一问，大家你一言我一语，七嘴八舌，信息就得以拼凑起来，问题逐步澄清，也就有解决方案了。

这只是社区群里日常生活中很普通的一个片段，类似的情形比比皆是。

五、社区（新闻）信息的分享与实时发布

像一些有稳定“群生活”的群一样，星河会大群有两位义务“新闻工作者”推送固定新闻栏目：一个是邻居 YDT 在大约上午 9 点，推出《财经早餐》和几条时政文章的链接；一个是邻居 ADA 的“早安！读报时间”紧随其后。“读报时间”是以 Word 形式编辑的，包括了 20 余条国内外的消息，最后是一段摘自《意林》的鸡汤文字。

这两个固定板块在每日上午坚持固定发布，点赞送花的虽然仅寥寥数位，但坚持了四五年。曾有邻居 MICH 评价：“叫卖声此起彼伏的群里的一股坚持不懈的清风。”

邻居们经常在群里发布自己看到的小区的情况：小区哪个地方发现蛇了，拍个照发群里，提醒注意；大家集资开辟的樱花园里的樱花开了，一位邻居随手拍了发到群里；小区池塘花影鱼游，流光溢彩很美，一位邻居忍不住拍了发群，又引来一片赞声；物业在平安夜给每家送来了小礼物，群里的图文里就涌现出感恩与温馨的气氛……通过网络的图文信息发布的“准社区新闻”让大家一同体验着社区的欢喜痛苦与情绪起伏。社区所在片区的市政规划，也是大家乐意分享在群里的信息，为所在地区将来的发展和更方便美好的生活而憧憬。

下面是一个社区信息的实时播报的案例，从中可以看出为什么邻居们如此依赖社区群。

2018年8月28日的暴雨很大。下午2点邻居VIK在群里发消息：

刚下负一楼停车场停车，下雨天停车场新的地板严重打滑，低速踩刹车，踩死都刹不住，差点撞到正在倒车的另一部车！太可怕了，完全刹不住车！要是没刹住车撞上人，问题就严重了！希望管理处重视！

接着在群里提醒大家：

各位邻居经过翻新地路段，千万要注意，太恐怖了，整个车不受控制，完全刹不住。

邻居XL回应：我也是，在负一楼那里，太恐怖……轮胎抱死，车一直往前冲！

有邻居将这种情况反映给管理处，让管理处赶紧处理防滑问题。

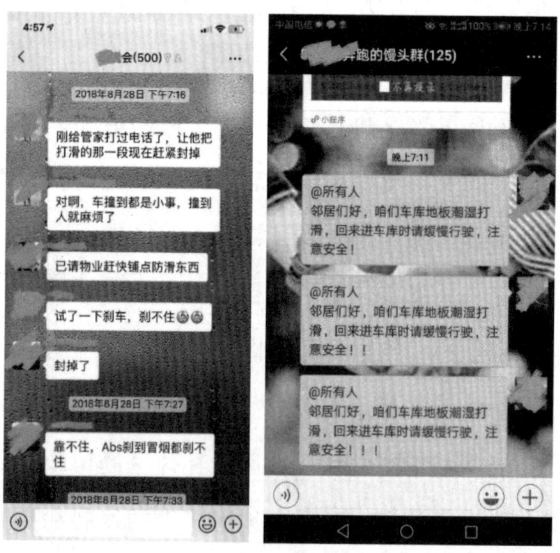

图2.5 邻居们及时沟通情况（左）；邻居们将消息转发到其他小群里（右）

邻居们除了不停地将信息发到大群里，还转发到其他小群里，预警提醒大家注意减慢速度下地库。

此外，分享物业的停水通知、燃气安检通知，提醒谁家车灯没关、尾箱盖没关，甚至哪个路边停车最近被贴罚单，哪里有查酒驾等情况，都有邻居提醒大家注意。这些算不上大新闻，却是对自身切实有用的信息，是社区居民生活的“日常新闻”。

六、消费、推销等经济活动

社区群里最活跃的互动行为就是团购了。

星河生活汇里除了众多的邻居外，就是一些供应商资源。这些资源都是由业主们自己认可的优质产品然后把它们引进来的。群主ZY建群之始便订立了一个规矩：

> 各位邻居，大家可本着货真价实、团购优惠的原则自行引入一些与生活相关的商家到星河会生活群，实行谁引进谁负责到底的原则。引进的商家请在群昵称中注明商品名，如果出现质量、价格、服务问题，第一次提醒，第二次警告，第三次清理出群。

卖家商家要同时备注引进它们的业主的房号，除了卖家要负责售后，业主也同时对自己引进商家的商品质量进行担保。曾经有一个卖巨峰葡萄的商家，引发售后问题，态度还不好，被群主ZY踢出群。有一位邻居引进了她的老同学，入群时嘱咐说：“麻烦你标明一下我家的房号，然后给我们邻居发下你家的宝贝”，得到同学的感谢后又再次强调：“不用谢，帮老同学做点事情应该的，平台提供给

图2.6　过道里邻居们团购的水果、鲜花；邻居在群里晒团购的牡丹花

你，让你的产品展示来说话，给大家最优惠的价格。”入群的供货商通常做了自我介绍后，会发一个红包作为见面礼。他们发布产品信息，业主可接龙团购。有的团购项目反映好的，会成为社区家庭每年应季购买的品类。

“生活汇”及各种团购群里基本是女性成员，重叠度很高，从众参与的现象比较突出，反映出对社群内部资源共享的信赖度较高。参与社区各个团购群的消费活动，也是某种形式的社区参与。

七、线上线下休闲与娱乐

社区是工作之余的社会活动展开的场所之一，当邻里互动成为习惯以后，社区里的各种活动也纷纷出现，或相约打篮球、羽毛球、跳广场舞，或出游等。这类活动最初在大群里呼吁，之后就分散在专门组建的二级空间或更小的空间里互动。邻居 PY 喜欢健身操，她在小广场跳操时吸引了几个邻居一起跳，没多久跳操的视频片段被一位邻居发到大群里，很快便组建了一个星河健身会小群，二维码发到大群里，短短时间就加进 70 余人，相约晚上在小区会所一起跳。后来邻居 SY 还借来录像机把跳操的画面拍下来，供大家学习。篮球群、羽毛球群、瑜伽群内都有 20~70 人不等，通常会有各类发烧友在里面发出活动号召。

除了上文中所归纳的日常生活内容和互动外，星河会的大小群中还有许多没有什么实用目的的闲谈聊天。

第三节 微信社区、邻里化与社区感

本书绪论部分曾指出，群聊是微信社区存在的形式。微信群，是“微信群聊”的简化说法，说明“聊天”或交谈是群存在的基础。没有群聊，群就形同虚设，社区亦无从存在。蒋原伦在《聊天的媒介学分析》中借用麦克卢汉“媒介即讯息”“媒介是感觉器官的延伸”等观点指出，网络技术刺激了人们的聊天需求，增加了人们的聊天时间，扩大了聊天的人际圈子，“网络延伸了聊天”[①]。无论是互联网初期的在线论坛、聊天室，还是之后的贴吧、微博、知乎、微信等社交媒体，充斥着各种聊天和话题。

网络延伸了聊天，其实质是延伸了社会互动。从社会学意义上来看，聊天即语言交流，是社会交往和互动的主要形式，而社会互

① 蒋原伦：聊天的媒介学分析，蒋原伦、张柠主编，媒介批评（第一辑），桂林：广西师范大学出版社，2005：84–96。

动则是基本的社会过程。在聊天室或兴趣社区，社会互动可能更多地停留在个体层面，而对于有社会关系基础的社区——初级群体或次级群体，社会互动则会在群体层面发生作用，构成超越个体层面的社会过程。

陈青芳曾等对互联网早期的一个中型聊天室进行 6 次跟踪记录，经研究发现：有完整和实质性内容的聊天凤毛麟角，获得较好沟通情况的只占所有对话的 1/5，而 69% 的聊天是很不完整而无内容的，说一两句就走人的情况大有人在，最高比例达 37%。沟通良好的聊天，内容必涉及双方的年龄、性别、地域、在何处工作或上学，他们的对话基本上都建立在相互了解这些基本情况的基础上，再进行深一层的沟通。网络人际沟通同样需要借助于角色认知，相互明确角色的对话者才能进行更深入的交流①。这项研究说明，即便是在聊天室这样专门提供聊天的空间，人们也需要角色关系因素才能顺利交谈。

对于社区成员来说，明确的角色关系、角色规范以及社区生活、公共事务是他们交往的天然基础，借助于微信 App 这一技术平台，社区内部的互动得以实现。通过微信群聊中的“查找聊天功能”中的“群成员”进行逐一查看统计，从 2018 年 9 月至 2019 年 10 月内，星河会群 500 人中完全没有发过言的有 76 人，占 15.2%，其余 424 人有不同程度的发言，占 84.8%。

罗伯特 · V. 库兹奈特（Robert V. Kozinets）在对品牌虚拟社区

---

① 陈青芳、蒋超、晏笳：网络聊天室中的人际沟通状况，青年研究，2001（5）：30–35。

的消费者分析时指出，根据虚拟社区中成员之间连接的强度和对社区消费活动的程度，将社区成员分为4种类型：①观光者（tourist），他们与群体缺乏牢固的社会联系，对消费活动只有肤浅、短暂的兴趣；②交际者（minglers），这类型的人与社区保持紧密的关系，但对消费活动比较敷衍、表面化；③爱好者/信徒（devotees），他们对社区消费活动有强烈的兴趣和热情，但对群体的依恋和关联较少；④圈内人（insiders），是在社区关系和消费活动的投入均比较多的人[①]。库兹奈特研究的社群是品牌的消费者，因此把成员的社区关系/社交性和对品牌社区消费作为分析考察的两个向度。这两个向度在不同的人身上会产生差异。对于城市社区来说，虽然对社区参与者类型的分析可以借鉴其分类，但分析角度却不能简单等同于品牌线上社群。

对城市社区来说，社区社会关系，包括与社区群体的关系和与邻居个体关系两个层面，尽管这两者可能会有一定的相关性，但在群体和个人层面上会存在差异。对社区关联的活动参与，也因此可以分析为参与社区/群体的事务与活动，以及个体性的社会互动两个层面。

将社区关联度从社区（群体）和居民个体两个层面来分析，在社区群体层面，包含了社区公共事务（如捐款、社区建设）、社区群体行动（如团购消费）、群体互动（如群聊天）；个体层面的社会互动，包括群聊天、加邻居好友、加入各种小群、参加群团购消费等。

---

① Kozinets, R., "E-tribalized marketing? The strategic implications of virtual communities of consumption", *European Management Journal*, 1999, 17（3）: 252-264.

我们将会在后面的几章中看到这些内容的社区互动或集体行动。需要指出的是，团购是社区带有集体性的消费活动，参与团购的程度，可以显示社区成员对于社区的依赖、信赖和关联程度。其行动意义与库兹奈特所谓的购买意愿和购买行动不同，也不是用以区分是否为观光者、交际者、爱好者或圈内人的两个重要向度之一。

基于以上思考，本研究将参与社区公共事务、参与社区消费、参与社区群聊、社区好友数量、社区群数量 5 个变量作为分析向度，借鉴库兹奈特的概念将社区参与者分为 4 类，采用雷达图的方式（参见图 2.7）显示其特征[①]。

观光者，是那些几乎不参与任何群聊互动和线上下社区事务与活动的人，与社区关联和社区参与度极少。他们是那些从来没有或者极少在群里说话或发帖的人，因此，也极少或没有参与过社区的公共事务和集体行动，如团购接龙等。与邻里交往和参与群数量较少。

社交者，是那些较少参与社区或集体层面活动，但偏向于邻里个体间的交往互动的人。他们社区行为的核心要素是从个人主义和自我需要出发。

社区信徒，指对社区或群体事务和活动有热情，但在社区里发展个体交往的意愿较薄弱。他们社区行为的出发点是社区群体环境和社区氛围。

社区行家：在社区群体和个体层面活动的参与均比较积极的人。他们对社区各种事务的关注度都比较高，与社区的关联度最为深厚。

① 叶韦明在翻译时将库兹奈特的分类中的“爱好者”翻译为“信徒”，“圈内人”翻译为“行家”，此处采用这两个概念。原文见［美］罗伯特·V. 库兹奈特，如何研究网络人群和社区：网络民族志方法实践指导，叶韦明译，重庆大学出版社，2016：41。

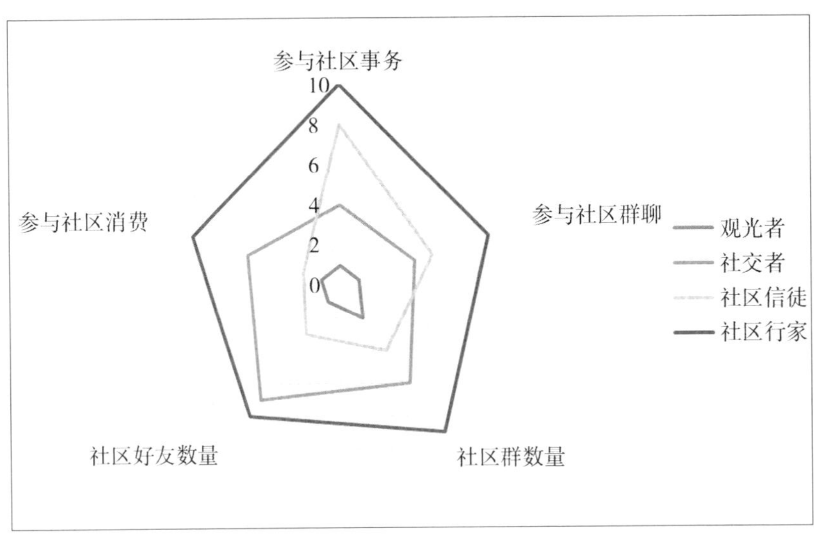

图2.7　社区参与者角色类别图

需要说明的是，上图对 4 种类型社区参与者的行为描述，只是一种特征模拟，并非实际的量化描述。这种分析和分类的操作类似于马克斯·韦伯（Max Weber）的“理想型”（ideal type）的概念工具：“仅仅被用作比较和衡量实在的概念手段”，其意义在于“对于研究具有高度的启发价值，对于描述具有高度的系统价值”[①]。理想型不是道德意义上的理想，不是统计学上的平均数，而是强调了典型的行为方向，它绝非和现实一致，而总是同现实保持一段距离[②]，始终存在着一般性和特殊性的矛盾。它试图理解和提炼对象与“价值关联”的特征。另外，在现实中，这些特征也处在动态变化中。个

① ［德］马克斯·韦伯，社会科学方法论，韩水法、莫茜译，北京：中央编译出版社，2002：47。

② ［美］刘易斯·A. 科瑟，社会学思想名家——历史背景和社会背景下的思想，石人译，北京：中国社会科学出版社，1990：245–246。

人导向的社区成员有可能因为随着在社区群体中不断获益，而慢慢增加其群体性意愿；也有可能某些集体和社会取向的成员因为某种受挫而变得群体特征减弱。

但无论是社区集体取向还是个体取向的参与者，在线交流的社交联系本身对社区共同体来说就是一种有价值的强化。他们不同层次、类型、目的的社区参与都在促成城市社区发生一种“邻里化”（neighboring）的转变。

马克·戈特迪纳（Mark Gottdiener）和雷·哈奇森（Ray Hutchison）强调了“邻里”和“社区”两个概念的区别。他们认为，这两个术语指涉不同概念。在“邻里”这种社会空间里，居民之间的初级关系占主导地位，但在大城市的住宅街区，住户之间联系来往很少，很难被称为“邻里”，城市社区主要是通过有组织的社会机构来处理地方事务[①]。社区“邻里化”则是指城市社区所发生的一种现象，相邻生活在城市社区的居民之间由于互动共享的增加而日渐熟识、密切，产生了类初级关系的状况。

邻里化的动力机制在于社区群里大量的社会互动。丹麦著名城市设计专家杨·盖尔（Jan Gehl）在他的《交往与空间》中，将公共空间的户外活动分为三种类型：必要性活动、自发性活动和社会性活动。必要性活动是那些多少有点不由自主的活动，如上学、上班等；自发性活动只有在适宜的户外条件下才会发生，比如散步等，社会性活动是在公共空间中有赖于他人参与的各项活动，包括儿童

① ［美］马克·戈特迪纳、雷·哈奇森，新城市社会学，黄怡译，上海：上海译文出版社，2018：258–260。

游戏、交谈等。从盖尔公共空间活动的分类角度来看，在线空间没有物理空间的天气等原因的制约，除了必要的咨询事情外，其他都是自发性的和社会性的活动，其公共性较高。盖尔还指出，一个城市的公共空间中有着各种形态的人的活动，尽管很多接触都是低强度、浅层次，但会使城市空间富于活力和有吸引力[①]。对于微信群这样的在线空间也一样，如果群内没人说话，或只有个别说话而没有回应互动，终归于凉落死寂。

星河会里的互动虽然不能说有多深入、具备社交实质性，可能大部分的互动不免带有匿名化和表浅，但存在于社区的各种功能、互相叠加的多重网络中的聊天交流以及随之而来的广泛互惠的习惯，其所带来的社群和社区意识确实显著，并逐步深入地促成了社区的邻里化和社区感的形成。

社区感，是随邻里化而来的社区成员的共同意识，包含了对社区共同体的一致认知和认同的情感。詹姆士·H. 道尔顿（James H. Dalton）等人指出，社区感是将社区成员连接起来的强大内部力量。它包含 4 个基本元素：成员资格、互动和彼此影响、共享与满足需求、情感联结[②]。在这 4 个因素，成员资格是客观条件，互动影响则是社区感的动力机制，是社区感形成的最为关键性的要素。共享满足与情感联结则是社区互动的结果。有研究显示，市民的社区意识不因性别、年龄、政治面貌、受教育程度甚至收入等个体人口学指

① ［丹麦］杨·盖尔，《交往与空间》，何人可译，北京：中国建筑工业出版社，2002。

② ［美］詹姆士·H. 道尔顿、毛瑞斯·J·伊莱亚斯、阿伯汉姆·万德斯曼，社区心理学：联结个体和社区，王广新译，北京：中国人民大学出版社，2010：120。

标的区别而有实质性差异，但社区内的社会互动程度与社区认同有正向相关[①]。星河会群中大量的互动和活动，有助于增进社区意识和社区认同的水平。这样交叠的互动圈层，扩大了邻里间的社会交往，也相应地增进了人们对社区的认同。正如邻居CNHK说的，“千金买房，万金买邻”，这种邻里守望相助的信赖构成社区宝贵的社会资本。

本章小结

社区群的“媒体嵌入性”无疑是全面和深入的：它作为交互性多功能媒介，实时嵌入社区生活，社区的日常生活也全面深入地嵌入社交新媒体。在星河社区的日常互动中，成员个体层面和社区公共层面的需要，促使社区微信群的多圈层功能分化。空间的分化，使得星河会成为一个包含有多层次、多面向、多功能的社区群集丛，形成了叠床架屋般多圈层群空间生态。这些互相嵌套、有着联动关系的大群小群构成了多圈层的虚拟交往世界，成为社区社会生活的载体和“容器”。一方面，社区的不同个体，有了适合自身兴趣性格和心理需求的适宜空间；另一方面，社区则形成不同层次的、多样化的在线公共生活空间，密实了原本较为空疏的社区关系，生发出丰富的社区生活。

① 桑志芹、夏少昂，社区意识：人际关系、社会嵌入与社区满意度——城市居民的社区认同调查，南京社会科学，2013（2）。

概括地说，社区群的日常内容包括协商、组织社区公共事务、监督物业工作、邻里互相监督、守望互助、社区（新闻）信息的分享与实时发布、消费、推销等经济活动以及休闲娱乐等。大量的互动和活动有助于扩大邻里们的社会交往，增进社区意识和社区认同的水平。

第三章

接龙：在线集体互动仪式

社区群里的互动形式基本上是3类：询问回应式、话题讨论式、跟帖接龙式。前两者是点对点聊天或多点群聊，零星散乱。而跟帖接龙则是参与面最广，也最常见的群体互动方式。

接龙是一种古老的游戏，泛指把不同体裁或类型的东西，以连续的方式上下联系起来，如长龙一样无限制延伸。常见的接龙游戏有成语接龙、诗歌接龙以及BBS里流行的小说接龙等。

微信群里的接龙主要包括三类：团购接龙、投票接龙和意见接龙。前两类将有专节论述，此处简单介绍一下意见接龙。意见接龙，是群里对某一事物的看法或想法的接续跟帖。在现实中，意见接龙的具体形式多种多样，包括报名接龙、点赞接龙、贺喜接龙、同意接龙等。意见接龙在操作上非常简单：复制、粘贴。最多再加上自己的名字，或序号数字，有的甚至仅仅输入"+1"。如想与众不同的话，就稍微变换些文字表达。

作为一种典型的群体互动模式，接龙的视觉效果非常突出：简单一致的视觉形式在手机屏幕上不断重复出现、刷屏，会产生一种视觉冲击力，形成视觉“热区”，凸显该事件在群里的热度、重要性和影响力。而且，一旦有长接龙出现，手机微信里的“群消息通知”的数量猛增，如果机主没有开启“消息免打扰”模式，那么提示音会响个不停，这就产生一种“大街上聚了一群人”的效应，因此接龙互动具有突出的传播势能。接龙极易形成群空间里的一致性行为。群里关于社区建设的提议和捐款活动，往往会收到令人满意的效果，离不开接龙所产生的“从众”吸力。

接龙的符号意义是跟随、跟从、接上去。人数众多的接龙就表现为一种典型的从众行为，乃至社会学研究中的“集体行为”。

第一节　团购接龙：从众的集体消费

团购是一种集体消费行为，大家以接龙的方式跟帖报名，达到以优惠价格购买的目的。

对于家庭来说，主要的经济生活功能包括生产和消费。但家庭的生产功能具有历史性，会随着社会或职业的变化而改变。但消费功能始终是家庭的重要功能。城市社会，生产的社会化使得消费几乎成为家庭唯一的经济功能，城市社区是家庭的依托，邻居们借助于移动网络进行团购便成为非常流行的一种集体消费方式。前面提到，由于团购接龙的不断刷屏引起一些邻居的不满，于是分化出了生活会小群。可见这种集体消费在社区的盛行。

一、社区内自组织团购

生活会中团购的商品以农产品和食品为主，包括红薯、新疆酸奶、五谷杂粮、东北人参、木耳、黑茶，以及苹果、椰青、杧果、桃子、柚子等各种水果。微信群团购方便、优惠，最受欢迎的产品会产生持续流量，接龙跟帖会不断刷屏爆屏。比如，山东红薯每年秋天都会团购，产地发货，价格优惠，发货价为 5 元 / 公斤 + 运费。2019 年 9 月下旬的红薯接龙持续几天，越接越长，先后有 60 条接龙，总计 350 余公斤。

除了生活会，另外还出现了一些其他的专门团购空间，有水果群、馒头群、面包群、美食群、鲜花团购群等，不一而足。比如，星河购花群，是为春节前买花建的群，供货商某花场是由 TZ 联系，交易完成后，该群改名为“星河百花争艳群”，功能转为养花知识的咨询分享以及一年一度的年花购买。在另外一个有鲜花资源的团购群里，每隔几天就会开团购买鲜花，利用微信 App 里的小程序进行接龙。

邻居 MM 是小区里的活跃人物，她经常组织团购，在访谈中，她说：“第一次团节水器的时候，原本 45 元一个的节水器，30 元能买到了，等于就有好像是买了两个，送了一个，大家都很开心。”

团购商品到货后，有的是像快递那样直接送到各家门口；有的是集中送到一个邻居家或地下停车场等地，然后再在群里通知大家去拿。购物款是直接在群里发红包，如果是在微信小程序里接龙下单，就在小程序里付款。

团购后，邻居大多会感谢组织者的付出，有的也会在群里进行

图3.1　团购鲜花的接龙图；堆在小区门口团购物品

评价或晒图，尤其是晒漂亮的花。鲜花群里爱美的邻居会精心布置花的摆放环境，然后将插在精致花瓶里的鲜花照片晒到群里，收获一众点赞。

质量是团购可持续的重要原因。在访谈中，邻居 MM 说：

有一次，一个邻居老伯告诉她，能弄到很好的进口牛扒，保证质量很好。他有渠道可以从欧洲引进那些什么叫什么扒来的牛排，还有那种什么肉眼扒就很贵的那种。于是大家也就迷迷糊糊地团起了这种牛肉。后来邻居们对比起不同的牛肉，觉得还是其他的比较好，慢慢又没再团购了。

我之前还在给邻居分包子的时候，有的人跟我私下说包子做的越来越小，我自己也察觉到肉馅豆沙少了。我也很生气：“我说如果你再这样下去的话，我就不帮你派送了，你这样让我觉得好像你在做这件事情上没有刚开始的初心。”经过几次反映，包子的分量也有改进了。

有邻居的亲友做农产品，也会推荐到群里。比如这次的玉米，老板想让生意火起来，还特意到小区里送玉米，一开始天气好，分到的玉米看相也很好，拿来的时候就很饱满，大家都很开心。后来天气不好，收成的玉米很多坏掉。这件事之后邻居们团了大概七八次，就没再买这种玉米了……但有新的东西出现时，大家还是满怀希望想尝试。

社区团购不仅是邻里交往的主要方式，这种集体消费的深层意义在于，共同消费行为及其在群公共空间的互动分享，会逐步形塑社区趋同的阶层生活方式、共同的文化与社会阶层意识。

也许就像邻居 NN 所说的：“大家都喜欢团购，其实更像是喜欢这种氛围。”老先生 QML 也加了一些团购群，在访谈中他感慨：“团购群里最活跃。”社会学家马克·格兰诺维特（Mark Granovetter）指出，消费行为不单纯是一个个体的、纯理性的经济行为，而是一种嵌入各种文化和社会关系的社会行为[①]。许多针对社区的生鲜电商（包括线上生鲜企业或个体商户）能够快速打入社区，依靠的也是这种社区社群强大的传播效果。

二、社区生鲜电商

城市社区被比喻为“连接消费者最后一公里的驿站”。

---

① ［美］马克·格兰诺维特，镶嵌：社会网与经济行动，罗家德译，北京：社会科学文献出版社，2015。

生鲜产品大部分是人们日常生活的刚需品，复购率十分高，可是，生鲜产品又有着保鲜储存难、运输难、损耗率高的明显劣势，所以，传统城市居民的日常生鲜购买习惯是每天去菜市场购买。但随着电子商务和快递行业的突飞猛进，生鲜食品的保鲜问题随着快递行业的送货速度加快而逐步得到解决，近年来，生鲜电商市场竞争不断加剧，而争夺的焦点就是城市实体社区。

2005 年，易果生鲜创立于上海，成为中国第一家生鲜电商。2010 年，中粮我买网、天天果园相继成立。2012 年，本来生活网凭借“褚橙进京”事件一炮走红，生鲜电商再度进入大众视野；同年顺丰优选、京东生鲜上线，2012 年也被称为中国生鲜电商发展元年。2013、2014 年，许鲜、一米鲜、爱鲜蜂、每日优鲜等相继成立并获得融资，天猫、1 号店等综合性电商平台布局生鲜领域。2015 年以来，大量投资涌入生鲜电商市场，天天果园、易果生鲜陆续得到京东和阿里巴巴战略性融资，每日优鲜则获得腾讯等多方融资；2016 年，盒马鲜生成立。生鲜电商市场受到了资本方的高度关注迅速崛起。

就目前而言，进入社区的生鲜电商有以下几种模式：

一是综合类生鲜电商，代表性企业有天猫、京东、苏宁易购，他们有入口上的优势，尤其是天猫、淘宝，占据着整个中国超过 80% 的市场份额，这种强大的流量优势是其他生鲜电商平台短期内难以企及的；并且多年来培养了用户良好的购物习惯和对平台的信任，用户到京东、天猫、淘宝、苏宁易购等平台上购物的同时看到了生鲜类产品也很有可能选择购买；以及完善的支付系统和品牌都是综合电商平台在社区生鲜市场的优势。

二是物流类生鲜电商，比如顺丰，拥有国内最庞大的快递大军和遍及各地的仓储中心，但上游供应链的整合存在短板，使顺丰优选的主营方向偏向干货的配送，生鲜类局限于水果。

三是传统食品供应商做生鲜电商，如中粮我买网，它有着上游供应链的有利资源，在食品供应链上是其他生鲜平台难以 PK 的。

四是垂直类生鲜电商，代表企业诸如每日优鲜、易果生鲜、本来生活等，他们专注细分领域，懂用户心理，但在物流、用户开拓方面成本较高。

五是“零售＋餐饮”的创新模式，如盒马鲜生和超级物种。他们作为新兴零售商业模式的践行者，通过线上 App 下单，完成最后几公里的配送，线下实体店主打生鲜产品和即时餐饮，门店面积多在 5 000 ㎡左右。线上线下业务高度融合优势互补，建立了线上线下运营的完整闭环，无论是线上还是线下都有强大的引流窗口，在闭环之中，消费者的消费习惯会快速成型，用户黏性增加；同时，线下门店前店后仓，承担前置仓功能，保证配送时效的同时降低成本和损耗；零售＋餐饮的模式筑起线下壁垒，在餐饮体验上，一方面能增加用户在店内逗留的时间，同时也方便临期生鲜产品的处理，降低损耗。

六是社区门店模式，代表企业有钱大妈、百果园。盒马鲜生和超级物种这两种模式走的是“大规模＋大投入＋大场面”的路子，聚集在核心商圈，而社区生鲜店的定位非常明确，也更为聚焦，就是开在家门口的生鲜店，在鱼肉果蔬上进行深耕细作。即使生鲜产品种类并不是那么齐全和购物场景体验不是特别好，但是方便、快捷且价格合理的社区生鲜店，极大地满足了居民的生鲜购买需求，因此他们的黏性最强，复购率也最高。

对于很多购买生鲜电商的用户来说，他们讲究的是速度，因为家里没菜了需要买菜，但是又不想去菜市场，而这个时候只需要通过微信公众号或者手机 App 就可以直接购买。社区 O2O 模式能够保证送货时间很短，是真正意义上的最后一公里配送。[①]。

2018 年以来，社区电商竞争日趋白热化。除了电商巨头阿里巴巴旗下的盒马鲜生、永辉超市旗下的超级物种等大实体店，以及钱大妈、百果园等小实体店两种区别于传统农贸和超市的主流连锁模式之外，还有一些微小的个体商家活跃在社区生鲜消费市场。

在社区访谈中，一位邻居 PY 展示了她手机上的电商 App 和公众号。除了京东、淘宝等综合类生鲜电商外，还有中粮我买网、本来生活、盒马、汇爱家、一分地等，"'一分地'是在北京的一家公司，朋友口碑传播的，品种不多，他们的走地鸡很不错。也买过牛肉、黑猪肉"。PY 的微信里除了社区的各种团购群外，还有钱大妈群、邻寻群、Sussi 美食群，以及一些相对高端小众的恒大兴安放心粮油馆、正谷等公众号，她还加了几个卖水果生鲜的邻居的个人好友：

> 汇爱家是最早进入我们小区的。好像是在 2016 年，有邻居发信息到群里，让大家都下载汇爱家的 App，生鲜蔬菜可以送到家，每个小区满 100 户就可以给配送，SZ 一些小区都已经配送了。然后我们纷纷下载 App，一下子就够人数了。确实也很方便，前一天晚上 8 点前下单，第二天一大早菜就放在家门口了。

---

① 以上生鲜电商发展资料，引自作者指导的深圳大学传播学院新闻系 2019 年毕业设计小组的毕业设计项目《深圳生鲜市场争夺战》。

后来还有一个“猪猪”什么的，忘记了。一开始进小区的时候免费送一把菜。但是没几个月做不下去了。

钱大妈群，是一位邻居把我拉进去的，每天一大早，群主服务员就把蔬菜、肉蛋和水果的照片发到群里，还有打特价的信息。买满 39 或 49 元，就能免费配送。

访谈的邻居中，不少都觉得“汇爱家”配送的菜有的时候没那么理想，“好像要碰运气”（MM 语），不够新鲜理想：“有时候向它买的那些肉，它呈现的那些部位不是我们特别想要的。鱼肉类更加不会在汇爱家上面买了，汇爱家只是一个补充了。”也许对没时间买菜的邻居来说，比较依赖汇爱家，但总体来说，汇爱家在小区“没有以前火了，衰落了”。随着钱大妈的遍地开花、盒马鲜生的社区推进战略，以及像叮咚买菜垂直生鲜电商等的挤入，社区生鲜市场竞争更加白热化。

美团、快递行业、以及汇爱家这样的先行者已经培育了用户的外卖习惯，长远来看，社区生鲜配送上门将成为大势所趋。盒马鲜生和叮咚买菜差不多同时在 2019 年下半年进入星河小区。它们都采取了病毒式的社群传播模式：某个邻居将链接分享到社区群里，分享者和点击下载者均可以领 15 元红包、领抵用券或优惠券。其他邻居下载安装以后如法炮制，把链接发至群里，所以群里不停地被这些分享刷屏：一遍一遍地出现“盒马送大礼，鲜美生活现在开始”……

盒马鲜生的优势不仅在于品牌、质量，还在于配送速度快。手机下单最快半个小时就送到了，跟预计时间严谨一致，当然也还可以在指定时间送达。在访谈中，邻居 MX 说：“现在真是太方便了。在盒马鲜生下单，半个小时就送到了。不像以前，汇爱家还要头一天晚上截单，没有及时下单，第二天就没办法了。而且盒马鲜生的东西特别新鲜，虾送过来的时候活蹦乱跳的，弹的力量太大了，我都不敢拿，只好拿着剪刀直接在盆里把虾头剪掉。”

通过与配送员的交谈得知，盒马鲜生在小区所在的片区设有仓库，通过购买第三方快递实现最后一公里社区的快速抵达。它不仅货品上乘，而且配送时间的要求极为严苛，“几乎是在规定时间内按响门铃”（MX 语）。在这一强大的竞争对手面前，其他的社区生鲜电商将遭遇更大的挑战。盒马鲜生的区域负责人在聊天中不无骄傲地说：“我们马老板也不想这样，我们也想多元生态，可做着做着就这样了。”“盒区房”是房地产行业继“学区房”之后在推销房源时的又一个热门概念，即指“盒马鲜生”上门配送服务范围内的住房，一般位于盒马门店周边 3 公里以内，最快 30 分钟送达。

“叮咚买菜”成立于 2017 年，是总部位于上海的一家生鲜电商平台，主打手机 App 下单、前置仓配送，最快 29 分钟送菜上门。

2020 年年初新冠病毒疫情爆发，小区封闭，居民禁足，两大生鲜电商迎来了起飞的风口。邻居们除了关注疫情外，定上闹钟、“早上 6 点半上叮咚抢菜”也成了每天操心的事。邻居 PY 在访谈中说，“叮咚买菜过年期间也没涨价，种类比较多，菜品也很新鲜”。据报道，叮咚买菜 CEO 召集高管开战备会议时说，“我们是民生商品，疫情期间我们不看利润，不看 KPI[①]！只要保证供应量，让更多的用户能买到菜”[②]，“起势靠流量，生死供应链”，叮咚买菜的产地直采模式不仅能

① KPI，Key Performance Indicator 的英文缩略语，即关键绩效指标，是组织内部进行目标管理的、可量化计算的指标体系。

② 李碧雯，叮咚买菜：生鲜电商竞争在冰山之下，中国企业家杂志，2020（2）。

降低成本，也强化了供应链，非常时期则经受住考验，在星河小区居民的生活中站稳了脚跟。

图3.2 叮咚买菜的App页面；疫情期间堆在小区门口的快递和生鲜物品

社区团购和在线消费的不断壮大，越来越多的企业、商家和个体经营者想要打入社区市场，面包房、渔家、酒店……社区居民手机上的各种团购群业务不断新增。由于获客成本①（Customer Acquisition Cost，CAC）低，社区网络空间中的商业化势头愈发显著，买卖行为成为社区最为主要的日常活动。星河小区多圈层交叠的网络世界仿佛变成了没有边界的市集，这其中有正规的商家，有分销代理，有个体户微商，商业业态丰富。马云 2016 年提出线上线下相结合的“新零售”的商业模式，如果将视角调整到社区层面来分析，社区新零售的格局与模式大体如下表：

① 获客成本，是指获得新客户所投入的成本总和。对于企业来说，一般由广告成本、营销人员的薪水和销售人员的薪水等成本之和除以获取的客户数量而得出。在媒介化的地域社区中，邻里关系的强化、交往的日常化及社交传播、消费的体验性，使企业式商家产品打入社区的成本显著降低。

类别		销售模式	描述	消费方式	信任基础	技术环境
平台电商式		品牌App程序	商家推广品牌App进入社区，居民基于位置信息和手机联系方式进行注册，App内下单，商家配送。如盒马鲜生、叮咚买菜等。分普通顾客和交费会员两种，交费会员有特别优惠。	个体性消费	品牌信任	App
代理式（社区成员作为销售的中介、桥梁）	代销式	团长制	商家在地域社区招募团长，团长在社区网络内建群，直播带货，微信小程序下单支付，商家将订购货品送至小区，由团长分派。按销售比例给团长发放佣金和奖励。如邻寻，有运营组织和体系，比较正式。（详见下节案例）	接龙式群体性消费	社区信任	1. 微信群+小程序 2. 社区群+小程序
	分销式	中介式	某社区成员有上游货源，该成员在线组织社区团购，由商家送货。该成员作为业务中介获取佣金收入。一般没有组织和运营体系，不固定。如云海肴等饭店或其他食品加工或生产企业。			
微商式		个体经营	本人是社区成员抑或不是，经营面包房、馒头店等实体店，利用网络进入社区销售。根据自己的生产能力进行订购和配送。			
团购直销式		产地直销	某社区成员有农户货源，比如湖北秭归橙子，陕西苹果、沙地红薯等，组织社区集体拼团购买。该成员也是团购消费者，不从中谋利。非常规化、不正式，次数不固定。			
社区门店式		实体+在线	社区便利店，如钱大妈等，店内提供二维码，社区成员扫码入群或拉人入群，实现线上直播互动选购，满额配送。	个体性消费	品牌信任	

三、个案：在小区做电商

2019年元旦，刚过六旬退休在家的QU老先生加入了“邻寻”，开始接触到社区团购。根据“邻寻”的宣传，它是一家专业做生鲜供应链的公司，为30多个平台供货，线下有100多个门店，全国有六大核心城市仓和十多个产地仓，自称是“首支社区零售正规军”。品类包含：中高端水果、乳制品、海鲜、面包、进口海鲜等。品质对标Ole进口超市、SAM山姆会员店、百果园、盒马鲜生等，“做有品质，有灵魂的社区团购”。

“邻寻”主要通过招募团购团长的方式进入社区。“团长”是将商家和消费者链接起来的角色。社区团购平台在争取客源客流方面，少不了“团长”的助攻。QU说：“在小区这个市场，除了商品质量，关键还要有你的人脉。”通常情况下，团长是身边的熟人，可能是朋友、邻居，也可能是小区门口的保安。当然，担任团长会有一些要求，在小区内邻里关系处得好、有一定的号召力的居民会优先取得商家的“青睐”，如果是社区KOL[①]那就再好不过。邻寻团购招募团长完成后，由团长通过自身在小区内的关系网络将熟悉和不熟悉的居民拉进微信社群，在群里接龙下单付款，团长负责社群的运营和维护，线下则负责接货和派货。

QU是东北人，与儿子一家住在一起。儿媳生了两个孩子后一直没找到工作，由邻居介绍牵线，接触到了邻寻。邻寻在附近的几个小区都有团长在组织团购。儿媳、儿子成了小区邻寻团长后，QU也

① KOL，Key Opinion Leader，即关键意见领袖，如微博大号、大V账号、网红、达人。

加入了分工的事务中。QU 打趣地说："爸爸妈妈、爷爷奶奶、小孙子都在参与，全家齐上阵，摸索前行。"他主要帮忙线下派货，小孙子两三岁，也跟着推小车。

QU 拓展客源的方法，一种方式是他的人脉。他是小区广场舞的组织者，每天晚上拿着音响带着邻居大妈们，包括一些年轻人跳广场舞。据观察，有一些人还从稍远的社区过来跟他跳舞。因此 QU 也算是远近闻名的社区活跃人士。他还是这个广场舞群的群主，群里的追随者都是他的潜在客源。他把他们拉到邻寻的团购群中。

另一种方式是在小区派货时，有邻居看到后上前询问，他通过添加微信好友的方式，把他们拉进群来。群里人数最多的时候有近 200 人。据观察，这种现场的效果也很好，每次到货的时间，群的人数都会增加。

QU 的邻寻团购在 2019 年元旦第 1 期开团。起初的开团频率是一周两次，周一和周四是线下固定到货时间，到货日的前一天晚上 8 点是截止下单时间。到了 4 月份，开团时间改为一周一期，即周一开团，周四晚截止，周五下午到货。如果开团时间减少、间隔时间延长，就说明销售量与运营成本应该优化考虑。邻寻团购销量好的时候约有 30 多个订单，而下单顾客人数一般少于订单数量，因为存在同一个人多次下单的情况，一般情况下的订单数是 10 ～ 20 单左右。团长的利润是团购销售的 10%。

买家主要通过微信小程序下单。小程序的界面由两部分构成，上部分主要展示各种生鲜商品即价格，以及选择数量按钮。下半部分是居民的订单详情、汇总清单，可以看得到谁买了些什么、哪些东西受欢迎。

儿媳本身就是邻寻团购的忠实粉丝，每次开团她都会通过图片、实拍视频和软文等形式在社群里进行每期的生鲜品类宣传。她自己每次团购也都会下单，甚至是多次下单。她也在群里分享自己的“买家秀”，或者饶有兴致地跟群里的邻居们交流烹饪经验，或在朋友圈晒用邻寻食材做的快易早餐图片，以引导大家消费购买。群里顾客根据自己的需求，点击进入商家的“邻寻”小程序进行挑选和下单。

截单以后，儿媳将订单清单汇总给邻寻。商品会在固定时间运送到小区指定地点，由 QU 在小区固定提货点负责把商品分发给邻居们。QU 会在群里发图片和视频，通知大家已到货，请大家来取。

QU 一开始是将名单手抄下来，因为眼睛有些老视，字写得很大，抄写很费时间，后来儿子就帮他打印出来。每一个邻居客户来领货品，他都仔细对照清单和货物，以防弄错。这项工作很烦琐，邻居们不知道什么时候才方便来取货，他就要一直守在这里等着。有的时候天黑了，他就把剩下的货先搬回家里等邻居来取，还有很多时候他都亲自把东西送上门去。碰到下雨天，他还得把东西运到楼下的大堂，再摆出来。有时邻居在取货点没看到他和东西，就会在群里 @ 他，他还需要不停地回应。这些工作经常让他耽误了吃晚饭的时间。

“品质对标沃山姆店、Ole 和百果园，售价仅为 7 ～ 8 折”是邻寻团购的广告语，也是吸引小区消费者的“重要法宝”。但“有时候消费者打开小程序后图片和实物还是有些差异，个别消费者反映过商品有质量问题”，通常售后团长都有妥善解决。当出现产品质量问题，消费者可享受 100% 无条件退货。只需拍摄坏水果的图片发给团长，将退货货品退回给团长，团长会按水果个数或者重量等值赔偿。QU 说，退换货也很烦琐，商家在品质把控方面有待加强。

改成一周一期团购后，销量也没有太多提升。儿媳也找到了幼儿园老师的工作，这个邻寻的团购群就停止了。QU 在访谈中说，儿媳所在的幼儿园管理也比较严，儿媳也没有时间和精力再做邻寻了。至于其他小区的邻寻团购，“还在坚持做，但生意也不是很好”。

造成这一现象的客观原因是社区生鲜市场竞争的白热化。小区周边虽然没有大型购物商场，但社区便利店有天虹微喔、华润，以及像钱大妈、百果园、王婆生鲜等这样的小型生鲜便利店，还有汇爱家这样的进驻者，以及更多的邻里团购渠道。“最近又有一家公司来小区院子里搭棚卖杧果和榴莲。总之，现在是市场经济，每个人都在研究如何赚钱，商家更是如此。”（QU 语）

小区商业楼下 4 月份新开了一家生鲜店，就在钱大妈店的旁边。开业时也是很“轰动”，一位 QQ 的邻居说：“开业前几天都有免费送，到了晚上八九点以后处理，跟‘钱大妈’一样‘不卖隔夜菜’，打折卖菜。大家都到晚上涌过来，在店里店外晃，或拿着菜在店里等，等到点儿了再买（便宜菜）。”没几个月，这家店就关门不开了。

疫情期间，QU 老先生跟笔者聊天，孩子（儿媳）想把要把邻寻重新做起来。没过几天，他说他又在忙着送货了，邻居们都带着口罩，保持距离，远远地拿货。还是有邻居记得 QU 老先生的邻寻团购：每到线下取货的时间，你就能看见来来回回的还有从其他小区过来的居民，提完货就在那里和 QU 老先生聊会儿家常。偶尔从旁边的玩乐区还会传来阵阵铃声般的孩子们的追逐打闹声或爷爷奶奶的喊叫声。

四、个案：跑社区的生鲜微商

XY 是地道的四川人，很小的时候就跟着父母搬到了海南定居，2018 年大学毕业之后在深圳百度地图公司工作。

提起团购水果的初心，XY 一脸羞涩地说："我自己从来没想过团购，因为自己既没这方面的经验又不专业，加上自己的工作也挺稳定的，没有这方面的需要。"直到春节假期回海南时，应一个在深圳开甜品店的朋友的需求，XY 专门从海南的果园自采了将近 500 斤的水果，直接用快递寄回到深圳，这些熟透、采摘下来的水果完全经不起三四天的路程和挤压，结果水果到货的时候基本全烂了，XY 自己承担了所有的损耗费用。朋友多次尝过 XY 从海南带过来的水果，表示很喜欢，便决定帮他在自己居住的小区益田村做推广："朋友就提议说让我自己开车拉货过来，他来帮我给其他邻居做推销。"此后不久，他就开始尝试从海南自己拉了水果到益田村试卖，结果居民的反馈都很好，四五百斤的水果不到两天就卖光了。"杧果在三亚是一斤 3 块，在深圳这边可以卖到一斤 16 块，这其实是很暴利的，当我卖到一定量的时候，其实是存在很大的利润口的。"XY 觉得这是个不可多得的机会，便毅然决然辞掉了原来的工作，一心投入到贩卖水果的行当中来。

通过深圳朋友的帮忙，XY 搭建了一个益田村的水果团购群，目前群里的人数已经有 400 多人了。每星期的周一和周二两天，居民们都会固定在群里进行拼团接龙，XY 会根据各个水果品种的拼团量，从海南采购、包装并亲自运货过来。这些水果的供货地都是来自海南本地农民的果园，大部分果农只种植单一的品种，又加上大部分合作的果农只提供一周的货源，没有长期合作的供应商，为了保证水果的原汁原味和采购品种的多样，XY 基本每周都需要花费很多的时间在海南当地四处了解和联系合适的果农："我自己本身也是刚刚接触这一行，对海南这边的水果采购价完全不了解，我都是要提出比其他的批发商更高的收购价才能拿到货。"XY 基本上都是自己到果园摘果，加上简单的包装，一般需要两天，开车运货到深圳需要一天，整个供货流程处理下来需要三天，周周如此。一开始订单量和水果品类比较少的时候，他就自己从海南开 10 ～ 11 个小时的长途到达深圳的社区点，再进行分发。

随着口碑逐渐传开，如今 XY 除了负责益田村的供货，还包揽了另外一个小区——桂花苑和一家水果店及十几家超市的货源，每次订单量都高达 1 000 多公斤。在物流方面，自驾运货或者租赁货车运货在他看来显然都不是很划算，之后他也与德邦快递公司合作过几次，货基本需要三天时间才能到深圳，水果的损耗成本变高了。于是 XY 决定尝试航运，他联系到了海南总区长，"区长专门为我订制了一个方案，因为他们自己是跟海南航空每天凌晨 6 点 10 分飞往深圳的航班有合作，所以我的水果就跟着这个班次的航班一起运到深圳这边"。航班出发的前一天晚上，XY 需要租赁专门的货车将所有水果运到机场，再统一航运到深圳宝安机场，由深圳的朋友帮忙接货、装车，到达社区分发点。

如今各式各样的社区团购层出不穷，但大部分寿命短暂，主要是因为随着人们对生鲜类的品质需求越来越高，很多团购项目做到最后往往是"量跟上了，质却差了"而逐渐被顾客淘汰。XY 却说："我不缺顾客，很多时候供不应求。我的水果质量比大部分市场上卖的都要好。之前世纪联华也找我供货，但是利润压得太少了，不如自己做。”目前 XY 的水果定价跟百果园差不多，但他的优势在于自己卖的水果会更加新鲜，基本上是水果九分熟或者完全熟透的时候采摘下来后，再直接运往深圳售卖。而很多其他商家为了减少运输过程中的水果损耗，在水果未完全熟透的时候便摘下来，泡上保鲜剂，从产地运输过来，之后再洗掉保鲜剂，放置乙烯利催熟，因此水果的口感和甜度都不如熟透后摘取下来现卖的水果。但是 XY 自己也说：“熟透后采摘的水果运过来就不可避免要面临损耗，现在每次运过来的水果还是有 20% 的不同程度的损耗。”

目前除了有两三个好友的帮衬，其余的工作都是 XY 亲力亲为，由于没有专业的分发流程，每次到达社区点发货的时候，场面都极其混乱。说到以后，XY 打算“除了卖水果，可以同时供给一些蔬菜”，与此同时，他还计划着逐渐将自己的生意拓展到像香蜜湖小区等一些消费水平更高的深圳社区。

XY 的个案，与星河小区一家卖馒头的夫妻档一样，都是利用朋友关系进到社区，搭建社区的专门团购群，以特色或者高质量的产品来稳定客源。卖馒头夫妻档的团购群名为“奔跑的馒头”，团购小程序上显示，它有 11 457 个粉丝，覆盖若干小区。截止至 2019 年 12 月已组织接龙 11 000 余人次。他们不仅卖手工老面、大馒头、葱油花卷、水饺、包子等面食，还主打青岛海鲜，如野生小黄鱼、白仓鱼、带鱼、舌头鱼、鱿鱼、花甲等。除了馒头、海鲜，他们还卖盐焗鸡、豉油鸡、酱牛肉、卤鸭、乳鸽、走地鸡、鸽子、鸡蛋等，也组织团购秋月梨、石榴、新疆阿列克苏苹果等时令水果、烟薯、东北糯玉米、板栗，甚至洗碗布、塑料拖鞋等日用品，品种花样日隆。

海鲜是对新鲜度极为苛刻的生鲜食品，馒头哥也同样联系了航空速运。海船一靠岸就进行真空包装，然后直奔机场空运。团购小程序的封面页面有这样的说明文字："黄海北部水温偏冷，青岛野生海鲜，肉质细腻、味美鲜甜，三小时航空到深圳，极速送达小区。"

图3.3　"奔跑的馒头"团购群日常内容与销量

做邻居的生意，口碑非常重要。有的时候航班延误，导致海鲜出现问题，他们会退款。为了维护与客户的关系，他们还不时举办些"厨艺大赛"活动，群里的邻居把烹饪好的鱼的图片发到群里，他们发起小程序投票，票多者可获奖励。邻居 SCS 说，青岛的海鲜的确跟广东这边的有点儿不一样，很好吃。接龙数量多的话，价格上还能便宜。比如金秋红蜜桃 8～11 枚，价格为 39.9 元；如果接龙数量大于 100 人，价格变为 36.9 元；数量超过 200 人，价格降为 35.9 元。通常开团的接龙总量有 250 人以上。

馒头哥经常在群里进行各种花式宣传和促销。除了图片质量堪称精美的美食特写照片外，叫卖的语言也别具特色。兹列举几处：

> 最爱土猪肉粉丝包来了，香甜松软易消化的。黑米大发糕、牛奶馒头，选用优质糯米，精心制作的一品烧麦王值得品尝！欢迎接龙预订，29 号顺丰同城。
>
> 一江春水出青峡，几缕炊烟笼山家。门前小儿弄竹马，篱下开了荠菜花。春天来了，又到了人们吃草的季节……百度了一下，荠菜功效还挺多。野生荠菜 + 一号土猪肉，好吃、健康、过瘾！
>
> 颜值与美味并存的俄罗斯小鱼饼干，9.9 元 / 袋，好吃不贵，喜欢的可以接龙预订。
>
> 天目山雷笋（甜笋），甘甜鲜嫩，味美爽口。春天有了春笋才叫完美，快来尝鲜，过期木有。去老根（一根原笋去掉 1/3 重量的老根）顺丰包邮发货。
>
> 客家手工腐竹，非转基因大豆和山泉水无添加制作！不加盐不加防腐剂不加色素不加吊白块。孕妇、产妇、小朋友都可以放心吃，味道非常好。23.8 元一斤包邮。

每天若干条 @ 所有人的叫卖也让有的邻居不胜打扰："馒头哥，请你发信息不要动不动 @ 所有人，我们有需要会看的，你这样很打扰人。"

费孝通在《乡土中国》中曾写道：

> 在我们乡土社会中，有专门作贸易活动的街集。街集时常不在村子里，而在一片空场上，各地的人到这特定的地方，各以"无情"的身份出现。在这里大家把原来的关

> 系暂时搁开，一切交易都得当场算清。我常看见隔壁邻舍大家老远地走上十多里在街集上交换清楚之后，又老远地背回来。他们何必到街集上去跑这一趟呢，在门前不是就可以交换的么？这一趟是有作用的，因为在门前是邻舍，到了街集上才是“陌生”人。当场算清是陌生人间的行为，不能牵涉其他社会关系的[①]。

城市地缘社区原本就不同于传统乡土社会以血缘为基础形成的地方邻里关系，传统邻里所寻求的是人情交换和感情关系。笔者通过对一个苗族流动群体的研究发现，在外经商后，他们在观念上受商业文化的影响发生深刻改变，当回到家乡之后，这种乡亲熟人之间的当场结算也变得非常自然[②]。对于城市物理社区而言，邻里关系是在陌生人关系的基础上经过日常互动而逐渐熟悉，形成程度不同的熟人关系，所以，在家门口做社区生意，既有信任的基础作为保障，又有从众购买的集体效应，对邻居来说还能增进互动、密切关系，就更是自然的事情了。

第二节　投票接龙：展演的集体仪式

网络票选近年来十分流行：一是网络平台的应用发展提供的技术手段方便快捷；二是各级组织在榜样生成过程中加大公众的民意

---

① 费孝通，乡土中国，北京：北京出版社，2005：108。

② 王琛，漂移的时空：当代中国少数民族的经济生活，北京：社会科学文献出版社，2012：305。

参与[①]；三是票选还是提高机构及其活动，尤其是商家品牌知名度的有效策略。随之，各种拉票在社区群里层出不穷。

一、在线集体仪式过程

每当有票选活动，在社区里总能得到或多或少的投票支持，这种回应的规模数量取决于拉票人在社区知名度或影响力的大小以及拉票沟通的技巧。曾经有一位元老业主女婿的拉票活动，在星河会各层级空间里全面铺开，几天内的投选活动高潮迭起，掀起社区虚拟空间里的一场投票狂欢。

这种大规模的接龙，可以看作是社区生活的集体仪式：它有主持、有主角，有启动、过场、高潮和尾声甚至情节过程，有互动与传染链条以及回响不断的符号和目标指向，本质上折射着“社会 VS 剧场”的结构性维度。

1. 虚拟场景与符号

拉票人是仪式的主持或主角，他 / 她会采用包括语言技巧在内的各种方式向社群寻求投票支持，并保持全程的互动沟通以维持投票活动的持续热度。地域社区自带的“场所认同”及社区身份，形成虚拟仪式场景中“实在”的一面；“好邻居”“大家庭”“亲如一家人”这些话语符号会被一再重复，唤醒和提示共同体意识和身份认同、强化互助的义务。虚拟空间的票选竞争，在集体仪式魔力

---

① 李蕊，论榜样网络票选中的民意陷阱及规避，江西师范大学学报（哲学社会科学版），2015（4）。

下，成为与“我方”阵营对垒的“敌方”。虚拟空间演变成一致对外的“拔河比赛”，弥漫着一场无形的对决，不断提醒的倒计时、变动不居的排名，将大家引入一个紧张对峙而又看不见的“虚拟战场”中。我方阵营同仇敌忾、协同作战，无形中强化了共同体内部的团结水平。

2. 仪式程序与节奏

拉票程序包括：事主简单说明，发一个红包及投票链接；邻居抢红包，为目标对象投票，并告知“已投”，同时发一张投票后的页面截图；事主表示感谢。票选往往有一个截止期。技巧高超的拉票高手就会根据期限设计一个倒计时，仪式也会呈现出启动期、酝酿期、高潮期和尾声，在线共同体内部上演一波一波的律动：鼓动、拉票；投票、接龙、数票；回应互动、感谢，构成一种不断的重复性行动和传染的心理氛围，拉票活动因而可能被持续推动成为社区生活中的热点。

3. 自我呈现与表演

接龙具有“表演性”，尤其是在点赞接龙和投票接龙中。在投票接龙中，投票对邻居做了支持的善举后，大家通常都不会甘做“无名英雄”，而是立刻表白“已投”，大多数人也会同时发一张投票后的页面截图作为证明。这几乎成为一种标准化动作。这种展演表白，或者说“亮相”，既可以看成是对求票的一种回应互动，或对领了红包的回礼和回报，更重要的是显示了一种社区邻里的一致身份。社会学家欧文·戈夫曼（Erving Goffman）曾将社会互动比作一直在演出的戏剧舞台，每个人都是剧情表演者，按照社会体系的“剧本期望”（角色期待）扮演角色，当个体“向他人呈现他的活动方式的时候”表演就发生了[①]。因而，这种表白与证明，也可以说是一种社区好邻居角色的表演。当一个个“亮相”席卷式接龙刷屏时——就像是现实世界中所见到的整齐一致的仪式方阵。

4. 仪式道具

虚拟仪式中，道具都是媒介化的文字和电子道具，这里也是表情包的用武之地，用得最多的是点赞、献花（玫瑰）、感谢、鼓掌、庆贺等表情图标。每当有这类“表情图”的出现，一连串的跟帖刷屏是群内的习惯动作，掌中手机里会流过一片“欢乐的海洋”。

投票接龙中最受欢迎的道具是红包。在请邻居帮忙投票时以红包开路也是一条不成文的“礼俗”。人作为社会性动物，需要互惠互利，才能获得归属感和认同感。红包有助于社群圈子的形成，更贴近真实世界人际关系和社交[②]。红包可以有效活跃气氛、调动积极性，还可以把不说话潜水的人拉进群里互动。羊年春晚的“红包大战”不仅增加了新年的欢乐气氛，也极大限度地“激发了广大用户的参与度”[③]。微信红包额度小，不构成人情压力；红包的“抢”造成一种因稀缺而争抢的热闹景象，提高群黏性；有娱乐效果，有交换的乐趣，而没有交换心理负担，是调节仪式气氛、推动仪式顺畅推进的给力道具。有了抢红包环节，如克洛德·列维－斯特劳斯（Claude Levi–Strauss）所说，仪式就像一场令人心旷神怡的游戏。

---

① ［美］欧文·戈夫曼，日常生活中的自我呈现，冯钢译，北京：北京大学出版社，2016。

② 李林容、王莹，微信红包现象解析，中国出版，2015（21）。

③ 王宁，微信红包传播现象研究，辽宁大学，2016。

二、社区虚拟仪式的意义

现代社会对仪式的理解有泛化的趋势，仪式的意义变得越来越复杂[①]。从传统意义上看，仪式活动不可能在平时缺乏基本的社会交往和交流的社交情境中展开，"它需要更大程度的日常性铺垫"[②]。星河社区群空间里正是有大量的日常生活互动为铺垫，才会有云合响应的群体效应。从仪式的角度来看，群体性接龙明显具有集体仪式的程式化、表演性、符号性及整合性的特征。

投票接龙的仪式功能表现在不同的层次：

对于仪式的主角（参选者）个体来说，这构成了其人生中激动人心的时刻，无异于个体的生命仪式和过渡仪式。经历了这样一个群体瞩目的努力过程而获得某种成长、得到见证；同时，仪式主角的良好家风与优秀品质也成为社区的模范和流转的"传说"，成为社区记忆的一部分。

对于社群成员而言，参与投票接龙并积极回应，是一种紧密关系和"类"娘家人身份的证明。翟学伟曾从时空维度视角对关系向度进行分析，他指出，中国社会以血缘地缘为主的长程性、低选择性的固定关系是人情与面子发生的社会基础[③]。

---

① 彭兆荣，人类学仪式研究评述，民族研究，2002（2）：88-96。

② 彭兆荣，人类学仪式的理论与实践，北京：民族出版社，2007：67-68。

③ 翟学伟，从关系向度看中国人的行为模式．在安庆师范大学演讲，社会学贴吧，2018-6-10。

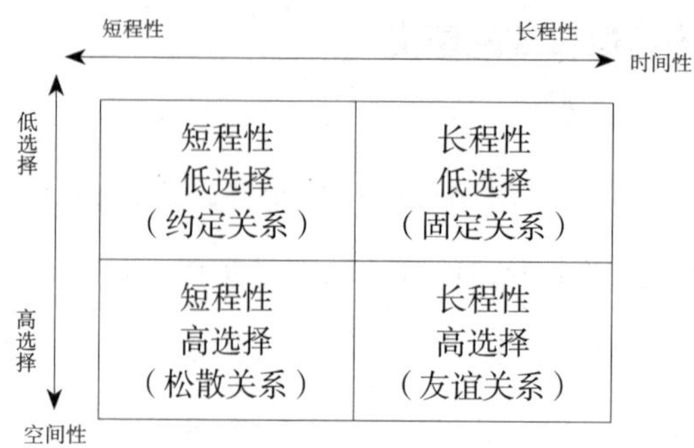

图3.4 关系的向度（改编自翟学伟的关系的向度及其特征图）

邻里关系，基本属于长程性的、带有一定选择性的准固定关系，因而，邻里关系也是相互讲人情、给面子的场域。进而，助力邻居成功不仅可以获得一种邻里互助的付出体验，还收获了社区公共生活的参与感以及社区共同体的感受。

从社区在线共同体角度来看，仪式狂欢在客观上将社区中的个体纳入强大的集体行动和集体力量之中，集体仪式中会形成一种勒庞所说的集体心理和情绪的感染①，同时也起到了整合社区团结和成员身份认同的作用。

无论是何种的群空间都像是一个大家庭，群的存在希望看到符合角色期待的表现，集体的热情呼唤积极地参与乃至紧密地凝聚。意识到集体无形的注视而不想有局外人的感觉，复制粘贴跟帖接龙即可，所以点赞永远指向下一个点赞、唤起下一个点赞。接龙，是对群体认同的表示和表达。这种表达也是一种“不希望被忽略”的个体呈现。社交媒体上的各种“晒”（呈现），主要动机是获得社

① ［法］古斯塔夫·勒庞，乌合之众：大众心理研究，冯克利译，北京：中央编译出版社，2014。

会认同、情感能量及符号资本[①]。人们期待每一次表演都收获一片"赞"，同时又简便匆匆地为他人点赞回应。当"点赞"演变成习惯性动作和显示存在感的符号时，它的意义指向性遂被逐渐弱化[②]，本意也就被消解了。

不能否认的是，在线接龙式的群体互动是一种极为浅层、流于表面的和卷入度较低的互动形式，如一位拉票者所言，就是"举起手指投上一票，真的是简单得不能再简单的事"。它只需要一种跟从性的回应，社区义务感及参与意识也只是脆弱的纽带。虚拟互动的自动化、模式化，使仪式演变为浅层的表演与从众跟风。微信群聊里过剩的点赞式接龙跟帖，呈现的多是一种集体身份和集体人格，以及姿态性的或象征性的参与，其形式意味远多过实质性内容。因而，对成员来说，群是一种存在，暗示了一种关系和边界；对群来说，成员则是游离而独立的个体。

戏剧理论家汉斯·蒂斯·雷曼（Hans Thies Lehmann）指出，从个人尝试伪造一个公共性的自我开始，剧场化（theatricalization）已经渗透了我们整个社会生活，社会（空间）剧场化成为当代空间发展的趋势[③]。这是一个多维流动的无边界剧场，其中的每个人都既是演员也是观众，自我呈现并互相观望。

---

① 蒋建国，网络社交媒体的角色展演、交往报酬与社会规范，南京社会科学，2015（8）：113-120。

② 魏宝涛、王爽，微信朋友圈"点赞"文化与网络情绪传播，中原文化研究，2014（6）：73-79。

③ ［德］汉斯·蒂斯·雷曼，后戏剧剧场，李亦男译，北京：北京大学出版社，2010：239。

本章小结

社区群的互动形式基本上分为 3 类：询问回应式、话题讨论式、跟帖接龙式。跟帖接龙则是参与面最广，也最常见的群体互动方式。微信群接龙中又以团购接龙和投票接龙最普遍，也最能体现社区群中集体互动的特征。

团购是一种集体消费行为，大家以接龙的方式跟帖报名，达到以优惠价格购买的目的。星河会成立了专事团购的空间——“生活汇”，吸纳了各种外源性好的资源，此外还有各种专门的团购群。社区团购不仅是邻里交往的主要方式，这种集体消费的深层意义在于，共同消费行为及其在群公共空间的互动分享，会逐步形塑社区趋同的阶层生活方式、共同的文化与社会阶层意识。

城市社区还是近年来生鲜电商竞争激烈的热土。每个社区居民手机上都有为数众多的电商 App 和公众号。不同的商家打入社区的方式不同，有的招募团长进行线上组织团购、有的利用社区群进行其 App 运用的病毒式传播，快递行业和运输行业的飞速发展也为大小商家的快递提速，准确到分的时间效应和百分百新鲜度成为电商竞争的最大法宝。

对于城市物理社区而言，邻里关系是在陌生人关系的基础上经过日常互动而逐渐熟悉、形成程度不同的熟人关系，所以，在家门口做社区生意，既有信任的基础作为保障，又有从众购买的集体效应，还能增进互动、密切邻里关系。

大规模的接龙，可以看作是社区生活的集体仪式：它有主持、有主角，有启动、过场、高潮和尾声甚至情节过程，有互动与传染链条以及回响不断的符号和目标指向，本质上折射着“社会 VS 剧场”的结构性维度。

第四章

社区集体行动的逻辑

集体行动（Collective Action）是指在缺乏确定的组织程序和制度规范的条件下，很大程度上自发形成的，由许多个体参加的非制度化的行为。集体行动的组织化程度因人群特点而又不同，既有冲突性的，也有非冲突性的，类型也十分广泛。带有冲突性、政治性的集体行动最为典型，所以赵鼎新教授将集体行动看作是与社会运动、革命同一范畴的三个概念[①]。从宽泛的角度来看，举凡时尚流行、谣言传播、抢购等都属于集体行动。

在社区群环境下，社区群体行动并非仅仅表现在面临集体抗争的情势之下，而是社区公共生活的特殊形式。对于网络社会来说，事件性的人群聚集、一段时间内大量的跟帖接龙行为、集体接龙的团购等，都属于不同程度的在线集体行动范围。

① 赵鼎新，社会与政治运动讲义，北京：社会科学文献出版社，2012。

第一节　社区建设的群体机制与媒介机制

美国学者曼瑟尔·奥尔森（Mancur Olson）在其《集体行动的逻辑》（*The Logic of Collective Action*）一书中细致地探讨了他的搭便车理论[①]。他认为，对于一个具有共同利益的集体来说，并非必然产生集体行动的根源在于广泛存在的"搭便车"现象。对于像集体利益这样的公共物品，人们的经济理性动机会促使其做出"搭便车"行为，让其他的社会成员去承担公共物品的费用，而自己可以坐享其好处。按照奥尔森的理论，搭便车是一种理性选择，如果每个人都理性地选择自己的行动，那么集体行动就不会发生，个体越理性、群体规模越大，这个群体发生集体行动的可能性越小。如果人人都是理性搭便车者，那么就会造成公共物品的缺乏。奥尔森认为要克服"搭便车困境"，可以采用"选择性激励"的机制。奥尔森的理论试图解释集体行动与公共产品和集体利益的关系。

城市社区里是工作在各行各业、异质化的邻居，达成诸如社区建设这样的公共利益有哪些因素呢？以下从群体的网络结构的角度进行分析。

一、社区群里的意见领袖

星河会是业主群，绝大部分都是业主[②]，主要是通过邻里之间的

---

① ［美］曼瑟尔·奥尔森，集体行动的逻辑，陈郁等译，上海：上海三联书店、上海人民出版社，1968。

② 不排除有个别业主拉进来的朋友或生意人，但这应该是极少的情况。有的邻居卖了房搬走了就会退群，有的邻居搬到别处住了，把这里的房子租出去，一般就不会退群。

口耳传播入群。因为彼此之间都是业主，不论在外面的职业职务是什么，在群里的身份都是邻居，彼此平等不分高下。因而，群内日常化的沟通是自由平等的。群里唯一的权力机构，同时也是小区的权力机构就是业主委员会。

星河小区业委会成立于2019年4月。从2018年的9月选举启动到业委会成立，其过程分为3个阶段：

第一阶段是启动期。主要是宣传和业主身份确认及与投票机制的绑定。

该工作是在街道办/社区工作站、WK物业的支持协助下，由业委会筹备委员会推进。邻居MMX是社区事务的热心人和积极分子，在这次活动中成为线上线下的积极组织者。投票涉及了线上和线下两种投票方式，首先是线上投票的前期工作：业主身份与SZ物业管理公众服务公众号的绑定。MMX首先在群里发布选举投票方式的二维码和步骤，呼吁大家：

> 各位邻居们，积极绑定微信投票，关系到我们每个人的切身利益！
>
> 一、如果我们不能尽早成立业主委员会，那么：
>
> 1. 无法提请业主大会决定提高物业服务性价比的内容；无法有效监督物业管理事项的落实；无法召集业主大会临时会议；无法完善小区物业管理区域内物业共用部位和共用设施设备的使用、公共秩序和环境卫生维护等方面规章制度的制订和修改；无法确定小区物业管理区域内物业共用部位和共用设施设备的使用约定收益分配方案。
>
> 例如，如何将年度内有限的物管费用于大多数业主关

注问题的妥善解决；在保证小区内安全、清洁、绿化、设施设备正常使用的前提条件下，多长时间安排一次清洗外墙外窗；公共部位广告收入、快递公司租赁收入及电信各运营商租赁收入如何分配；如何推动全体业主共有产权会所功能、费用的确定及有效合理使用；尽快拆除各楼栋屋面从未投入使用而年久失修的太阳能热水系统以消除安全隐患并增大晒被空间；《业主大会和业主委员会议事规则》《业主管理规约》的确定，让大家和睦共处……

2. 无法提请业主大会决定专项维修资金的使用和筹集。

例如：依据《星河小区住宅质量保证书》，自2013年底起计，各楼栋屋面防水、各户阳台和外墙防渗漏陆续到了五年保修期限，在没有业主有效参与的维修服务其质量及费用可能不受控；涉及其他大额费用的安防、供水、消防、配电、电梯等维修更换可能无法有效及时启动……

3. 无法提请业主大会决定物业服务企业选聘、正式合同承包方式。

例如，根据小区具有专业知识（财务、工程、法律）邻居实际参与小区公益程度，决定用包干制还是酬金制（各有利弊）。

4. 小区对外的维权活动没有政府认可的“合法组织”出面交涉，争取权益工作无法有效及持续进行。

例如，各位邻居使用数年的大金VRV空调设备故障可能将陆续出现，租用检修室外机高空作业吊篮费用动辄3000元以上；无法有效对接、申请政府补助社区的文体娱乐、医疗公共福利……

您的每一票，都是业委会成立的基石，时不我待，请各位邻居提醒自己房屋的业主，积极绑定！

MMX号召大家“请大家尽量多地转发到小区各大小群以及身边的邻居朋友，为业主委员会选举出一份力”！

与线上不断呼吁相配合的是，街道办和物业共同在小区的宣传栏、电梯厅、出入口等地方放置宣传海报、横幅等，宣传候选人选举活动。同时还请物业的工作人员在各楼栋大堂值守，协助业主进行微信绑定。

一部分邻居对业委会的作用认识有限，进行思想认识的启发需要一个过程。一些邻居发了一页报纸截图到群里，还有的邻居列举其他小区的案例，显示有业委会的VS没有业委会的情况对比。

城事

2018年9月13日/星期四/广州新闻全…

业主沦为被管理者，逐渐丧失话语权

…主组织

问题

小区业主组织成立遇作难

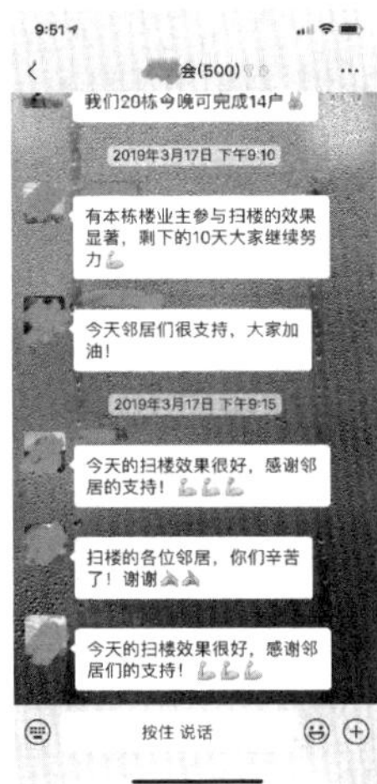

图4.1　邻居发的报纸截图、放在门口的签名表、群里的通气

第二阶段是正式投票。时间从 2019 年的 2 月 28 日至 2019 年 3 月 29 日。投票主题包括 3 项：

1. 选举产生业主委员会委员；

2. 审议通过业主管理规约；

3. 审议通过业主大会及业主委员会议事规则。

居民就这 3 项内容进行投票。自愿报名的候选人有 9 名。各候选人的简介，以及管理规约和议事规则资料都摆在每栋楼的一楼大堂，并发到了群里。微信群聊里虽然信息杂沓，但组织者 MMX 和群主 FQL 会不断地将投票的数量反馈到群里，《业委会选举进度情况汇报》成为每日例行发布，不断呼吁："成败在此一举，错过再等两年，大家行动起来。"在线下，周末晚间热心邻居进行的扫楼活动。扫楼，就是逐层每家去敲门填写投票。投票过程中，也遇到一次争论（将在"社区冲突"部分论述）。

第三阶段是业委会成立。

投票完成后，4 月 1 日在社区工作站进行了开箱验票登记活动。在工作站和物业方面的工作人员共同见证下，现场进行了验票统计。验票过程 MMX 和其他几位邻居在群里发照片展示。现场统计出结果。4 月 3 日结果公布，《业主管理规约》《业主大会和业委会议事规则》均获通过实施，第一届业主委员会成立。群里鼓掌、庆祝、献花的表情包接成长龙。

当选为业委会的 5 位业主中，ZY、DY、LG 等都是星河小区的社区精英，参与过早期的维权、组织樱花园建设、为小区争取 AED（自动体外除颤器）等，也是众望所归。其中，ZY 原本就是群里的信息达人，经常回应各种询问和求助。ZY 不仅视 YH 小区为家园，而且是确实尽力去为家园建设而行动的人。在2016年4月建樱花园的时期，ZY经常自己在场地干活，邻居CNHK曾发在大群里一段感谢的话：

感谢ZY大哥和Jane姐，牺牲自己的休息时间，放弃节假日同家人和朋友聚会，默默地为大家服务，记得半月前的周六3点我去挖些土回来种花，偶遇ZY大哥在锄地，当时天气不理想，感觉要下雨，我劝他回家，别干了！且只有他一人，他说没事，能干多少是多少就当运动锻炼，谁知那雨来得太急他全身淋湿，我又劝他回去，他躲进别墅说等雨停了接着干，我当时内心十分震撼ZY大哥的行为，是什么让他有如此动力，种花锄地并不是一个人的事，但他却能一直坚持，每次必到！Jane姐也是如此，昨天五一假期，我们都外出游玩或家庭聚会，她却在那里监工！还要感谢FX、SHS、DY，你们的付出都是为了大家，有你们这些大爱的邻居是我们的福气！

ZY也熟悉社区的一些业主资源。比如2019年10月，他请同为业主的SHS“无偿提供吊机”给小区一侧山体的斜坡填补水土流失的坑洞，并招募业主志愿者参与。

ZY被选为业委会主任后，遇到问题就能代表业委会的意见出面调解。一次，邻居LL早上散步，发现从某栋楼上扔下一袋垃圾到楼下的垃圾车。于是她在群里将这个事件发布出来：

刚才6点45分，××栋×××号从小阳台丢下一袋垃圾。收垃圾的人说是该房的保姆丢给他的，保姆见他来了就会把垃圾丢给他。请业主严格要求保姆，严禁高空抛物。

图4.2　邻居在社区群里直播志愿活动现场图片和众声赞扬

同时发了两张她拍的图片，用红色笔圈出丢垃圾的楼层窗户。邻居们纷纷议论：

> 懒到这样没规矩！
>
> 物业工作人员也不允许这样操作！
>
> 还有这种奇事？
>
> 经常性高空抛物该报警，危害公共安全！
>
> …………

业委会 ZY 说："业委会出面，要求保姆公开检查，否则辞退。"

还有邻居从主人家安全的角度，建议"直接炒掉"保姆，免得其怀恨在心报复。一个上午发在大群里的 170 多条来自不同邻居的相关发言中，大家知道了这个保姆还有扫楼捡纸皮、偷偷在外面兼职、跟主人家吵架、说谎否认往下扔垃圾等劣行，ZY 马上通知物业派保安协助主人家处理保姆事件。

在社区平日里的柴米油盐酱醋茶中，业主以邻居身份平等相处、互助自律，遇到公共性问题时，业委会就是群里的权威人士。这样的社区生活土壤和“长老”权威，多少带有费孝通在《乡土中国》中描述的无为政治下的同意权力和教化的权力的意味[①]。

星河小区组织过几次社区建设，都是由几位元老倡议后在群里发起，邻居们或志愿劳动或捐款参与。其中非常重要的是对小区东侧小山的修整，主要包括两个项目：其一是樱花园项目。在山脚下的一块荒地上辟出了一块平地，然后种植了一片樱花树。开辟土地的工作包括了将大小不整的石块刨出来运走，填埋到指定地点，然后平整好地面，挖出树坑，这些前期工作是邻居们志愿参与完成的。之后是花钱请园工将购置好的樱花树栽进去，再将购置的石板按照设计规划的小径铺好。其二是绿化荒坡项目，主要是购买三角梅等植物将山体一侧的斜坡进行绿化。志愿劳动的工作是通过星河会群里进行组织的。通过接龙报名，到场参与的有男女老少几十位，花了一个周末完成。

研究显示，社区能人基于声誉的信任在网络结构信任与社区公共性形成方面起着关键性的作用[②]。这一点在星河会社区里也比较明显。几位社区元老包括后来成立的业委会在与物业管理的沟通协调方面做了大量的工作。ZY、LG、SHS、JP、DY、ZZ 等几位邻居都是 50 岁开外的中老年男士，他们有着丰富的人生历练，他们能用一种成熟稳重的方式行事。加之各有不同的专业领域和广泛的社会网

① 费孝通，乡土中国，北京：北京出版社，2005：92–99。

② 帅满，从人际信任到网络结构信任：社区公共性的生成过程研究——以水源社区为例，社会学评论，2019（4）：62–74。

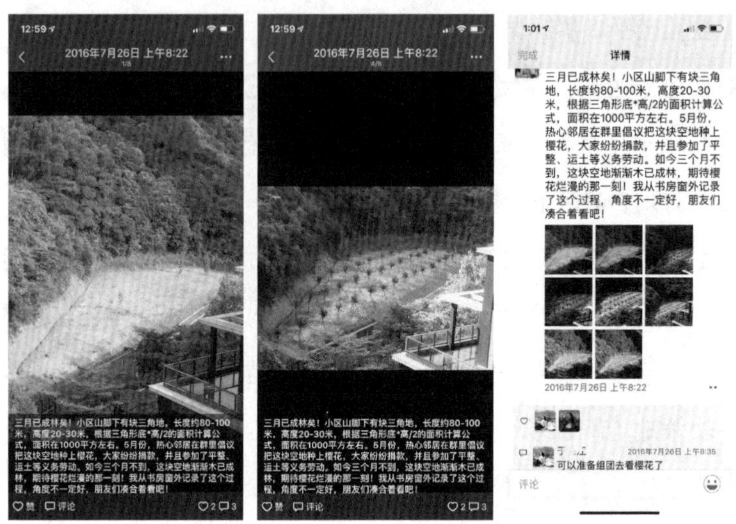

图4.3　邻居FY发的朋友圈截图

络资源，在社区事务中能广泛联系。他们的社区责任感和公德心对社区公共意识的形成有着积极的示范和引领作用。

二、封闭可见的社区网络

通过微信群聊（社区群）发起集体行动，还有一个特点造成了集体行动容易发动，即它形成了詹姆斯·科尔曼（James Coleman）所说的“封闭网络”。科尔曼认为，社会结构的作用超过内化的外在影响，封闭性的网络对行动给予充分鼓励，行动者会产生极大热情。系统如果不具有封闭性，对行动的鼓励往往不够，也难实现社会最优状态……“事实上，在特定条件下社会网络创造了极端热情的行动，其表现不是拒绝为公益事业做出贡献，而是过分贡献”[①]。

微信群是一个有边界的封闭的网络，如果没有各个相互套叠的社区群，星河小区600余户几千人很难成为一个封闭的社会网络。多圈层的微信群将小区变成了一个消息互通又可见的封闭网络，激励机制得以充分发挥作用。从号召、报名接龙响应到实际参与过程，组织者所做的一切都明白清楚地呈现在群里所有人面前。这样一方面可以起到持续影响人不断加入的作用，同时也使得参加者的付出不会被忽略。凡参与者都会产生一种被邻居们赞美的自豪感。

中国学者的一些研究和观点也显示了封闭性网络对于集体行动和公共性的建设性意义。曾鹏的《社区网络与集体行动》一书对GZ市的两个不同小区进行了比较研究[②]。其中JD是一个邻里网络比较松散的小区，交往密度低，交往活动少，他把这类社区关系称之为离散性网络；相比之下，KC小区的业主内部建构了一个高密度的关系网络，业主论坛在没有购房的时候就有了，业主们线上线下都有频繁的联系。业主之间大量的信息、意见和情感交流乃至实际的社会交往都是借助互联网络（社区网站）来完成的。这种社区被归为融合性网络。曾鹏指出像JD这样的离散性非正式网络降低了热心且具备领导特质的业主与其他业主的能见度，使其难以被其他业主感知、发现和接受，在小区公共利益受侵害时，也难以获得其他业主的信任和支持甚至反而受到质疑误解，使集体行动陷入困境。而KC小区内部多重的人际关系网络则使有能力、有品格值得信任的业主为

① ［美］詹姆斯·S. 科尔曼，社会理论的基础（上、下），邓方译，北京：社会科学文献出版社，1999：320–325。

② 曾鹏，社区网络与集体行动，北京：社会科学文献出版社，2008：212–216。

人所知。在融合性网络中，群体成员的认知、情感和信息能够广泛、快捷地传递和融合，从而产生出高度共意性的集体感知和动员潜能。

KC 小区和 JD 小区的例子说明，领导者和行为的可见性对于集体行动是十分关键的。星河小区不仅有一圈元老和热心业主构成的智囊团，而且有着与 KC 小区一样的多圈层的人际互动网络，更有能够即时传递信息、图片和视频的多媒体社交网络——微信群，这就使得为社区付出的行为和受到的赞美都直观可见，驱使更多的人参与到集体行动中来。

捐款也是如此。小区开辟樱花园、斜坡搞绿化、高温天气慰问保洁员、为摔伤员工捐款等，都是得到群成员广泛积极回应的社区捐款事件。这些倡议都是在微信群里发出，通过收付款的方式来募捐，捐款业主的名字也会不断地重复出现在群里。这种公开、透明的媒介机制对于集体行动的效果有着直接的作用。

第二节　社区过程：爆胎事件的分析

2016 年 8 月，邻居 SU 的车胎被扎了一个“非常大的窟窿”，补胎时发现她的车胎被扎并非孤例。于是她在群里提醒大家：“最主要的是汽修店小弟说前两天最多一天有 16 个被扎的。（惊恐、惊恐、惊恐）大家以后开车到 ×× 附近要小心了。”并且发了张轮胎扎钉的图片，说：“轮胎都没有办法补了。只能换胎。不知道是不是人为的”。

邻居 X02：钉子多大？感觉是有人放钉子。

邻居 LN：邻居好多人中招，好像是有人特意搞的，我搬到这边也中招两次了。

邻居 AY：我两部车两年来共扎钉 10 次了，轮胎换了 3 条，有次刚换不到一周又中招了。

邻居 D01：该死的那些坏人，我家两车都被扎（抓狂）。今天也换了轮胎，没法补。

邻居 ZH：我以为就我一个人出现这种情况，原来有这么多伴呀，一个轮胎 2 000 多元，心痛呀！

得到这么多的回应，邻居 SU 有了信心，她拨打了市民服务热点 12345 投诉，但得到的反馈说，“相关单位现场勘查没发现可疑问题”。但接下来的几天，又陆续有六七位邻居在群里报告车胎“中招”。“每天出去都好担心，会不会又中招”成为大家共同担心的问题。一位邻居还发了一张他站在车边手执一块有棱有角的烂铁器的图片：“一路上好小心地开，怕扎”……

于是有人倡议“大家统计一下，共有多少轮胎被扎。数量多了才能引起关注”，于是一场统计接龙在群里展开了。一周时间里，车牌号接龙的帖子不断拉长，也不断刷屏，最终接龙数量达 46 台车。这让邻居们惊惧恨交加：

邻居 HK：没想到除了团购，还能接到如此长的接龙。

邻居 L01：团购买轮胎的节奏。（大哭）

邻居们找出修车票据和“物证”钉子，在收集好证据之后，几位邻居作为代表前往公安局报案。电视台接到报料后也安排记者到小区采访。邻居们将报案和采访的场景同步在群里直播。尤其是在直播里，除了受害车主邻居接受电视台访谈外，还能看到镜头里记者在拍周边电线杆上、路牙上、护栏上，甚至路边草丛中喷涂的“修车补胎”的小广告。这些都是大家所没有意识到的。

直播在群里引起了更大的回响，“邻居好强大”“给有正义感的邻居点赞”的喝彩接龙一次次刷屏。

从事件发酵到电视台报道为止，这个事件持续不到10天时间，可谓波澜壮阔、完美收官。这以后的确也很少再有邻居在群里反映车胎被扎的事。媒体曝光的两天后，一位邻居还发了几张照片，显示路边那些喷涂小广告也都被涂抹盖住了——这应该也是这次集体行动的效果之一。

社会学家兰德尔·柯林斯（Randall Collins）强调，社会研究应关注微观层面个体穿行于社会经验维度时的动力机制，他试图用“互动仪式链”（Interaction Ritual Chains）理论将微观过程与宏观社会过程统一起来[①]。这次车胎事件提供了一个从微观角度分析个体-社会经验维度并形成社会过程的典型案例。

交通通信及传媒技术的发展往往使现代社会人们的行为脱离了特定的场景。英国社会学家安东尼·吉登斯（Anthony Giddens）用“时空分离”（Separation of Time and Space）和脱域机制（或曰抽离化机制，Disembedding）来分析现代地域关系的“缺场”状态[②]。但在今天社交媒体时代，社区网络尤其是社区群，实际上构成了一个“时空融合”的虚拟“共同在场”。

社区公共生活与社区过程的形成有赖于两个条件：一是客观上，

---

① [美]兰德尔·柯林斯：互动仪式链，林聚任等译，北京：商务印书馆，2009。

② [英]安东尼·吉登斯，现代性的后果，田禾译，南京：译林出版社，2000。

社区作为地域共同体所带来的一致利益、共同问题与话题，可资交流的生活经验；二是技术条件，即微信群聊带来的“在场”效应。很大程度上，如果没有媒介技术，社区的公共性内容就无法呈现和显现，或者仅仅停留在个体经验层面。个体经验维度转化为社会经验维度并引发社会过程有赖于微信社区的传播场域。在此之前已经有多位邻居家的车被扎换胎，尽管也有过怀疑猜测，但拿不准于是不好说出来，很长时间都只是彼此分离的个体遭遇，“一旦群里有一个人忍不住说出来，其他相关者也增加了确信与勇气，”于是纷纷发声，相同的遭遇得到关联和凸显（如图 4.4 所示）。微信群聊平台让个体的信息得以整合，拼盘成群体的共性问题，于是有共同的利益与共同关注，及不断积累的“情感能量”，这构成互动仪式的核心组成要素和结果[①]。这种能量形成的势能最终发展成舆论狂潮和群体行动的合力。这样线上线下的交互社区场域，可称之为“融合社区”。

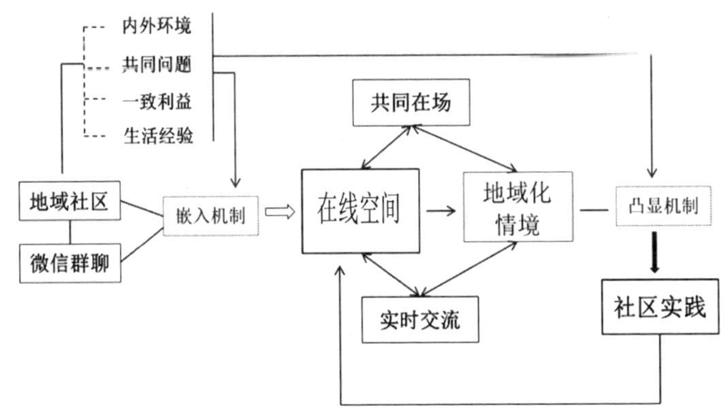

图4.4 社区在线公共空间与社区过程示意图

① ［美］兰德尔·柯林斯，互动仪式链，林聚任等译，北京：商务印书馆，2009。

时隔两年之后的一次聊天中，邻居XL还举出这个事例。

> 这种在小区里发生的事一定要在群里提，就像之前有人说钉子扎轮胎，后来在群里一说，大家都觉得这不是个案，报警，真的把人给抓了，就是我们附近的修理厂的人。

诸如此类的事件，成为社区生活中的集体记忆，或者“社区叙事”。它对于提供共享的情感联结、保证相互承诺以及建构归属感和社区感有积极的意义。[①]

对于一个稳定交往的群体来说，如果问题都能得到群里的回应和反应，那么这种互动的链条就会不断地持续和延伸，每一次的互动都被植入仪式强度连续链条中，并沉淀为该社群的基质和互动基础。

借由社交媒介形成的虚拟共同在场，在公共事件发生时有一个特别之处，即大家的议论及事件过程会一直存留在每一个成员手机的群里，有的成员或许当时无暇经历参与，但当他有空时，可以“爬楼”翻阅，或延时参与。只要不是不感兴趣或无意参与，他不会错过或漏掉。这也形成社区公共事件会被不断接龙跟进，产生比实体社区更大的影响力。

---

① ［美］詹姆士·H.道尔顿、毛瑞斯·J·伊莱亚斯、阿伯汉姆·万德斯曼，社区心理学：联结个体和社区，王广新译，北京：中国人民大学出版社，2010：123。

第三节 “有能力的社区”：社区社会资本

社会资本（Social Capital）成为学术研究的概念，是在20世纪80年代经皮埃尔·布迪厄（Pierre Bourdieu）、詹姆斯·科尔曼、林南等几位社会学家的细致探讨并在当时美国学术界红极一时。学者们的研究视角和给出的定义多有不同，但概括来说，对于社会资本的研究有两个层次：一个是个体层次，关注个人对社会资本的使用，如林南的《社会资本：关于社会结构与行动的理论》①、边燕杰的《关系社会学：理论与研究》②；另一个是群体层次，布迪厄和科尔曼的分析阐述。罗伯特·帕特南（Robert Putnam）的著作③（《繁荣的社区》）则是经验研究的典范。本研究主要关注的是群体层面的城市社区社会资本问题。

在前面几章中，笔者分析了星河会微信群中所呈现的公共生活的各个面向，应该说，星河会微信群成立5年时间，在社区生活中扮演了重要角色，从线上议论决策，到线下实践与达成，实体社区与在线空间彼此嵌入，紧密结合、难以分割，进而使星河小区积累和发展出了社区社会资本。现在的星河小区似乎拥有社会学者们所指出的社会资本的各种重要表现。下表是社区社会资本的相关

① ［美］林南，社会资本：关于社会结构与行动的理论，张磊译，上海：上海人民出版社，2004：18。

② 边燕杰，关系社会学：理论与研究，北京：社会科学文献出版社，2011：233，227。

③ Putnam，R.，The Prosperous Community：Social Capital and Public Life，American Prospect，1993.

论述。[①②③④⑤]

表　现	提出者及内容
社区参与	帕特南：对意大利中北部地区的研究中发现这些地区弥漫着浓厚的信任与合作风气，这种丰富的社会资本能协调人们的行动，提高物质资本和人力资本的投资效益，推动区域经济的发展。[①]
信任	科尔曼：社会资本基本上是无形的，表现为人与人的关系。与成员之间互不信任的群体相比，一个相互恪守承诺、彼此信任的群体更有利于生产活动的进行，而社会资本的形成，依赖于人与人之间的关系按照有利于行动的方式而改变。社会资本包括的因素：信任关系、权威关系、内部的信息系统等。[②]
社会网络	帕特南：社会资本是人与人之间的一种联系。这种联系形成了一种社会网络，相互性的规范以及从中而来的信任……公民道德在这个复杂的社会网络关系中是最强有力的规范。[③]
社会义务	布迪厄：社会资本"由社会义务或联系组成"，它是实际的或潜在的资源的集合并与成员身份联系在一起。它是一个确定群体的成员所共享的集体财产，这个群体有边界、相互交换的义务和彼此的认可。[④]
社区感 归属感	西摩·萨拉森（Seymour Sarason）：从属于大型的、可依靠的和稳定结构的情感，认同与他人的依赖关系，向他人提供所期待的帮助，愿意保持这种互相依赖的关系。[⑤]

① Putnam，R.，The Prosperous Community：Social Capital and Public Life，American Prospect，1993：46.

② ［美］詹姆斯·S. 科尔曼，社会理论的基础（上、下），邓方译，北京：社会科学文献出版社，1999。

③ Putnam，R.，Bowling Alone：The Collapse and Revival of American Community，New York：Simon & Schuster，2000：19.

④ Bourdieu，P.，"The Form of Social Capital"，in John G.Richardson eds.，Handbook of Theory and Research for the Sociology of Education，Westport：Greenwood Press，1986：248.

⑤ Sarason，S.B.，The Psychological Sense of Community：Prospects for a Community Psychology，San Francisco：Jossey-Bass，1974.

詹姆斯·科尔曼曾指出，作为一个学术概念，社会资本目前的价值在于它对社会体系做定性分析①。以上各概念，表述尽管不太一样，但基本包括了两个方面：首先是客观上的社会关系，其次是主观上的信任、合作与归属。也即，社会资本表现为一个有边界的群体的交换、认同、内部信任与合作和拥有权威。其实这两方面又是相互作用和彼此建构的。

客观上的社会关系或社会网络，对于地域社区来说，基于共同生活的所形成的地缘亲近感几乎是天然存在的，如前所述，一致的利益、共同问题与议题，可资交流的生活经验等都构成了社区作为地域共同体的有利条件。但在城市这样一个如甘斯所说的规模大、多元化、匿名化的社会中，这些因素很难被整合起来，或者只能被局部的、微小部分的整合利用，成为个体的资源和资本。这也是城市化进程中城市社区关系衰落的客观因素。

互联网时代的到来为地理社区的整合提供的技术条件，使得社区重新“成为可能”。微信群聊为实体社区带来了一个共同生活的“线上空间”和社区“在场感”。这个空间容纳了物理空间中发生在不同角落难以呈现的内容，也就是说，克服了物理空间对人的分割，个体维度、局部的事实和经验扩展成为社区维度的事实和经验。媒介技术成为社区公共性内容的即时反射镜和放大器：将个体层面的经验呈现和联结，让个体间的信息和关系得以关联、整合和凸显，拼接成群体的公共性。同时也建构出帕特南所说的“牢固性关系”，

---

① Coleman，J.S.，Foundations of Social Theory，Cambridge，MA：Belknap Press of Harvard University Press，1990：304-305.

一种能提供归属感和情感支持与承诺的内部关系。

除了社区内部网络，业主们还常与附近社区形成各种形式的联结：有社区间活跃分子组建的讨论片区公共事务的群，以及各种兴趣群等。当需要就片区环境和城市规划等事项集体发声时，各种渠道可以快速打通、延伸。比如，元老 TZ 得知一条新的城市地铁线路正在规划中，迅速在大群、小群中呼吁，请文笔好的人撰写申请报告、发起签名活动，同时他快速地形成了一个 94 人的、包含周边几个社区的跨区“地铁群”，联合推动街道向市区轨道办申请设站。业主也纷纷利用自己在其他小区的人际关系进行扩散，签名活动最终覆盖了片区的居民和企业在内数千人的签名，最终获得政府相关部门的“原则通过”，使得地铁线路修建在未来的规划中有了极大的可能。

道格拉斯·D·帕金斯（Douglas D. Perkins）和亚当·朗（Adam Long）将“集体效能感”与公民参与、社区感一样视为是社会资本的构成部分[①]。集体效能感是公民相信集体行动会对改善社区生活发挥作用的信念。从前面提到的小区门口道路、集资修建樱花园、轮胎被扎以及地铁建站申请等事例中，都能看到社区成员对改变现实的信心和行动力。星河会的邻居们相信集体行动，并且依靠集体行动，促成实际的改善效果，产生有建设性的变化。这种集体效能感能激励更多的邻居参与到社区组织和实践中来。

这种社区参与和社区实践，也是一个自我赋权（empowerment）的过程。通过这个过程，“缺乏资源的人们可以更多地接触和控制资

① Perkins，D.D. and Long，D.A.，in A.T. Fisher，C. C. Sonn and B. J. Bishop eds.，“Psychological Sense of Community：Research，Applications，and Implications”，New York：Kluwer Academic/Plenum Publishers，2002：295.

源”[1]，这些成为社区公民控制自己日常生活的尝试，星河小区也便成为“有能力的社区”。

业主中存在各行各业的资源，其中有一位邻居为小区 50 岁以上的业主和家属提供了一次免费的肺部低剂量螺旋 CT（东芝）和头颅核磁共振（西门子）扫描两项普查。

“桥接关系”是社区资本中的另一种重要资源。桥接关系与牢固性关系不同，主要指群体和成员与社会的联系，它能带来更广泛的人群接触，获得各种不同的意见和资源，以及更广泛的社会合作。星河小区与附近小区和片区的联系、业主个体的社会资源，也给小区邻居带了“邻居福利”（邻居的话）和潜在的、可能被激活的“桥接关系”。

居住一地，没有谁比邻里们更了解周边及日常生活中的资源和信息。同处一个地理社区，有着相同的生活基础和问题处境，使得邻里们关心社区的一草一木，同时也愿意在群里交流居家的各种问题。鲍曼曾经说过，“‘有一个共同体’‘置身于共同体中’，这总是好事”，在共同体中“我们能够互相依靠对方”[2]。对社区每一个家庭来说，能给生活中的各种需求提供直接有效帮助的非近邻莫属。几百个家庭的在地化生活经验提供了一个足够的“地方性知识”和庞大的“亲友团”，这会使社区成员产生一种美国心理学家萨拉森（Sarason）所谓的“社区心理情感”，即“感到自己属于一个更大的、

---

① ［美］詹姆士 · H. 道尔顿、毛瑞斯 · J · 伊莱亚斯、阿伯汉姆 · 万德斯曼，社区心理学：联结个体和社区，王广新译，北京：中国人民大学出版社，2010：272。

② ［英］齐格蒙特 · 鲍曼，共同体，欧阳景根译，南京：江苏人民出版社，2003：1–2。

可信赖的和更稳固的组织”[①]，这是传统社区能够成为紧密社区的内在心理机制。

共同的利益、集体关注及相应的社区实践，使得星河会线上空间比线下物理社区更像“社区”。星河会群里互动点赞送玫瑰，但现实中大部分人仍是陌生人，邻居CM在访谈中说，“有的（人）在楼栋电梯里碰见也不会打招呼，好点的笑一笑”，感觉“温暖与冷漠的反差有点大”。邻居PY在访谈中说，大群像一个飘在社区上的“云”，感觉比现实的还真实。邻居TY则表示，“现实中大家并没有多少交集，你见面可能都不知道他就是群里那个观点很投契的人”。也许可以将社区线上空间比喻为漂浮在地理社区之上的“镜像空间”和“智慧之云”，一方面反射着社区，一方面储存着能量，移动社会中的每一个该社区成员，无论在哪里，都能联结到这个空间和这朵云，每一次的联结都是不断增加星河小区的“社会资本库存”。因之，社区成员主观心理上的认同、归属、信任、合作互助的义务、情感能量也逐步形成并囤积。

“星河会”之类的城市社区微信群由于能够满足和实现实体社区生活（包括个体与公共）的现实需要，而成为社区邻里们依赖的便利而可靠的资源。虚拟空间与现实空间的互构效应，使得线上交流和线下互动彼此增益。这就是为什么群里总是会“有问必答、有求必应”。而每一个“必应”都构成柯林斯所谓“互动仪式链”中的一个积累社会情感的互动仪式，并“将会产生进一步互动的社会动机

---

① Seymour B. Sarason，The Psychological Sense of Community：Prospects for a Community Psychology，SanFrancisco：Jossey-Bass，1974.

流”和增进这种积极情感的社会参与[①]。这样，与地理场所相对应的关系网络在虚拟空间里搭建和深化。“星河会”遂成为社区社会资本的容器和载体。

本章小结

社区群体行动是社区公共生活的特殊形式。按照奥尔森的理论，搭便车是一种理性选择，如果每个人都理性地选择自己的行动，那么集体行动就不会发生，公共产品和集体利益就无从实现。

在城市社区，业主是权利义务的主体，因此业主之间是平等的关系。星河社区的几位意见领袖是在长期为社区事务尽心尽力的基础上自然产生的，多少带有费孝通在《乡土中国》中描述的无为政治下的同意权力和教化的权力的色彩。社区公共建设的群体力量的发动，离不开社区群形成的封闭可见的社区网络。这个一切付出都可见的社区网络，从号召、报名接龙响应到实际参与过程，组织者所做的一切都明白清楚地呈现在群里所有人面前，一方面使激励机制得以充分发挥作用，另一方面可以起到持续影响人不断加入的作用，引发从众参与效应。

本章还从一个社区事件提供了一个从微观角度分析个体－社会经验维度并形成社会过程的典型案例，显示了社区集体行动的过程和机制。吉登斯曾用“时空分离”和脱域机制（或曰抽离化机制）来分析现代地域关系的“缺场”状态 。但社区网络尤其是社区群，

① ［美］兰德尔·柯林斯，互动仪式链，林聚任等译，北京：商务印书馆，2009。

实际上构成了一个“时空融合”的虚拟“共同在场”。它建立在地域共同体所带来的一致利益、共同问题基础上，借助媒介技术（微信群聊）而产生的“在场”效应。这样一个共同在场的“融合社区”，将个体维度的经验转化为社会经验维度并引发社会过程。

星河会微信群成立 5 年时间，在社区生活中扮演了重要角色，从线上议论决策到线下实践与达成，实体社区与在线空间彼此嵌入融合，使星河小区积累和发展出了社区社会资本。“有能力的社区”表现在社区参与、社区信任、社会网络和社区权威、社会义务与社区感、集体效能感等多个方面。

第五章

社区在线冲突

> 心理社区感这个概念有一种善良、德行的意味。它会激发人们的想象，会促进团结和合作，清除冲突、争论和分歧。这种幻觉难以抵制，但是我们一定要去抵制，因为它是虚幻的。[①]

社区感、归属感、信任、互助守望、情感动力……这些并非是社区群里的全部。社区内有共同性，更有差异性和多元性。乔纳森·特纳（Jonathan Turner）曾说，社会有两副面孔，一副是一致，一副是冲突[②]。对社区来说也是如此。20世纪50年代，西方城市化的快速发展，社区成为矛盾冲突的汇合点，社会变迁带来的社区冲突层出不穷[③]。1957年美国学者詹姆斯·科尔曼（James Coleman）的《社区冲突》

---

① Sarason，S.B.，The Psychological Sense of Community：Prospects for a Community Psychology，San Francisco：Jossey-Bass，1974：11.

② ［美］乔纳森·特纳，社会学理论的结构（上），邱泽奇译，北京：华夏出版社，2001：173。

③ 张菊枝、夏建中，城市社区冲突：西方的研究取向及其中国价值，探索与争鸣，2011（12）：60-65。

一书的出版，将地方社区内的冲突引入研究视野。中国自改革开放以后，快速推进的城市化、社区利益分化、异质性增强等引发城市社区冲突多层面发生，城市社区冲突因此也吸引了不少学者关注[①]。

第一节 社区冲突概况

城市社区冲突，与社会变迁、城市人的现代性、社区权利结构及社区参与等内外因素有关。在中国，社区公共资源匮乏、管理制度不健全和居民异质性高是社区冲突产生的三大主因[②]，冲突类型可分为社区物质利益冲突、社区权利冲突、社区文化冲突[③]等。

不同的社区，造成内部冲突的原因和冲突的方式也不同。一般小区多发的冲突诸如车位之争、治安问题、管理不善等涉及公共资源和权利等引发的邻里纠纷与问题矛盾，在星河小区并不明显，也极少出现激烈程度高的冲突。这与星河小区内部资源相对宽松以及业主的社区认同度有关，也与WK物业服务的质量有关。社区内部发生的冲突相对较少，冲突的内容和形式也与通常学者们关注到的社区普遍冲突有所不同。

从前面的论述可以看出，星河小区内部在社会资本的各项表现

① 吴晓林等，国内城市社区冲突研究十五年：回顾与反思，天津行政学院学报，2015（2）：90–99。

② 马婷婷，基于扎根理论的社区冲突与治理研究：以青岛市宁夏路街道为例，青岛大学，2018。

③ 金世斌、郁超，社区冲突多极化趋势下建构合作治理机制的实践维度，上海城市管理，2013（6）：58–63。

方面都比较突出，邻里将互助合作视为主流价值，对社区的认同度高。一项研究显示，“社区参与”“社区规范”“社区价值”等因素与社区内的“民事纠纷发生水平”均有较明显的负向影响，社区参与、邻里互助、社区规范等对社区内的“权利救济需求水平”均有负向影响，因而调整社区社会资本能够影响民事纠纷发生水平和权利救济需求水平[①]。这也可以作为星河小区社区冲突水平较低的一个解释。

星河小区在问题处理上的物业管家机制也是避免邻居直接发生冲突的一个因素。在访谈中，邻居 PY 提到，有一次一家别墅在搞装修，“快半夜 12 点了，还在敲什么声音很大很响”，她直接给管家发了个微信，几分钟内就不再响了。有趣的是，有时双方发生争执时，第三方围观的邻居也常常会让物业背锅：“都是管理处的服务不到位，让我们邻居们发生误会”。其实，邻居们对 WK 的物业服务还是认可的。

第二节　冲突性话语与会话分析

冲突，是互动的一种方式，是指发生在双方或多方之间的、以行为或思想上的“不一致”为表现形式的一种双向互动，包含心理层面的观念或情绪对立、言语层面的辱骂争吵、行为层面的拉扯踢打等。根据观察，星河小区的冲突有两种：一是线下发生的冲突，

① 江永良、孟霞，社区社会资本与信访实例分析，湖北社会科学，2012（6）：43-47。

在线上的继续；一是因价值观、生活方式或观念想法的不一致而发生的在线言语冲突。无论是哪一种，都会表现为线上公共空间的言语冲突，即语言的交锋。

艾伦·格里姆肖（Allen Grimshaw）在其著作《冲突话语：会话中的社会语言学研究》（*Conflict Talk：Sociolinguistic Investigations in Conversation*）中首次提出"冲突性话语"概念。他认为话语冲突的参与者通常轮流做出否定的话语或行为，这种话轮的轮换（exchange of turns）即是冲突性话语[①]。本田厚子（Atsuko Honda）将冲突性话语定义为一种言语活动和一个互动过程：当一个参与者为了维护自己的陈述而对对方的否定进行反击时，这里的冲突性话语就是一种言语活动；当从起始、发展和结束的角度分析冲突性话语时，它就是一个对立的互动过程[②]。赵英玲是中国最早对冲突性话语进行系统性研究的学者之一，她认为这些术语所定义的冲突性话语都有共通之处，即一方话语与另一方话语发生冲突，这种冲突表现为交际的一方反对另一方的言行或举止，或双方就某人某事持有不同意见而产生言语上的冲突，争执（arguing）、反驳（disputing）、争吵（quarreling）、反对（opposing）、争论（squabbling）等都属于冲突性话语[③]。

冲突性话语由冲突的双方构成，因此，群里有批评不良举动的

① Grimshaw，A.D. ed.，Conflict Talk：Sociolinguistic Investigations of Arguments in Conversations，Cambridge：Cambridge University Press，1990.

② Honda，A.，Conflict Management in Japanese Public Affairs Talk Shows，Journal of Pragmatics，2002，34（5）：573-608.

③ 赵英玲，冲突话语分析，外语学刊，2004（5）：37-42，112。

话语时，比如车乱停放、不清理狗便、高空抛物等，被批评者往往是不现身、不说话、不辩解的，或者有时会承认道歉，这些就不构成冲突性话语。如果是发生了事实性的冲突，比如狗惊吓了人，双方发生争执，并在群里延续，就构成了冲突性话语。

“话轮”（turn）和“话题”（topic）是会话结构的基本构件。前者是话语的表层结构，涉及对话的形式；后者是话语的深层结构，反映内容[①]。“话轮转换”（turn-taking）和话题转换（topic-taking）共同作用于会话结构，推动会话的展开和变化。

“话轮”指会话中一个参与者在一定时间内连续说出的话，参与者与其他参与者交替谈话的过程，被称作“话轮转换”，这一过程是协调的并受规则支配的会话行为相互作用的一个方面[②]。话轮转换中，说话机会的分配、话题转换中对话题的选择和支配，这些都反映了会话过程中互动控制的特征和权力关系结构，在线上交互，还与媒介技术的熟练程度有关，比如打字快、熟悉各种操作应用的人往往在话语冲突中更容易占据上风。

由两个参与者发出的两个相连贯的话轮组成“毗邻对”（adjacency pair），前一部分的叫作“毗邻对第一部分”（first pair part），后一部分叫作“毗邻对第二部分”（second pair part），两个部分之间存在着一种制约作用：起先说话的人（第一部分）存在一种期待，要求下一个说话的人（第二部分）说出与其配对的话，实现这种期待[③]。典型的

---

① 丰国欣，话轮转换与话题转换，湖北师范学院学报（哲学社会科学版），2000（4）：41-44。

② 李延福，国外语言学通观，济南：山东教育出版社，1996：846。

③ 廖美珍，问答：法庭话语互动研究，中国社会科学院研究生院，2002。

毗邻对有：问候—问候，告别—告别，提问—回答，请求—同意/拒绝，抱怨—道歉等。符合说话人期待的回答，被称为“可取结构”，相反，做出反对、拒绝、否定回应的，称为“不可取结构”。

“话题”指交谈中由一方提出但未给予解释的命题。一般来说，话题是这个话语所讲述的人或事，是会话的纲要或主旨。话题转换隐含着参与者对话题的控制和约束，包括选择、筛选和核准话题[①]。

会话分析的现有研究基本上是在会话双方之间。由于星河会群聊中的冲突性话题，经常是七嘴八舌，尤其是涉及重要事件时参与者众多，拉扯进来的话题也有若干，过程持续长而复杂，就像一位邻居所描述的“吵成一锅粥”。本文尝试将会话分析运用到多人交谈的场景中。

第三节　感性与理性：在线冲突及方式

生活在一地，难免发生各种大大小小的不和或冲突。星河会中的在线言语冲突，在形式上表现为3类：第一类是个体与个体之间的生活小摩擦或观念分歧；第二类是两类人群的言语交锋；第三类是重大事件中的群体性言语事件。在本节中分析前两类，第三类将在第四节中通过个案分析呈现。

① 王林娟，中学语文课堂话语问句的批评性分析，华东师范大学，2010。

一、个体之间的冲突

相对于微博或贴吧一类的陌生人社区来说，微信群中个体之间的争吵或争论比较少，这是因为微信作为一款“熟人社交软件”，会受现实人际关系或关系网络的制约，就如一位访谈对象所言，“微信社区的特征源于现实的人际关系：工作群有上下级关系、家人群有长幼关系，互动方式有不同，与线下的交往方式相同”。所以，微信群中不会像微博或贴吧上存在着大量随便骂人的话，即便大家有不同观点或争论，也往往会保持在理性探讨的范围内。另外，社区群里都是成年人，思想相对比较成熟。在我们的调查问卷的访谈中，有访谈对象说，“微信群里极少甚至没有争端，一般有争端也都会在线下解决，不会公然在群里发生争辩”。

个体之间发生的摩擦，比如因狗冲撞惊吓了人、小孩不礼貌、车开远光灯刺眼等引起的口角，通常是线下已解决了冲突，但心理上还没有过去，一方感到要对对方及其所为进行评理，于是在群里将摩擦摆出来。如果双方都在群里，一般话轮会交替展开，双方多是从自己的角度做澄清，重新叙述，以反驳对方的语言描述，呈现对自己有利的细节。这样的事件通常也没有定论，多以其他邻居在其中劝解或故意打岔来冲散话题而结束。

有些冲突是发生在团购中的。这分为两种情况：一种供货商是外面的，一种是业主联系的。如果是外面的，一旦东西质量有问题通常会维权；如果是业主联系的，一些人往往会由于邻居的关系，碍于面子不好意思提出来。邻居 INC 谈道：

一次一个邻居给大家团水果，是一种玫瑰李子。一箱中没几个红的，大部分是青蛋子，酸涩难吃，李子又不是能放熟的水果。我们关系还不错，也没法说。体验不好，没口碑，以后好像大家也都没有再跟她接龙买过东西。

也会有个别人直言快语地说出来。如图 5.1：

图5.1 邻居GG提意见；邻居XU与卖馒头的言语冲突（从左到右）

如果是个体商户卖的，就没有这层面子关系了。在一次“奔跑的馒头哥”团购群组织的活动中，一位邻居 XU 购买了鲳鱼，到货后认为送来的鱼太小，与卖家发生了争执。

XU：我定的鲳鱼你说的是 3 条，送来的又是 4 条，太小。希望你们做生意要讲诚信。

卖家：我们下次注明 3～4 条。最重要要够一斤。

XU：重量我们不可能一一去秤。

卖家：我已经讲了我们是以重量为准，你不称重也不信我我也没办法了。

XU：你不要这么讲话，需要我把我买的鱼一一拍照给你看吗？我买黄花鱼一共买了3斤，每一袋都是9～10条，这么小的鱼价格可能就不一样。如果你说是1斤有10条左右，如果我愿意下单我也不会在这里说什么，可是你在群里打广告说的是6条，昌鱼也是3条可是你发的货就有5条。难道你们还有理吗？

XU：你们做生意应该懂得一分价钱一分货。在群里做生意做的都是邻居生意。就应该讲究诚信！难道我出了钱你就不管大小，无论买家满不满意就把货发给你就不管了吗？

卖家老公：说可以，提意见也可以，但你自己都没搞明白天天在群里问得莫名其妙，就第一期没注明几条，往后都注明了1斤有9条左右，您就记住第一期我说的1斤有3～4条，当时我也解释了，才开海，小黄鱼有点小。仓鱼如果你买了1斤3条的给你5条。拍照我退差价！我们是诚信经营，绝不做昧良心的生意！

卖家老公：3条不够1斤，4条1斤多，我们宁愿自己不挣钱也要给足称，之前我们的鲅鱼卖的时候是1斤，拿鱼时没有1斤的鲅鱼，给客户的都是1斤多，甚至1.5斤。这些野生的海鲜没有标准的，看天吃饭的。

卖家老公：又不是养殖的想要多大的都有，我们接龙里面也有注明的，一网下去有大有小，介意慎拍。

卖家：大姐，下次给您发货捡最标准给您，争取做到让您满意还请您多多包涵。已加您微信退差价。以后有啥事私信给我。

XU：（发了两张照片，显示一个盘子里摆9条小黄鱼，还不满盘）我本来不想在群里发的，你说的话太难听了，我就发给大家看看，我说得有错吗？你仔细看看这图片有多少条鱼。本来我是想跟你反应一下我买的鱼的情况，可你说话太难听了，我说做生意要讲诚信有错吗？我买的鱼这么小和你描述的不一样我都不能说吗？生意好与坏不是由别人说的，要靠自己做出来的。

卖家：大姐我们有注明的。（然后发了个小程序接龙的截图，上面显示的是“青岛野生小黄花鱼1斤，29元/8条左右”）

在这一串话语冲突的毗邻对中，双方都有自己的立意点，从自己的角度申辩说理，脉络清晰，不同于简单的口语冲突中的可取结构或不可取结构。就语境来说：

1. 微信群聊，两个人的言语冲突虽然是发生在两个人之间，但彼此都清楚是在无声而在场的群体中进行的；长久生活在一起的社区邻里，通常以理性方式处理摩擦。

2. 微信虽然是口语化的媒介，聊天虽然是口语，但在语言交流时要经过文字输入，要对口语进行加工，对情绪进行处理，所以经过一个理性思考的过程，又带有理性特征。

基于这两点，在群聊中的冲突，通常都会采用讲理和解释的方式，没有现场面对面的直接反应和影响，表达会比较周密，逻辑性强，不会出现菜市场那种吵架的方式。

邻里之间几乎是不太交流政治问题的，这一点恰如阿兰·沃尔夫（Alan Wolfe）所指出的，中产阶级所关心的政治议题不一定是大政治（如自由、民主），而是关乎生活中如何体现个人选择的自由、需要做出的妥协以及私人空间与公共利益的平衡等“小政治”[①]。即便是有人分享一些关于政治的内容，即便观点不同，也很少会因为意识形态或观念的问题发生争执争论。

团购活动中还有其他一些误解和代与代之间行为方式的差别，这些误解或无端的揣测多多少少会给主事者带来一些困扰和不悦。邻居 MM 讲过她经历的一些故事：

> 去年有位卖包子、馒头的老板给小区里做配送，每个人买的种类不一样，还得给包子分类。我就担当起了给邻居分包子的责任。送到我家来，然后我就根据每个邻居的需求再进行分装。这个过程非常琐碎、耗时。
>
> 当初包子老板做宣传，给小区免费送包子，一下子送了非常多。一大袋包子送到我家门口，邻居们也都围过来了。我就装好了一些包子放在一边，继续忙着装下一个袋子。有些老人家看着装好的包子，很着急，直接就上来拿了，也不管要不要清点。手一边忙着掏开袋子，放包子、馒头，眼睛还盯着周围装好的包子，直接就这样弄，场面很混乱。旁边有的年轻人、有的比较儒雅一点的邻居，也许是觉得这很不合情理，但又不好说什么，不知道该干什么，脸上都觉得难堪。

① Wolfe，A.，One Nation，After All，London：Penguin Books，1999.

> 还有人不顾别人的休息时间，自己什么时候方便就来取包子，孩子要不是写作业或者干其他的，11 点多也会有人来取。这样的事情多了，我也觉得有些心灰意冷。有天我在外面忙事，一位阿姨打电话要我给她送包子。我真是有点忍不住了："我明明在外面、那么远，还有事情要办，就为了这包子打电话，搞得我还特地赶回来，我说这个真的是额外的，大家在一起方便你们也方便，是共赢的一个事情。"有的人总是有猜疑的心眼，觉得我们接手这个事情，肯定是有什么利润的，不会平白无故地给别人花时间、花精力的。所以，给她送包子是义务一样的……我都很希望我们小区变成那种像桃花源，大家不计较，齐心协力的，就好像想做什么事情，不要去在意那些什么，一团和气就是把一件事情做好。后来我也就没再管这事了。

这类的误解中掺杂着传统社区关系和商业理性的微妙心态。商业文化中发展出一些"顾客就是上帝"的服务理念，会让个别邻居产生"我在你这里买了东西，你就要服务好我"的观念，言语之间不经意就会说出"你们做生意的"如何如何之类的话，这会让一些付出的邻居心里不舒服。曾经跟一个开店十几年的小老板聊天，他说过一句话让我重新思考这个问题："没办法，大家都是这样。我们也不求顾客，我最讨厌把顾客当上帝，我们才是提供服务的人，我们都是平等的。现在生意不景气，就保持这样子，多待一天是一天，大不了回老家钓鱼。"在法国哲学家让·鲍德里亚（Jean Baudrillard，一译让·波德里亚）所说的生产极大过剩、人"被物包围"的消费社会[1]，保持有尊严的做生意和保持有礼貌的接受服务，并不是一件容易的事。

二、立场冲突的话语交锋

能把一个小区的住户简单明了地分为两类的，就是养狗的和不养狗的。按态度来分，就是喜欢狗、讨厌狗和无所谓三类。养狗的邻居和讨厌狗的邻居经常在群里明争暗斗。

养狗似乎是所有小区的主要公共话题之一。吕大乐和刘硕对于北京一个中产小区的考察也显示出关于养狗扰民形成的争执是主要的冲突性话题[2]。群里发生冲突最多的话题也就是对宠物狗和主人的指摘了。狗在公共场所中对环境和人的威胁，诸如狗吠声音、身上气味、大小便污染以及对人的惊吓等都会成为谴责的内容，所以在群里，宠物狗的主人往往成为“弱势群体”，甚至沦为失语或无语的一方。根据观察，曾经有多次这样的情形：这类冲突事件发生后，群舆论几乎会一边倒地倾向于“受害方”，事件之后往往就有人默默退群。

在一次事件后，养狗的邻居 FQL 发了一篇言辞诚恳的声明书《谈谈养狗》，赢得了大家的尊敬：

> 最近群里谈养狗的一些事，我也说说吧。
>
> 以前，我是不喜欢养狗的。认为养狗的人大多是吃饱

---

① ［法］波德里亚，消费社会，刘成富译，南京：南京大学出版社，2000。

② 吕大乐、刘硕，中产小区：阶级构成与道德秩序的建立，社会学研究，2010（6）：25-40。

了撑得没事做，精神无聊，对养狗的邻居也很不感冒。可后来，我也成了养狗人。

2012年春节刚过，老婆和孩子没经过我的允许，忽然带了只小狗回家。虽然内心不满，但木已成竹，只好作罢。奇怪的是，一天的时间我就喜欢上这只小狗。这是一只柯基，又称英国皇室犬，名字叫科比。科比很帅，这是真的，后来我见过上百只柯基，没有一个赶得上科比。一个礼拜后，老婆和孩子对养狗难以坚持，没办法，养狗、遛狗的任务只好我来完成。每天早上六点半起床，给儿子做早餐，七点刚过，我就开始带着科比去莲花山脚下遛狗了。

两个月后，老婆和儿子在宠物店看到了只活泼可爱的三个月大小的白色比熊，不顾电话中我生气的强烈反对，他们还是带回了这只小比熊，一只没法拒接的小精灵。经过讨论，最终锁定一位足球明星，这只小比熊就被取名为卡卡。于是，我被迫每天花两个小时，早上一个小时，晚饭后一个小时带两只小狗去下楼遛弯。

那一年的我，生意不好，对身体健康也缺乏信心，经常烦躁易怒。每天遛狗的时间却是我一天最轻松、愉快的时刻，八个月以后，我的身体感觉年轻了许多，信心大增。我十分感谢这两个小家伙，它们，成了我的生命伙伴！

第二年的十月，我在外地登顶泰山的途中，科比不幸被车撞，抢救无效离开了这个世界，永远地离开了我们。我们全家十分悲痛，老婆和孩子哭了几天，我们失去的是一位亲人。那段日子，一想起科比我们就会流泪。几年后，美国篮球巨星科比退役的那一天，全世界都在呼唤科比，我也想起了我的科比，我一年半的生命伙伴，我的健康督导师！清晨你唤我起床，夜晚你拉我散步。你短暂的生命，已让我泪流满面！

只剩下卡卡陪伴着我们了！从那以后，在遛狗的大部分时间，我都用绳子套着卡卡。

去年暑假，我搬进了星河小区。这是一个美丽的地方，我遇到的是一群好邻居！

我开始在美丽的星河小区遛狗。每天早上和夜晚，我和卡卡都会活动在这个美丽的小区，也会见到一些好邻居！我每次都会把卡卡的便便弄干净，爱惜我们的草地，保持我们星河小区的美丽。其间，是有些邻居没有清理自己宠物的粪便，一开始我也很气愤，想指责这些没做好的邻居！但我发现有些确实是邻居自己没注意到，很多情况遛狗的是老人和保姆，我们不能按自己的标准要求他们！我们需要多些包容，放下指责，行动一下，弥补不足！自从小区有了狗狗拾便器以后，每天早上，我带着卡卡，拿着拾便器，会将小区草地上的宠物粪便清理一遍。我想，只是举手之劳，说不定我会走狗屎运呢！

如果因为我们养宠物给邻居带来不便，请允许我代表养狗的邻居向大家表达歉意！我们会尽量注意！

最后，希望我们的环境越来越美！邻里越来越和谐！

这篇小文得到了广大邻居的纷纷点赞：“至情至理的感人好文！爱心见于行动。”邻居 ZZ 说：“看到科比那会儿时，我眼睛竟然湿润了。”像这样理性、诚恳的沟通，比较能够得到大家的理解和认同。

群里还有一种话语冲突的方式非常委婉微妙，就是自己不直接发表观点，而是发链接文章，不同的链接显示出不同的立场，交替出现，呈现出话语较量交锋的暗流：

邻居 CFHC 分享了链接文章：《遛狗要拴绳，异烟肼倒逼中国养狗文明进步》。

邻居 GLA 不说话，分享链接文章：《异烟肼投毒当真不违法？脑子是个好东西，真希望你也有！》。

邻居 25B 接着发链接文章：《邻居威胁要对狗狗投毒，我们该怎么办?》，普及刑法中的投放危险物质罪。

邻居 YLF 再发链接文章：《恐怖！东莞一小区内，藏獒突然发疯连咬 4 人！被警方击毙！》。

邻居 ELL 之后发链接文章：《异烟肼毒狗，正义旗号下的杀戮游戏》，并说，即使投的药对人无毒，也是触犯刑法，可能要判刑的。

邻居 CFHC 转发新浪微博文章：《成都“德牧咬伤少年”续：犬被强制收容，狗主拘十日禁养五年》。

邻居 DS 发链接文章：《遛狗不拴绳当野狗网捕！深圳小区“霸气”公约热议》。

…………

这些链接文章都是夹杂在其他日常的话语流中的，但是，养狗的和反对养狗的人带着敏感的意识，各自站队，接续发包。

凯文 · A. 希尔（Kevin A. Hill）和约翰 · E. 修斯（John E. Hughes）曾指出，互联网时代，越来越多的人变成了“分享信念的网络活动家”①。就社区这个内部网络来看，多元化的居民构成，社区信息环境来源会极为广泛，社区群本该也是一个各种信息和观点的潜在空间，但正是由于多元差异，对居民来说，社区作为生活空间并不是公开交流观点和意见的理想所在。邻居们通常不会在群里聊现实和时事，因为一旦呈现观点就会有争论甚至冲突。

也许正如一位邻居所说的，这是一个永远无解的话题。俄国文学批评家米哈伊·米哈伊洛维奇·巴赫金（Mikhail Bakhtin）曾指出，意义是处于相互关联且相互竞争之中，在不同的阶层、身份群体和个体之间不断地再定义，词语如同“活物”一样，在众声喧哗中“过着（它们的）由社会主导的生活”。②关于养狗的话语交锋就可以看出这种意义的竞争，遛狗、异烟肼、毒狗、养狗文明、疯狗、人的素质……该话题不断受到新的因素和冲击的补充，通过这些意图、背景和内容，呈现出相互冲突的意识形态、价值观和信仰体系之间的对抗与较量。

第四节　个案：停水事件的会话分析

对社区在线冲突的分析可以从质和量两个方面展开。量的方面包括冲突的频率、冲突的强度、冲突内容以及冲突形式等，这些在

① Hill，Kevin A. and John E. Hughes，Cyberpolitics：Citizen Activism in the Age of the Internet，Oxford：Rowman & Littlefield，1998：88.

② Bakhtin，M.，The Dialogic Imagination，Austin：University of Texas Press，1981：293.

前面已有论及。质的方面则涉及冲突的内在机制与互动过程。下面通过一个事件来分析冲突的互动过程和内在机制。

一、事件过程描述

2019 年 7 月，SZ 市天气炎热。星河小区却连续一周几乎每天晚上停水，第二天早上来水。7 月 16 日是一个周二。陆续有几位邻居将物业管家的停水通知转发到大群里。通知说，接到水厂通知，因“市政供水主管道暴漏，为确保不影响业主正常用水，拟定夜间停水抢修”，停水时间为晚上 23 点至第二天上午 7点。请广大住户提前做好蓄水工作，云云。实际上，水流在当晚 9 点时已经变小，10 点多就彻底断水了，让许多晚归的邻居措手不及：没洗澡的、洗到一半的、洗衣机洗衣中的……怨声一片。第二天早上 7 点多，在邻居们的“等水”“等水”声中来水了。

第二天晚上依旧如此。有人转发了水厂“关于辖区供水降压的通知”，大意是由于供水设施检修，水厂将减产，时间从 7 月 16 日至 7 月 20 日，具体恢复时间要以检修进度而定。有邻居打听到周边小区楼盘没有停水，提出疑问。

7 月 19 日（周五）上午 9 点，业委会主任 ZY 在大群里呼吁：“各位邻居，为保障我们早晚正常用水，请大家打水厂电话 8××××，强烈要求每天 6：00 ～ 20：00 保持水压在法定标准 2.5Mpa 以上，以保障夏天正常用水！”

物业服务中心在小区里设置了几个临时取水点——几个装满自来水高 1m 左右的大白塑料桶。

每天晚上的市政水压都低于正常值。周日（21 日）晚间的停水促使许多邻居加入了电话投诉水厂的队伍。但水厂方回复，附近小区都没有停水，“就你们小区打电话说没水”。附近的小区都从来没有停水，星河小区停水问题究竟出现在哪里的疑问开始凸显。ZY 解释说“是我们蓄水箱地势高的原因”。

停水发生多日，ZY 不仅天天晚上观察小区大门外的水压表，并提示邻居们是否有停水风险，同时还联系相关部门沟通和咨询水务专家。这天他转发了一位给排水专家邻居给他的回复：

> 你们定吧，建议同时向深圳市水务局、市长热线、区委书记信箱发投诉信，投诉供水企业长期违规供水，满足不了片区用水要求，请领导们把片区用水难问题放到议事日程。我今天到工务署开会，没办法起草，群里有写文章高手，可发动一下。今天我问问市水务集团技术处，了解一下他们对片区供水的看法。谢谢您的信任。

ZY 并说，“我们邻居是深圳屈指可数的给排水专家，（这是）他的意见。谁文笔好，写个报告送相关部门”。呼吁大家继续打市长专线，推动市水务集团尽早接管该水厂，“才能既保证水量更重要的是提升水质，达到优质供水”。

邻居们生活在停水的边缘。7 月 23 日（周二）晚上再次停水后，星河会里爆发了史无前例的大争吵。这场言语冲突一直持续到次日下午，不仅时间长，在议事厅、筹备会群和个别楼栋的微信群空间里同时展开，而且有观点对峙和激烈的言语冲突，相当数量的邻居卷入其中，一直到次日物业修增压泵、停水问题得以解决。

从 7 月 16 日到 7 月 24 日，整个停水事件持续一周时间，包括了孕育、启动、爆发、激化和消退 5 个阶段：

1. 孕育阶段。从 7 月 16 日晚间停水开始出现到 7 月 23 日晚上再次停水前，这是冲突爆发的孕育期。近一周的晚间停水带来生活上的极大麻烦，积累了一触即发的情绪。

2. 启动阶段。7 月 23 日停水开始前后。抱怨激动的情绪开始出现，这个时期的抱怨和责问没有明确指向。

3. 冲突爆发。不满于业委会给出的解释和解决方案，矛头开始指向业委会。

4. 冲突激化。出现激烈的言辞对抗，包括个体间的混战。

5. 冲突消退。中间派和众邻加入，同时问题得到解决，冲突结束。

二、7·23 停水事件的会话分析

如上节所述，停水事件可分为“启动—爆发—激化—消退”四个阶段，与事件的进程相应的，是话语不断发展的序列。在这场持续近 20 个小时的话语冲突中，群里一共发出了几千条信息。帕·列内尔（Per Linell）曾指出，所有的话语都有一个基本的顺序结构（fundamental sequential organization），每段完整的对话都是一个有界的序列（a bounded sequence），即一个有开始和结束的话语事件[①]。冲突性话语作为对抗性事件，在每个阶段都存在多种不同的话语模式。

---

① Linell，P.，Approaching Dialogue：Talk，Interaction and Context in Dialogical Perspectives，Amsterdam：John Benjamins，1998：183.

笔者根据事件进程及争论的焦点，进行了摘录和分析，总结出每个阶段的话语模式。

（一）启始阶段

23日晚上，星河会里与往常一样话头纷杂、话题不断：有找钟点工的、有转让游泳卡的、有抱怨小区路灯没亮的、有为老乡推广农产品的，等等。从有邻居发现水有点小，在群里发问“今天会停水吗？”开始，群里的话题开始转为“停水”主题。

这个阶段包括2个话轮，主要模式有：

1. 无指向询问—一般性回应—非特定目标的抱怨

首轮话题，主要指向即将可能发生的情况的问答与附和，无论询问和抱怨都没有明确的对象。邻居ZY，也是新当选的业委会主任，连续几天来一直观察着小区大门外的水压表，根据经验进行了预判。这番轮次的会话是话语冲突的序曲和前奏。停水后进入第二个阶段。

2. 无指向的群起怨责—一般性解释—非指向性的质疑

随着停水的发生，邻居开始群起抱怨，但还没有明确的目标指向，业委会ZY进行了情况解释，重述了市政水压标准和水厂因检修的供水水压原因。但邻居对解释提出了两方面的质疑：检修时间太长、周边都没有停水。

第一个阶段是冲突的前奏，是没有明确目标对象的指责抱怨和质疑。大家对于事故原因和情况还处在不甚了了的状况，主要的话轮模式是：指责—众人附和—解释—指责。业委会作为掌握信息多的一方，在负责解释的同时，无意中被摆到了“被问”的位子上。

（二）冲突爆发阶段

由于停水情况的延续，群里的讨论主题进入第二个阶段，开始追寻事件原因。一个明显的变化是，从第一个阶段的非特定目标指向的指责，发展到目标明确的问责，不同的立场开始显现，言语冲突大量出现。这一轮次的群体会话主要有两种模式。

1. 拷问—一般性解释—质疑

在这轮群体会话中，虽然夹杂着大量的抱怨、埋怨，但两条话题主题线在进一步推进：

一是摸清情况：邻居们相互补充印证信息，并将给水厂打电话的情况反馈回来，间接反驳和否定了业委会给出的解释和建议的行动方案。这个交锋是信息层面的，反驳的方式是间接的；

二是问责：业委会由于其特殊的地位，其“职责所在”被首当其冲地推到了前台。邻居 FWC 运用了诘问的语气明确指责业委会在这么长时间没有行动；业委会 ZY 的回应方式是在陈述说明中又有反问和呼吁，认为大家的不配合（指打电话）也有部分责任。部分业主邻居与业委会及其支持者开始出现分歧。

多人在线空间的争论，其话轮呈现的方式与物理同一时空争论方式有些不同：首先，从时间线性来看，冲突言语从不同的空间发出、先后或几乎同时出现在群空间里，不同对话者的若干话轮是交错并行展开的，遥相接应，会有纷至沓来、交叠错乱之感。其次，从空间性来看，任何文字、图片等话语信息都同时显现、存留在每个人的手机屏幕上——以一种空间上“复制”的方式、不打折扣地原样呈现，可以追溯，这就使得各方信息得以补充、拼凑，成为众所周知。再次，虽然话语权是平等的，在线互动几乎全靠语言表达的力量来实现。表达力强的说话者更容易在争论中占据优势。

2. 明确质疑—扩大的质疑

逐渐摸出新情况的邻居们开始质疑物业管理处“知情不报”，反而将责任全部推给水厂，进而将矛头也对准了业委会，批评他们提出的打市政热线投诉水厂的解决方案。业委会以外的事件性意见领袖 YHH 开始出现，呼吁动员业主们打 WK 物业全国服务热线，采取新行动方案。

物业管理是小区的服务管理机构，小区出现问题，业主们很自然会将责任归结到物业。这次发现一周以来的停水是自己小区有问题，因此这一话轮中，对物业管理的批评性话语占据上风。在认定物业不诚实后，一些业主用了“忽悠”“找借口”这样的词语来定性、贴标签：物业存心欺骗。住房商品化改革以后，物业与业主的冲突是城市商品小区中最为突出的矛盾。在业主寻求权益保障的各种抗争中，物业有被污名化的趋势。尤其在出现问题时，物业常常会被带有恶意的揣测。这种批评会在众议中不断扩大，从一个方面扯到其他方面：

> 目前看水厂的问题没那么大。加压泵坏了不修才是我们停水的根本原因。
>
> 我就不知道那么多物业费和广告费都哪去了？
>
> 请问招标的结果是啥啊？提到广告费，也确实该拎出来说说。电梯广告那叫一个兴旺发达。
>
> 我们楼栋有个电梯空调坏了，物业也不管，让我们找业委会用维修基金修，那电梯广告费是不是也应该给业委呢？

电梯空调坏了最少一个多月了吧，啥配件要这么久？就像增压泵招标都一个多月了，也没修。物业在干啥？

这物业真是很差劲！

电梯都快坏了两个月了，我们算是比较新的小区，电梯也比较新，一个配件订两个月还没有，料想是物业不作为。

物业就是骗。一个配件不可能两个月都没有。

对物业的各种声讨开始成为话题的主流，话轮模式为附和。这个时候，很难有为之辩解的声音能被听进去，物业管理好的方面也不会被提及。

（三）冲突激化阶段

围绕着是水厂水压问题，还是物业不修增压泵问题，分歧开始凸显。业委会 ZY 希望通过施压水厂解决小区长期的用水和水质问题，而业主们则希望快速解决眼前的停水问题，为此又出现了激烈的争论。这一轮会话中，对业委会工作的质疑使得场面开始紧张起来，话语冲突渐趋激烈。

1. 解释—反驳—解释—反驳

业委会 ZY 解释说：

业委会绝没有被物业忽悠，我们的热心业主里面有 SZ 市数一数二的给排水专家，可以负责的说，水厂在忽悠大家，原因我已给 ZZ（一位邻居）讲清楚了，现场 ZZ 也看了[①]，希望大家理性些，客观些。

---

① 邻居们在大群里热烈争论的同时，业委会筹备群中也同时在讨论。LM、ZZ 与 ZY 等群里讨论究竟是哪一方面的责任，ZY 请大家下楼一起去看个究竟。

ZY希望通过解释来主导话语，将投诉的目标引向水厂，但陷入了“解释—反驳—解释—反驳”的境地，招致更激烈的质问。随后ZY再次做了一次非常细致的解释：

> 大夏天停水，确实给大家生活带来诸多不便，5位业委也住在小区，可以感同身受，但要解决问题，必须找出问题的关键所在，才能有效解决。业委会着力这一问题已两周多，好在我们有专业热心业主的支持，很快弄清了问题所在。我们邻居有SZ数一数二的给排水专家，SZ水务署重大问题常年请教于他，还有建筑工程技术专家，他们给出了很多建议。目前问题所在是XX水厂不属市水务集团，常年亏损不愿投入，目前为降低运营成本，晚上过早降低水压，达不到SZ供水标准的2.4MPa，即28m水头，而星河会小区水箱在27栋负二栋，北大门北坡高程有近20m，没有2.0MPa的水压，小区水箱进不了水，周边楼盘的水箱地势低，所以不受影响。即使修复北坡水泵供电，一方面要用大家自已的本体维护基金，用自己的钱4万多，另一方面，按SZ供水条例，从市政管网抽水属违法行为，将随时面临强制拆除的可能。所以最快最有效方法是继续拨打“12345”转“0”，让政府干涉，将XX水厂降压时间推迟到晚10点，则一切问题迎刃而解，事半功倍。当然愿打WK电话投诉也行，但最有效是打“12345”转“0”。

这篇略长的文字阐述了如下几层意思：业委会对问题的判断是在专家基础上的；问题根源在水厂；小区水箱位置高，所以比别的楼盘更受水厂水压的影响；增压泵修复要花费业主的大量资金，而且可能违法。所以，提倡业主们继续投诉水厂。

但这一解释立刻遭到业主 YHH 的迎头驳斥："麻烦业委会不要再误导业主们！这是业主打电话的事吗？物业呢？光拿钱，不干事吗？物业为什么不去沟通，要我们天天打电话"。有更多的邻居加入反对方的行列，认为应该投诉物业，至少也应该让物业去沟通和解决问题。业委会在整个事件中只是将目标对准水厂，自始至终没有提出物业管理的问题，这一点被对立派抓住，进行激烈的攻击。

业委会筹备群里也有关于停水责任和解决方案的争论，有几位邻居跟着业委会 ZY 下楼实地观察水压、听解释。邻居 ZZ 在大群里给大家解释，"首先我不是业委会哈"一句，试图表明其客观冷静的立场。他以第三方的姿态呈现业委会和 ZY 大哥这些天的付出，但也遭到了业主们的反驳。话语的推进，几乎已经将业委会与物业认定为一个立场。

在"解释—反驳"这类冲突性话语中，澄清和解释需要找证据理由，要表达准确有理性，往往需要有逻辑的完整句子或段落，所以思考和打字花费的时间也相对比较长。而反驳，是往往是短句子，情绪激烈，不需要证据，所花的时间短。因此在激烈的争论中，解释方往往处于劣势。

2.（新）质疑—解释

前文曾提到，业主平时有事情都会发微信联系物业管家，现在，大家在群里争论的同时，有的给管家发微信询问，有的打电话向 WK 物业投诉。一位邻居从管家处得知，物业方早就做好修加压泵的准备，但是业委会当时没有同意。当他把与管家的聊天截图发到群里，质疑的声浪再次转向业委会。

> 管家说，他们早做好修加压泵的准备，但是业委会不同意修！业委会出来走两步？
>
> 呼吁业委会的同志们出来解释下！
>
> 请解释下，为何业委会没有公告，就替业主们决定不修增压泵？
>
> 咱们小区，不是有数一数二的给排水专家吗？水务署重大问题都请教他吗？那先解决一下咱们小区的供水问题，行吗？

在这样的质疑声浪冲击下，业委会支持者的声音相比非常无力：

> 邻居请理性些，不要因为物业的解释就随便批评。业委会是我们推选出来的，从始至终为了我们邻居的利益，多听听，看看里面的缘由。

这种维护没有任何说服力，被斥为“公然把业委会当巨婴照顾”。即便是有人试图从旁观者角度做出分析，也会被迅速反驳回去：

> 业委会论调是“从根本上解决问题”；业主的诉求是：立刻给我来水洗澡……双方的处事动机差距大。
>
> 业委会应先代表小区业主解决小区业主当前诉求。
>
> （跟帖，若干点赞）

一位邻居非常及时而中肯地将这一激烈的言语交锋过程概括为“嘴炮时间”。言语冲突激化阶段的主要表现是：①大量不够理性的言语行为开始出现，比如，扣帽子、贴标签、情绪化的表达、简单否定，片面认定等；②群聊中的冲突面扩大，邻居之间开始打嘴仗；③舆论出现一边倒的局面，理性和中立的话语难以发挥作用，形成有说服力的影响。

（四）消退—终止阶段

当天群里的谈话一直持续到深夜，在业委会和其支持者一方的沉默很久之后才结束。电话投诉起到了一定的作用，第二天中午，业委会另一位成员 DY 发布最近情况，将采取临时方案接通增压泵以解决断水问题，但同时表明“增压泵是违法的，需要大家向相关部门反映。”DY 还在群里发了“星河业委会 – 智囊团”小群的聊天截图，显示他们在周一（也就是周二冲突爆发的前一天）就已经在规划申请加压泵的合理化，以避免如果动用了 4 万多元的维修基金而增压泵却不合法带来的损失。后来，业委会主任 ZY 再次做了一次解释，追溯了业委会委员们已经操作的事情：

> 因为昨晚到一点多已解释很多了，该说的话已基本说了，所以今天本不想再多言了。关于这次停水，主要原因是 XX 水厂想节省成本，采取了提前降低运行的方式，所以我们才发动大家打 12345 转 0，让市政府出面施压水厂，以尽快解决！至于修复抽水线路，直至今日，WK（物业）并没有拿出抽水泵合法设置的证明，而按 SZ 供水条例，在市政管网设置抽水装置是违法行为，轻者强制拆除，重者法律处罚，对是否动用大家的本体基金 46 000 元，全体业委与专家慎之又慎，22 日业委会投票，以 3∶2 通过立即修复电缆，三位男业委全部投的赞成票，愿为大家冒险，通过后立即通知了物业，物业准备合同。

ZY 最后的解释也澄清一些疑问：在 500 人这样的大群里——也未必都是业主——对于有些事情的公开他们是有顾虑的，而且如 DY

所说，“主要是涉及违法的问题，并且金额又大，要慎重”，在面对言语横冲直撞的时候，就更加隐忍、克制。这一阶段，站出来为业委会说话的人开始增多：

千万不要有点儿问题就怪业委会啊，人家都是义务劳动，也尽心尽力，这样搞，以后没人敢当业委了。(流汗)

大家说实话是好事，可是不要把业委会推去对立面。啥也不了解就开始怼天怼地，有意思吗？除了让一个小区的邻居失去信任，有啥好处？

我昨晚到现在不认可ZY大哥的办法，但是我认可他的做事态度。

我同意啊，干的不好也要感谢，至少人家愿意干，都不愿意干就只能在群里发牢骚了。

这一阶段的话轮模式主要是解释与获得支持。冲突消退阶段，不仅问题出现转机，得到解决，更多的事实被揭示和解释出来，另一方的声音得以发出、被认可。话语场氛围重归轻松。

三、社区在线冲突的特点

由于社交媒体的媒介属性，社区冲突在线发生时会有以下几个突出的特点：

1. 影响幅度大。从波及范围来看，群体内是信息敞视的场景，对群体成员的信息开放，信息的普遍抵达、冲突事件的知晓范围和卷入人数都极大可能超过一般线下的社区冲突，从而像网络舆论事件一样众声喧哗。

从持续时间看，参与人多会造成社区在线言语冲突持续时间相对较长。一般线下言语冲突的时间不会太久，往往有中间力量介入调停而结束。在线争吵可谓是一种小型的网络舆论热点事件，往往会因众多声音的不断加入而拉长。

2. 信息格局多元。媒介技术的发展极大地改变了人们沟通和获取信息的方式。城市社区异质化的居民，能从不同的渠道获取社区内外信息，而在社交媒体时代，广泛的联结性也使得社区成员的信息渠道无限多元。这会带来两种结果：一是在信息交汇中挖掘和拼凑出事件真相。本书第四章分析爆胎事件中便能看到这一点，来自个体角度的信息在群里汇总，整合成公共认知。这次停水事件，各种线索、信息的汇聚，使得停水责任由水厂减压到增压泵有问题，再到业委会不让修增压泵逐步挖出。也就是说，信息环境客观上具备了呈现全面事实的可能。二是权威及其信息被挑战。凯撒·哈维（Kaiser Harvey）曾在一篇文章中提到，大众传媒的广泛运用改变了社区居民的沟通方式和相互关系，社区居民借助大众传媒可以诞生新的归责和问题解决机制，这对传统的社区权威产生挑战[①]。我国学者原珂也指出，信息技术的发展和传播改变了原有社区成员的结合方式，挑战了社区的传统权威[②]。因此，这些来自不同源头的信息增强了挑战和冲击传统权威信息源的力量。从媒介环境角度来看，群聊的媒介语境能够让各方平等而充分地辩论和呈现观点，运用图片、链接等各种方式呈现证据、信息，有利于澄清问题、推动问题的解决。

---

① Kaiser Harvey，Urban Development and community conflict，Ann arbor：Michigan UMI Research Press，1975.

② 原珂，中国城市社区冲突及化解路径探析，中国行政管理，2015（11）。

3. 沉默的螺旋效应（The Spiral Of Silence）。伊丽莎白·诺尔－诺依曼（Elisabeth Noelle–Neumann）的沉默的螺旋理论指出，如果把自己的想法说出来会让自己陷入孤立的话，人们就会陷入沉默，如此循环往复，便形成一方的声音越来越强大，另一方越来越沉默下去的螺旋发展过程。诺伊曼认为，人类的社会性本质可能因文化环境的差异而有不同，但公众意见的举足轻重的作用超越时代和地域的差异，在不同时空中都得以体现[①]。一些学者提出在互联网语境中的“双螺旋”效应[②]和舆论形态重构形成的“意见的长尾”[③]等新舆论特征，沉默，只是一种现象而非结果，或是由于话语缺失[④]，而并非说明心理过程的趋同或认同。近年来经常出现网络热点事件中的理性反扑或舆论反转反映了这种变化。

在具体而微、实时性的在线社区论争中，会在一定阶段出现“沉默的螺旋”效应，这并非是出于社会压力下的沉默，某种程度上与技术条件有关。通过手机键盘打字和发送信息，有快慢之分。在相同的速度下，理性思考、客观全面，有更多顾虑的一方往往需要更多的时间，不那么理性审慎、情绪化、感性冲动的言辞则来得更快速，再加上思维更快、表达力强等相关特征，使其在言语交锋中

---

① ［德］伊丽莎白·诺尔－诺伊曼，沉默的螺旋：舆论——我们的社会皮肤，董璐译，北京：北京大学出版社，2013。

② 高宪春、解葳，从“消极沉默”到“积极互动”：新媒介环境下“沉默的双螺旋”效应．新闻界，2014(9)：43–50，54.

③ 赵立兵、熊礼洋，从“沉默的螺旋”到“意见的长尾”：社会结构变迁与舆论形态重构，新闻界，2017（6）：11–17。

④ 宋英梅，新媒体语境下对“沉默的螺旋”理论的几点思考，今传媒，2017（12）：45–46。

容易取得强势地位。被攻击的一方常沦为下风，成为失语者。

4. 冲突过程繁复交错。从冲突现场来看，微信群聊时的话语冲突过程中会出现以下情形：在同一时间里，若干人在同时发送消息，语言是杂沓错乱的，语言流动特别快速，来不及看仔细便快速飞过；有的人会重复问问题；有的人抓住片言只语，或未能准确理解，就开始反驳攻击；冲突双方之间的言语纠缠徘徊，夹杂在语流中，毗邻对被冲散，隔山打牛。这些都使得话语冲突持续时间长、话题徘徊，使得话题迟迟难以推进，冲突不断激化。

此外，话语一旦说出来后，人们往往会维护自己所说的话，于是不停地重申辩解，进一步指责对方，这会使得冲突升级。

微信的空间是信息的存留可追溯，这使得有的人在爬楼浏览信息的时候，看到一条发言，即便它已经过去好久，还要在群里对此发表言论与评价，这可能造成冲突进一步发展。

互文，是米歇尔·福柯（Michel Foucault）、诺曼·费尔克拉夫（Norman Fairclough）等批评性话语分析的重要概念。话语具有互文性（intertextuality），任何话语都是在对话、回应其他话语。费尔克拉夫指出，任何话语实践都是由它与其他话语的关系来界定的，都以复杂的方式利用其他话语[①]。对互文性进行分析，也就是考察文本间的指涉、回应或结合，来发现话语主体建构 / 重构话语秩序的话语实践方式。在手机微信屏幕呈现的言语过程，人们更容易看到前面跟他意见相同或相左的观点，快速站队、附和或回应，容易形成

---

① ［英］诺曼·费尔克拉夫，话语与社会变迁，殷晓蓉译．北京：华夏出版社，2003。

凯斯·桑斯坦（Cass Sunstein）所说的群体极化（Group Polarization）的现象[①]。

四、冲突中的角色与意义

社会冲突有负面功能，也有正面功能。刘易斯·科塞（Lewis Coser）指出，社会冲突绝不仅仅是起“分裂作用”的消极因素；社会冲突可以在群体和其他人际关系中承担起一些决定性的功能。[②]

这次停水事件，属于偶然性外部因素引发的非对抗性冲突。如果没有这场言语冲突爆发的话，也许不会引起WK和物业的快速反应、解决问题，以及后续相关事情的进程加快。冲突推进了问题的解决步伐，显示出了社区成员在面临外部问题时的应激能力和解决问题的能力，恰如科塞所说的，社会冲突有增强特定社会关系或群体的适应和调试能力的作用。

不仅如此，社区冲突发生时还有各种角色发挥着不同的作用，让冲突不断发展，使事件逐步明了，反倒迫使问题得到回答，也让结局轻松圆满。

1. 冲突中的角色与功能

星河社区在线冲突中大概有以下角色：

（1）社区权威：业委会

经合法程序选举出来的业委会，代表业主行使小区各种权利和

① ［美］凯斯·桑斯坦，网络共和国，黄维明译，上海：上海人民出版社，2003。

② ［美］L. 科塞，社会冲突的功能，孙立平等译，北京：华夏出版社，1989。

处理事务。以 ZY 为代表的业委会在前期和过程中做了大量工作，在冲突中成为被质疑批评的一方，言语方式主要是做解释，但解释并没有起到说服的作用，在冲突趋于加剧的时候处于沉默失语状态。这可能与身份、做事的方式及人品性格有关。

（2）质疑者

这部分邻居面临问题的时候，开始积极地寻找答案、寻求解决路径，在事件过程中，敢于质疑和挑战权威，甚至不在意方式，提出自己的新主张，推动问题的解决。这一类人中又分为两种，一是偏感性，一是偏理性。偏感性和情绪化的质疑者，说话直截了当、言辞激烈：

> 业委会只干事不拿钱，只有义务没有权利，不要要求太高。
>
> 那就别干，解散！

偏理性人的语言有理有据，表达时会使用更多长句子：

> 邻居 KIK：业委会确实是义务，当选之初也是表明了愿为业主服务，所以，碰到矛盾激化时也是有义务来协调或解释的。
>
> 邻居 SYZ：业委会既然选出来了，在其位就要谋其政，干得好大家点赞，干得不好我们也有批评的权利。否则，业委会的意义何在？

（3）业委会支持方

这部分人对业委会比较信任，他们中有的成为冲突中的实际“交战”者，为业委会说话，批评“质疑方”。比如邻居 FNZC：

> 人家业委会成员，也是有自己的生活，自己工作的，不能你们有空了，就要人家也有空，马上解决问题解答疑

惑吧？给点时间不行？一上午都在吵……

（4）调查行动派

这部分是行动者，他们半夜出去查看水压表、打电话投诉、约着去找物业要说法，查百度找相关规定，甚至联系媒体。

（5）调和者和公道派

这类角色能看到双方的意义，为热心邻居点赞，客观中立、说公道话，或者分析各方。还有调和者角色，插科打诨以调节气氛。比如邻居 GLY："政府如果要抓决策修水泵的人，让他们来抓我好了，我没坐过牢，好想感受下""现在临时选我当业委会主任还来得及不？"连发多遍，引得众人发笑。

（6）潜水者

没有说话、立场不明的邻居。他们或许是因为不喜欢卷入冲突，或许不愿意因摆明立场站队而得罪人，也或许是奥尔森所说的"搭便车"人等。他们构成了事件的围观者。

2. 冲突的社区功能

业委会与业主之间发生的冲突，也是社区冲突的一类。有学者将这类冲突称为"业主委员会的自治冲突"[①]。在一些社区，这种冲突会达到白热化的程度。如 2018 年开始一直持续到 2019 年下半年的深圳市桃源村业主与业委会的冲突就是一个典型案例。

桃源村是深圳市的微利安居房。业主们对物业公司的不满由来已久，于是在 2018 年物业公司和业委会都快到期的时候，一些业

---

① 杨淑琴，从业主委员会的自治冲突看社区冲突的成因与化解——对上海市某社区冲突事件的案例分析，学术交流，2010（8）：124–127。

主便积极行动起来。他们陆续在天涯论坛、深圳房天下、家在深圳等网站发布群二维码或群号，呼吁大家入群，还注册了一个微信公众号“桃源村业主之家”，该公众号成为这场维权运动的主要阵地。

该公众号自 2018 年 10 月底成立以来，陆续发布了多篇质疑问责业委会和物业公司的犀利文章，积极主导事态发展。奥一网、《晶报》、南都客户端“深圳大件事”等媒体对此都进行了报道。该舆情事件在新浪微博、网上论坛也引发了网民的广泛讨论。网民们讨论的观点集中在业委会和物业方长期挪用专项维修资金、物业方收集业主签名的目的可疑以及深圳很多小区有同类事件上。

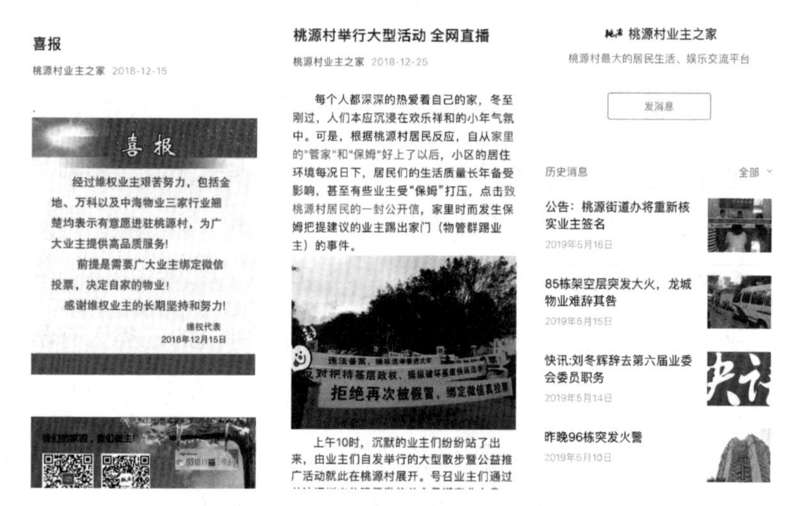

图5.2 桃源村业主之家公众号

每个社区的状况各不相同。星河小区业委会与业主的利益相关一致，同时，业委会也努力做好与物业的沟通工作，协调物业与业主利益达到双赢。虽冲突难免，但都不是实质性的冲突。从这次停水事件来看，冲突的形成有沟通上的问题、有处理策略的不同导致的误解，也有媒介语境环境的影响等，但有一点非常清晰的是，认同和支持固然是社区拥有社会资本的表现；质疑和意见，并非就是不和谐和社区问题，质疑者/反对者也是社区社会资本，他们的存在使得社区有了多元的意见（或文化）格局，在遇到问题时可以爆发出能量。

在冲突过程中，各种角色类型犹如多声部式的互动，多元、多变，富于活力而又交汇和谐。业主委员会的自治冲突有利于业主间形成集体维权的动力机制，对维护业主权力、协调业主与有关主体的关系等方面有积极的意义[①]。

本章小结

城市社区冲突，与社会变迁、城市人的现代性、社区权利结构及社区参与等内外因素有关。长久生活在一起的社区邻里，通常以理性方式处理摩擦。微信虽然是口语化的媒介，但语言交流时的文字输入，又带有书面文化的理性特征。因此在群聊中的冲突，通常都会采用讲理和解释的方式，因没有现场面对面的直接反应和影响，表达比较周密，逻辑性强。

因为养狗而引发的社区内部冲突是普遍现象，经常引发或明显或暗指的话语冲突。该话题不断受到新的因素和冲击的补充，通过这些意图、背景和内容，词语如同“活物”一样，成为相互冲突的

① 杨波，从冲突到秩序：和谐社区建设中的业主委员会，北京：中国社会出版社，2006：77。

意识形态、价值观和信仰体系之间的对抗机制，在众声喧哗中“过着（它们的）由社会主导的生活”。

本章通过对社区停水事件的会话分析，呈现了在突发事件时，社区在线冲突的过程。这是一个不断质疑和从各方寻找信息求证的过程，这也是一个观点交锋、有误解和冲突的过程，伴随着话语冲突的升级，也出现网络极化的现象。在社区冲突中的角色有：社区权威、支持者、质疑者、行动派、公道派和沉默者。

对于社区来说，冲突并非都是坏事。认同和支持，固然是社区所拥有的社会资本；而质疑和意见，也是社区的社会资本，它们让社区有了多元的格局，在遇到问题时可以爆发出能量。

在冲突过程中，各种角色类型犹如多声部式的互动，多元、多变，富于活力而又交汇和谐。冲突有利于业主间形成集体维权的动力机制，对维护业主权力、协调业主与有关主体的关系等方面有积极的意义。

群聊的媒介语境能够让各方平等而充分地辩论和呈现观点，导致语言杂沓、错乱纷呈，冲突话语持续时间拉长、往返交互、话题徘徊。

第二部分

微信社区里的明星与粉丝

大众明星和粉丝的形态与媒介技术息息相关。

在电影《海上钢琴师》（*The Legend of 1900*）中，当天才钢琴师1900听到唱片生产商说，可以将自己弹奏的钢琴曲灌入唱片中，飞向千家万户然后可以赚很多钱时，他拒绝了。他朴实地认知到，自己的钢琴曲有其独特的存在环境，一旦与演奏的现实环境相剥离、并被成千上万的复制，他的音乐便不复是他演奏的音乐。1900的想法与瓦尔特·本雅明（Walter Benjamin）关于艺术复制的观点有异曲同工之妙：机械复制技术把艺术从一向被人们崇敬的神圣祭坛上拖了下来，使艺术品失去了灵韵[①]。然而，没有大规模的机械复制，便造就不出大众明星的钢琴师，1900也只能是蜗居船上为游客们现场演奏的“街头艺人”一样的钢琴师。大众媒介造就了大众明星，也造就了明星的众多追随者。

---

① ［德］瓦尔特·本雅明，机械复制时代的艺术作品，王才勇译，北京：中国城市出版社，2002。

第六章

媒介发展与粉丝群体的演变

2017 年 11 月 10 日，摩登天空旗下的海龟先生乐队在深圳华侨城的 B10 Live House 举行他们的全国巡演。乐队复古英伦的曲风，欢快迷人的唱腔，现场热烈的氛围，让一群生活在都市压力之下的年轻男女们得到了片刻的释放。人群跟随着鼓点节奏，摇摆着身体和脑袋，挥舞着手臂，有的人兴致 high 处还会跑到舞台上，从舞台背身一跃倒下，来个“跳水”，在人群的上方相互托举传递。这样的音乐场景逐渐成为都市青年群体娱乐放松的生活方式之一。当晚演出过后，这些音乐爱好者们汇聚于网络平台进行交流，在微博通过搜索与关注乐队 / 乐手的相关微博，寻找到场的志同道合的乐迷。

第一次参与这样的演出现场让笔者十分震撼，也对音乐粉丝产生了十足的兴趣。后来通过追随海龟先生乐队鼓手 Hayato 的粉丝们，于 2017 年 11 月 14 日通过答题方式加入群聊，后又从中进入到另一个与众不同的粉丝社群——咖喱 3000 乐队的微信群中[①]。

与以往粉丝社群不同的是，微信群中粉丝们与自己的偶像“共处一室”，粉丝之间、粉丝与乐手之间形成了与以往粉丝社群十分不同的互动方式与关系模式。

第一节 粉丝与媒介

一、粉丝概念与特征

“粉丝”（fans），又称作“迷”。学界对于“fans”的研究始于对“迷”的研究，但是近几年来，更多地使用“粉丝”一词，“粉丝”与“迷”二者的含义基本相同。目前，学术界对于“粉丝”的界定还没有形成一定的共识。亨利·詹金斯（Henry Jenkins）在《文本盗猎者：电视粉丝与参与式文化》中认为，粉丝是“狂热的介入球类、商业或者娱乐活动，迷恋、仰慕或崇拜影视歌星或运动明星的人”[②]。约翰·费斯克（John Fiske）从大众消费的视角出发，认为“‘迷’和其他不太过分的大众读者的差别只是程度上而非性质上的

---

① 许多独立音乐乐手会因为不同的乐队风格以及生存压力等同时在数个乐队中担任职位，海龟先生乐队与咖喱 3000 乐队的鼓手和贝斯手同为 Hayato 和蒋晗。

② ［美］亨利·詹金斯，文本盗猎者：电视粉丝与参与式文化，郑熙青译，北京：北京大学出版社，2016：56。

差别”[①]。康奈尔·桑德沃斯（Cornel Sandvoss）在2005年出版的《迷研究》一书中总结了前人对粉丝的定义，将“粉丝”定义为固定地、有规律地、情绪性地投入一个流行的故事或文本[②]。中国台湾学者简妙如在论文《过度的阅听人——迷之初探》中认为，“过度性”是粉丝的重要特征，如果没有对某些事情有某种程度的“过度”，则不会成为这些事物的“迷”[③]。

通过以上各位学者的定义，我们可以归纳出“粉丝”的4种基本特征：

1. 过度性：约翰·费斯克认为，粉丝对偶像的投入、情感以及行为是极端的、狂热的、主动的。粉丝与普通受众不存在性质上的差别。但是粉丝的“过度性”使粉丝成为“民众中最具辨识力、最挑剔的群体”[④]。

2. 参与性：粉丝不仅热衷于参与到与偶像相关的实践活动中去，通过活动的参与拉近自己与偶像之间的距离，同时这种参与性还表现在，通过粉丝之间的相互交流，对偶像文本或者媒介文本根据自己的意图进行挪用、拼贴和戏仿，通过这种方式实现自我认同与群体认同。

3. 消费性：亨利·詹金斯指出，粉丝是不理智的，原因在于粉丝对偶像进行重复过度的消费，并且粉丝消费行为具有“馆藏式消

① ［美］约翰·费斯克，理解大众文化，王晓珏、宋伟杰译，北京：中央编译出版社，2006：43。

② Sandvoss C.，Fans：The Mirror of Consumption，Cambridge：Polity Press：MA，2005.

③ 简妙如，过度的阅听人－迷之初探，中正大学电讯传播研究所，1996。

④ ［美］约翰·费斯克，粉都的文化经济，陆道夫译，载陶东风主编，粉丝文化读本，北京：北京大学出版社，2009：3–18。

费”（curatorial consumption）特征，这表现为粉丝个体将社会价值和心理价值倾注在人工制品的过程及保存这些价值的行为[①]。粉丝的消费与收藏，不仅促进了文化产品的销售，还为产品的销售提供了市场信息反馈，成为文化产业链中关键的一环。

4. 群体性：粉丝的实践活动往往是群体性的，大众媒体尤其是网络的发展为粉丝群体提供了各种自发形成的社区平台，进而在社区内部形成约束性制度、规范以及分工与协作，在不同程度上具有一定的组织性。

二、粉丝与媒介的相携共进

亨利·詹金斯曾指出，粉丝是新媒介技术的最早使用者和推广者之一[②]。粉丝群体是伴随着媒介发展而逐渐进入人们的视野中的，粉丝群体在不同的媒介语境中也有不同的形式和状态。

20 世纪 70 年代末至 80 年代，改革开放初期，风气渐开，港台文化进入内地。那是磁带和录音机流行的年代，邓丽君成为这个时期港台文化的代表性人物。正如“未见其人，先闻其声”，声音成为连接粉丝和明星之间的中介。声音媒介的单向性、时间性、没有信息反馈机制的特征，使得粉丝在这个过程中只是以一种“收听者”

---

① Tankel，J.D. and Murphy，K.，“Collecting Comic Books：A Study of the Fan and Curatorial Consumption”，in Harris C. and Alexander A.，Theorizing Fandom：Fans，Subculture and Identity，New York：Hampton Press，1997：66-67.

② ［美］亨利·詹金斯 . 文本盗猎者：电视粉丝与参与式文化，郑熙青译，北京：北京大学出版社，2016：35。

的身份对偶像进行想象。90 年代电视机的普及，大大提升了受众的感官体验。粉丝们不再停留于录音机里的声音和报纸杂志静止的画面，而是沉浸在电视屏幕前，通过声音与画面直接感受到偶像们的音容笑貌。在这一时期，粉丝群体的数量大大增加，粉丝们渐渐开始在身边寻找具有共同爱好的群体，根据地域聚焦于线下的联系，但是规模较小，并没有形成规模的粉丝组织。

大众媒介时代，粉丝的群体行为一直是研究者所难以接近与考察的，互联网的兴起与发展，以连接性、交互性为特征的互联网技术的革新，为粉丝群体提供了彼此联结的平台与空间，建立起大量因兴趣爱好而聚集在一起的虚拟粉丝社群。曼纽尔·卡斯特（Manuel Castells）认为，网络技术的发展使互动成为可能，媒体不再具有强制性，受众空前自由，一切神圣还原为世俗[①]。粉丝们在社群中追求着集体身份和共同的情感认同。

随着互联网的发展，网络社群形式发生了很大的变化。以网络媒介平台为依托的粉丝社群，大致经历了 3 个发展阶段：

首先，在以 Web1.0 为代表的论坛和贴吧等平台上，粉丝们互动具有严格的准入机制、群体规范、组织分工和等级制度，并集体性地为自己的偶像进行应援、打榜、冲作品销量等活动。在这个过程中，粉丝的身份发生了变化，他们不仅是信息接收者，更是内容生产者和信息传播者，其“产消者”的身份成为大众文化娱乐业中重要的一环。

---

① 曼纽尔·卡斯特，网络社会的崛起，夏铸九译，北京：社会科学文献出版社，2000：54。

其次，随着 Web2.0 的发展，粉丝社群的发展进入到另一个阶段。社交媒介改变了人与人联结的方式，以微博为代表的以人为节点的传播方式，改变了以往粉丝社群的社交形态。开放性的信息传播模式，在一定程度上打破了粉丝群体内的信息壁垒，同时加剧了粉丝群体之间的互动以及粉丝与各方话语的“博弈”与“协商”。同时，媒介的变革也改变了以往粉丝与明星之间的传播模式，社交媒介丰富了明星展示自己的方式与途径，明星通过网络平台发布自己的讯息，粉丝不仅可以通过网络平台得到偶像的最新动态，也可以与明星进行单向互动。

如今，随着微信群的出现，为粉丝社群提供了一种新的可能。基于即时通信的社交平台微信，其所具有的互动双向性与即时性打破了以往粉丝与偶像之间单向的互动模式，明星与粉丝之间可以发生真正的互动与交流。因此，网络媒介平台的发展不仅重塑着粉丝的身份、社群内部与外部的联结方式，也在一定程度上改变了粉丝与明星之间的关系。

第二节 粉丝群体研究的拓展

一直以来，迷研究或者迷群研究在西方媒介文化、大众文化、传播学和社会学领域的研究中都有十分重要的地位。在传播学领域，迷研究与媒介研究有着分不开的联系，迷研究也成为受众研究的重要课题之一。乔纳森·格雷（Jonathan Gray）在 2007 年出版的《迷研究：媒介社会中的身份认同与社群》（*Fandom*：*Identities and Communities*

In a Mediated World）中总结了过去 20 年粉丝研究的 3 个阶段：

一、第一阶段，作为生产性受众的“迷”

这一时期以法兰克福学派为主要代表，受众被描述为“原子化”“非理性”和消极被动的，粉丝成为受众中的“狂热分子”和“过度的消费者”代表。20 世纪 70 年代之后，随着生活水平提高和消费热情高涨，文化研究领域开始对阶级分析方法、生产主义进行反思，发生了所谓的“葛兰西转向”。斯图亚特·霍尔（Stuart Hall）将受众分为主导型、妥协型和反抗型，超越了法兰克福学派简单化的消极受众理论，将其描述成具有主动性和能动性的受众。此后，米歇尔·德·塞托（Michel de Certeau）、约翰·费斯克等学者都将关注点放在了“消费”环节，关注到粉丝所拥有的能动的生产力与创造力。德·塞托的《日常生活实践》（*The Practice of Everyday Life*）对人的消费行为进行独特的分析，用“偷猎”“盗用”“偷袭”等战术描述消费者创造性地使用文本，把大众通过消费进行抵抗的行为称之“姑且用之的艺术”[①]（the art of making do）。德·塞托的这一理论成为费斯克、詹金斯粉丝文化的重要理论源泉。费斯克在《理解大众文化》（*Understanding Popular Culture*）中认为大众文化是一个意义的生产过程，是观众 / 消费者 / 接受者对于文本的接受 / 消费过程。

① ［法］米歇尔·德·塞托，日常生活实践，方琳琳译，南京：南京大学出版社，2009：30。

二、第二阶段，作为消费社会中的“迷”

这一阶段的“迷”研究将迷的现象纳入社会、经济、文化阶层中进行考察。1992年，亨利·詹金斯的《文本盗猎者：电视粉丝与参与式文化》（*Textual Poachers: Television Fans and Participatory Culture*）成为粉丝研究领域的经典之作。詹金斯以一个兼具迷身份的学者身份，用民族志的方法描述了粉丝群体的互动机制、文化实践以及和资本主义消费之间的关系。布埃尔·布迪厄（Pierre Bourdieu）从消费社会学出发，强调“迷选择的对象和迷消费的实践是通过人们的习惯而被建构起来的，而这些习惯正是人们社会资本、文化资本和经济资本的反映和进一步的显示”[①]。查理·哈瑞斯（Cheryl Harris）总结了粉丝群体的参与式活动如何影响电视节目文化空间的拓展[②]。在这一阶段，研究者开始关注粉丝消费和兴趣如何反映了他们的社会、文化和经济资本，粉丝社群是如何复制主流社会的等级制度的[③]。

三、第三阶段，作为日常生活中的“迷”

随着网络媒介的发展，媒介技术的革新让迷群文化也随之发生

---

① ［美］亨利·詹金斯．文本盗猎者：电视粉丝与参与式文化，郑熙青译，北京：北京大学出版社，2016：78。

② Harris C. and Alexander A.，Theorizing Fandom：Fans，Subculture and Identity，New York：Hamptom Press，1998：55.

③ 姜明，大众文化视域下的中国粉丝文化研究，吉林大学，2016。

变化，迷研究开始关注网络社区中的迷群体。这一阶段的研究将迷的现象视为日常生活的一个组成部分，开始重视粉丝实践的目的以及入迷的原因，研究方向呈现出多元化的趋势。代表作如南希·贝姆（Nancy Baym）的《打开电视，登录上网：肥皂剧，粉丝与网上社区》（*Tune in*，*Log on*：*Soaps*，*Fandom and Online Community*）通过对网络粉丝社群中的交往与互动关系的研究，一方面关注社群内部的交往与传播过程，另一方面关注粉丝是如何将电视剧的内容关联于成员之间的关系和交往之中的[①]。马特·希尔斯（Matt Hills）《迷文化》（*Fan Culture*）采用个案研究的方式，从心理学、社会认同理论等分析了猫王迷、《X档案》迷以及《星舰奇航》迷等网络迷群[②]。以上研究都将网络社群迷为研究对象，从媒介的角度关注媒介与迷群之间、粉丝社群内部之间的互动关系与所产生的影响。

迷群研究的第三阶段，深入到了粉丝社群的内部互动交往的层面，这也是随着网络社区的发展，尤其是社交媒体出现以后，迷群所形成的新特点。

第三节　粉丝社群的场景特征

在大众传播时代，信息具有单向性、强制性的传播方式，粉丝往往只能被动的接收大众媒介的信息，缺少主动获取信息的能力。

① Nancy Baym，Tune in，Log on：Soaps，Fandom and Online Community，Thousand Oaks，CA：Sage，1999：200-249.

② ［美］马特·希尔斯，迷文化，台北：韦伯文化国际出版有限公司，2005：122-124。

粉丝往往是分散的、孤立的个体，并没有形成严格意义上的粉丝社群。而媒介的变革推动了粉丝群体的发展。随着互联网的发展，网络为那些具有相同兴趣、爱好的群体提供了一个相互交流互动的平台，他们通过网络相互联系、聚集，沟通信息，交流感情，为粉丝群体提供了一个可以共享文化、自由表达和联系感情的空间，告别了之前孤立、分散的状态。

从约书亚·梅罗维茨（Joshua Meyrowitz）的媒介情境的角度来看，不同的信息环境创造了不同的媒介场景，不同的媒介场景又塑造了不同的行为方式与角色。承载粉丝社群的网络媒介平台，例如论坛、贴吧、微博、微信群等，都是自成一体的媒介场景。这些由不同社交媒介所构筑的社群场景，形成了不同的信息环境，其人群联结的形式、信息流动的方式、时空特征等方面都具有不同的特征，因此对粉丝群体的交往行为和关系建构的影响也是不同的。

一、社群的联结方式

论坛与贴吧是诞生相对较早的虚拟社群，同时也是粉丝群体所聚集的重要的媒介平台之一。以论坛、贴吧为代表的粉丝社群，在网页中以不同的内容板块所组成。在不同的内容板块下，社群成员围绕着不同的主题聚集在一起，通过发帖、回帖的方式，相互分享交流信息。可以说获取有关明星的资讯是粉丝聚集在论坛的最重要的目的，论坛以内容为中心将粉丝群体联结。

论坛粉丝群体以关注的内容板块作为划分社群的边界，在板块中围绕不同的话题进行互动，或者在某一帖子下围绕一个话题和内容进行讨论，形成一个个围绕话题的“圈”，学者彭兰称之为“圈式”社群。在这种社群中，话题内容与信息相对集中，粉丝群体具有十分明显的群体边界，成员也有较为明确的身份意识，这种以话题为中心的粉丝社群规模以及成员具有一定的稳定性[①]。

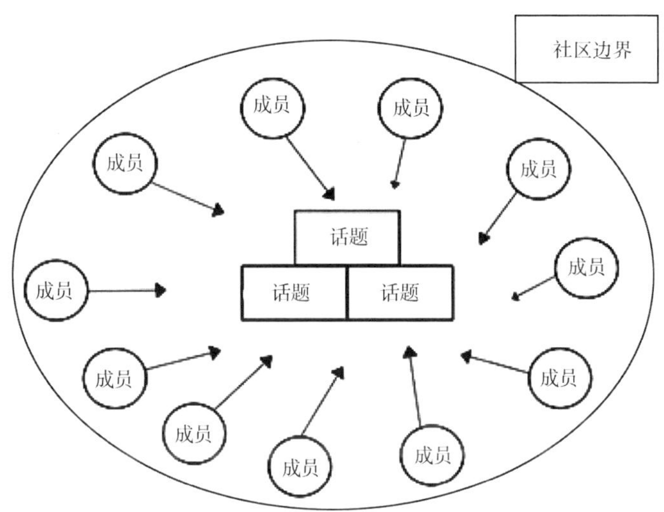

图6.1 论坛社群的联结方式（改编自彭兰的圈式社群图）

随着社交网络的发展，以微博、豆瓣为代表的 Web2.0 社交平台成为另一种社群形式。以微博为例，微博又被称为“微博客”，是由“博客”发展而来，其以便于传播的 140 字的精简内容为主要特色。与论坛相比，微博是通过以“关注”和“被关注”的形式，以用户个人作为传播的“节点”建立与人和内容的联结，每个人都可以以自我为中心建立起自己的内容关系圈，在形态上呈现出“链式”的特征。但从信息联结的本质上来说，“关注”他人的最初动机也是接

① 彭兰，从社区到社会网络——一种互联网研究视野与方法的拓展，国际新闻界，2009（5）：87–92。

收来自于关注人的最新动态。因此，微博信息场景根本上也是基于内容的联结。同时这种基于用户“节点”的内容联结，在空间具有开放性的特征，没有明确的边界。

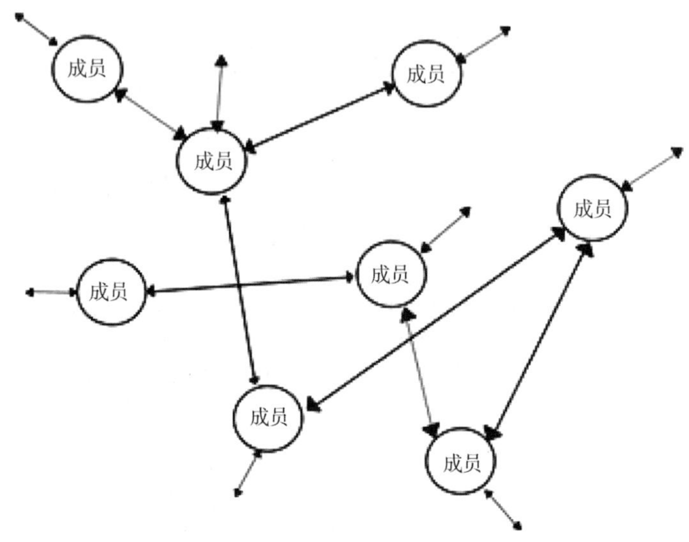

图6.2 微博社群的联结方式（改编自彭兰的链式结构图）

而作为即时通信软件的微信，自诞生以来便具有“关系”的特性。最早微信是通过关联添加通讯录好友以及QQ好友的形式，扩展了微信好友，因此微信的信息流动更具有私密性。基于微信平台的微信群，社群的联结同样具备了微信的熟人关系的特征，依靠人与人之间的联结组建起来。

微信群的组建过程，可以体现出“关系”的特征，且具有一定的群体边界。加入微信群具有一定的门槛，人际关系成为踏入这一门槛的钥匙。从入群方式来看，微信群的入群方式有两种：当群人数在100人以内，可以通过扫描群二维码直接入群，或者通过好友拉进群。在这一时期，微信群具有一定的开放性特征，可以通过扩散群二维码的方式，吸纳更多的人入群。当群人数超过 100 人，用户只能通过群内好友拉入的方式进群，因而人际关系在群的扩张中具有重要的作用。同时，这种滚雪球式的群体扩张方式，会使微信群中出现陌生人，随着微信群人数的扩张，在一定程度上降低了微信群的私密性，使之成为半私密性的空间。

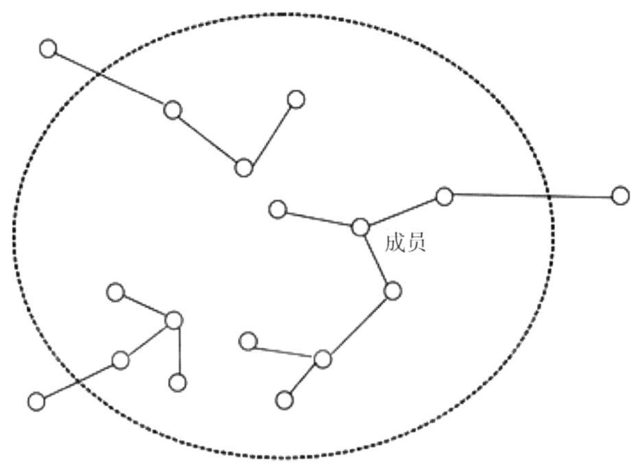

图6.3　微信社群的联结方式①

二、社群的信息传播模式

媒介场景的信息系统不仅受到人与信息联结方式的影响，同时信息的传播模式对场景中的信息流动也具有重要的作用。

发帖是论坛和贴吧主要的互动方式，也是主要的信息传播形式。

---

① 说明：结点代表微信成员，结点之间相连代表群内成员的关系联结，虚线圈代表微信群的边界。

论坛社群的帖子一般围绕一个主题或者内容中心进行，其他社群成员根据自己的兴趣进入帖子进行阅读和回复。发帖人被称为“楼主”，帖子的回复模式被称为“盖楼”。“盖楼”在空间上呈现为按照回复的时间先后顺序从上到下进行排列，因此信息是从高楼层向低楼层的单向流动，形成了由主题到评论、由上到下的信息层级传播，每一个进入此贴的人，都需要从上到下进行浏览。

与论坛社群不同的是，微博中对内容的获取是依靠人与人之间的联结，因此“节点”成为传播的重要因素，通过不同“节点”的联结，传播形成多级裂变的传播模式。博主发出微博，关注博主的粉丝通过转发、评论等方式，将信息传递给关注粉丝自己的人，在无数传播节点的“关注”与“被关注”中，更容易形成信息的“裂变”，互动与围观都可以在短时间内迅速扩大信息的传播范围，形成强大的传播效应。因此，微博社群并没有明显的群体边界，信息空间呈现出开放性的特征。

在微信群场景中，信息传播的最大特征是信息流的会话形式，并没有固定的轮回会话机制，微信群成员根据自己的时间与参与对话的意愿加入到对话中。微信群的信息模式是由一来一往的对话组成的，这样的会话形式呈现出对话的时间线性特征。这种信息流的方式，使对话的上下语境成为社群成员深入参与互动的重要线索。因此，微信群的群体会话逻辑是从一个细节转向另一个细节、从一个话题转向另一个话题，从而将更多的微信群成员卷入到互动之中，实现了多对一、一对多、多对多等多种的交流方式的融合，但群体内的信息流的会话方式，往往导致互动话题主题不突出、零散、易偏转。

三、社群的时空特征

梅罗维茨认为，以电视为代表的电子媒介打破了交往的物质地点，将不同的人群融合在同一的信息场景之中。梅罗维茨的情境理论是将现实场景与媒介场景进行组合与合并。信息的接收与信息的传播是同时进行的，例如电视直播，人们需要同时聚集在电视机前，共同关注直播内容，将共同观看直播的电视受众拉入到同一个信息环境中。

网络社群场景所依靠的互联网信息系统，信息的联结不仅打破了地域的限制，人们可以任意翱翔在网络世界中，还实现了身体在不同的网络虚拟场景中的穿梭。在论坛与微博社群场景中，帖子或者微博信息发布之后，其他社群成员回复与评论不受时间的限制，可以在深思熟虑之后回复，也可以直接选择忽略信息。因此，信息的接收与信息的传播不再受时间的影响，不要求必须同步，而是异步的，这就给予行动主体虚拟在场和虚拟不在场两种存在方式。同时，信息的延时传播也给予了行动主体一种调节行为的方式。

与论坛和微博相比，微信作为即时通信软件，在时间纬度上实现了信息互动的实时交流，在微信中信息传送是即时性的。从空间的层面来看，“移动”是微信的特征之一，微信用户可以身体同时穿梭于实体、虚拟的多个场景中，虚拟在线与不在线可以进行任意切换，将不同的交往场景并置在一起，从而打破了时间与空间对人的束缚。人们既可以在微信群中进行实时的互动，也可以此后通过刷屏“爬楼”的方式，延迟接收信息。微信会话是可以实时进行和异步进行的。因此，在时间与空间的不断切换中，微信使用者之间形成一种时空上的“共在感”。下表概括了3种粉丝社群场景特征对比：

	论坛	微博	微信群
信息联结方式	以内容为中心	以人为中心	以人（关系）为联结
信息传播模式	层级传播	裂变传播	线性传播
场景时空特征	延时性	延时性	延时/共时性

以上我们从信息联结方式、信息传播模式、场景的时空特征三个方面对论坛、微博、微信群三种不同社群场景的进行对比与分析。我们发现，论坛是以内容为联结、层级式传播的场景，微博场景是以人/内容为联结，具有空间的开放性和传播裂变的场景。这两种场景共同具有信息接收异步延时的特征，是以获取内容的空间呈现。与论坛、微博场景相比，微信群场景是一种更加复合性的社群场景。从联结方式上来看，微信群是熟人与陌生人场景的融合；从场景边界来看，微信群是开放与私密的场景融合；从信息的时空关系来看，流动性的对话同时具有共时与延时的特征。因此可将微信群场景特征概括为关系性、语境化、共在感等。

第四节　佳丽3000微信群

咖喱3000乐队成立于2016年，乐队成员是由人体蜈蚣乐队主唱、吉他手王梓，反光镜乐队主唱、吉他手李鹏，新裤子乐队、海龟乐队、郭顶的鼓手Hayato（日本籍），以及脑浊乐队贝斯手周金波[①]组成。他们所在的乐队成立时间都超过了 20 年，乐手本人也在独立音乐圈里享有一定的名气和声誉，并拥有众多的音乐爱好者群体。2016 年，“几个好朋友一拍即合”[②]成立了一个新的乐队：咖喱 3000，以朋克、旋律摇滚为主要风格。

乐队成立一年之后，2017 年 11 月 11 日，咖喱 3000 乐队首发第一张 EP（extended-play）专辑，引起广泛关注。

图6.4 咖喱3000乐队（图片摄影：南十凡）

11 月 14 日，咖喱 3000 乐队在摩登天空旗下的正在现场 App“闹现场”进行首次彩排直播和访谈。这或许是众多粉丝第一次看到咖喱 3000 乐队的日常排练：李鹏穿着红色的毛衣，斜挎着吉他，认真地抿着嘴，手指在琴弦上快速地游走；Hayato 跟随着架子鼓的节奏，把他那头极具个人特色的红色短发甩得模糊；大王子酷酷地拿着麦克风和记录歌词的纸，配合着大家倾情演唱；平时并不

① 周金波现已离队，现贝斯手为蒋晗，同时为海龟先生乐队贝斯手；后又有小提琴手刘小诚加入。

② 来自乐队主唱王梓的访谈。

爱说话的贝斯手金波，在和声处还特别调皮地唱起了即兴说唱。乐队排练直播期间吸引了大量的乐手粉丝关注。大批粉丝在网络中聚集，一边看乐队的直播一边发弹幕相互交流，同时还游走在各位乐手的微博下相互留言，在微博群中讨论着乐队成员的表现。

在微博群中有人提议组建粉丝微信群，以方便粉丝之间的交流。Hayato 的粉丝们率先行动起来，他们在 Hayato 的微博群中相互留了各自的微信号，并很快建了一个微信群，并把微信群二维码发在了 Hayato 的微博群和他们各自的微博中，方便让更多喜欢咖喱 3000 乐队的粉丝加入进来。随后，咖喱 3000 乐队的乐手们也通过微博相继进群。乐队成员 Hayato 回忆了当天建群的情况：

> 直播当天晚上有粉丝建了微信群，发在了微博里。那天直播算是咖喱 3000 乐队首次亮相，有这么多粉丝支持我们还建了粉丝群，挺高兴的，所以我也就加了，也把其他乐手拉了进去。

微信群的二维码也通过咖喱 3000 乐队官方微博发布，该群便正式成为咖喱 3000 乐队的官方微信群。在被正式认证为乐队的官方群之后，在乐手 Hayato 的提议下，将群名改为“佳丽 3000”，粉丝也拥有了自己独特的群体名称：佳丽。这样的粉丝称呼在独立音乐乐队中有些特别。

为了保证进群粉丝的“纯正性”，该群设置了入群的门槛：之后进群的粉丝要回答正确相应的问题才能进来，不能随便拉人。之后许多粉丝通过关注乐队微博或者主动搜索到了微信群的信息，再通过私信已经进群的人，回答正确问题之后陆续入群。入群的问题有以下 4 个：

1. 咖喱 3000 的成员；

2. 咖喱 3000 的介绍；

3. 咖喱 3000 的新专辑发布时间及专辑歌曲数量；

4. 昨天直播中的红毛衣身份。

对于入群门槛的要求，乐手 Hayato 认为设置微信群的入群规则是必须的，“这是咖喱 3000 乐队的群，我们并不想让杂七杂八的人进来，而是希望是喜欢我们，听我们歌的粉丝进来交流”。就这样，佳丽 3000 微信群体的边界就建立了起来，它建立在对乐队的基本了解之上，即使许多粉丝入群的原因是喜欢某一个乐手，但是对新乐队知识的了解是进入这个粉丝群体的必要条件。

佳丽 3000 微信群成为官方粉丝群之后，群主位置由乐队微信号接管。乐队微信号日常是由乐队成员和乐队经纪人轮流进行管理。佳丽 3000 微信群中，群成员之间并不存在上下级关系，人际关系建立在平等交流之上。从建立起始，佳丽 3000 微信群人数一直保持在 350 人左右，群最高人数达 430 人。截止到 2018 年 10 月 30 日，群人数为 330 人。

佳丽 3000 微信群的建立显示了微信群场景的关系性特征。通常这种由陌生人自发组建的粉丝微信群，入群方式有两个阶段和两种形式：当群人数在 100 人以内，可以通过扫描群二维码直接入群，或者通过好友拉进群，在这一时期，微信群具有一定的开放性特征，可以通过扩散群二维码的方式，吸纳更多的人入群；当群人数超过 100 人，用户只能通过群内好友拉入的方式进群，因而人际关系在群的扩张中具有重要的作用，在发展过程中嵌入了关系性。

佳丽 3000 微信群组建及发展的过程如图 6.5 所示：

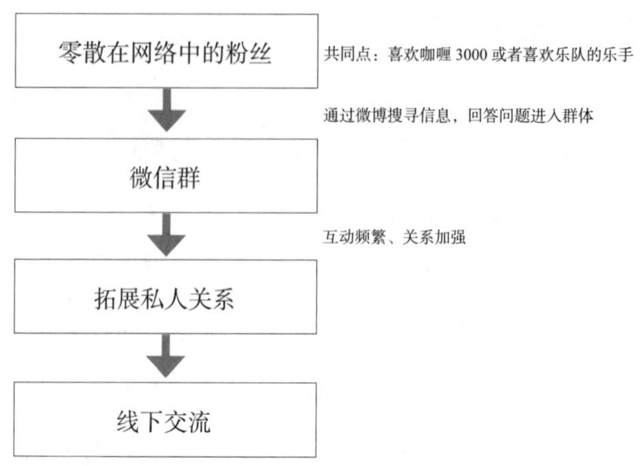

图6.5 佳丽3000微信群组建过程

从佳丽 3000 微信群的建立过程中，我们可以看到：粉丝们通过信息的搜索、微信群内部人员关系的协助下，从信息开放空间（微博）逐渐汇聚于微信群中，在这个过程中通过设置入群规则和对粉丝的要求，逐渐建立起了群体的边界。因此，可以看出，微信粉丝社群场景的建立是基于人际关系的联结，随着人员的进入，群体呈现出熟人与陌生人并存的特征，微信群成为一个半封闭半私密性的空间，具有一定的边界。

本章小结

正如詹金斯所说，粉丝是新媒介技术的最早使用者和推广者。随着互联网的发展，媒介告别了大众传播时代信息单向性的传播方式，也直接为那些具有相同兴趣、爱好的群体提供了一个相互交流互动的平台。尤其是对粉丝群体而言，网络为粉丝群体提供了更广阔的信息渠道，更丰富的信息传播方式，特别是“虚拟社区”的诞生，为粉丝提供了一个可以共享文化、自由表达和联系感情的空间，使粉丝告别了之前孤立、分散的状态。佳丽 3000 微信群便是在这样的媒介环境下涌现出的趣缘社群之一。

论坛、微博、微信群等不同的网络社交平台为粉丝群体构筑了不同的交往场景。论坛、贴吧在网页中以不同的内容板块所组成，其粉丝社群是以内容为中心进行联结，以发帖“盖楼”式的互动方式，在空间上呈现为按照回复的时间先后顺序从上到下进行排列，信息从高楼层向低楼层单向流动，形成了由主题到评论、由上到下的信息层级传播。以微博、豆瓣为代表的 Web2.0 社交平台以“关注”和“被关注”的形式将用户个人作为传播的“节点”建立与人和内容的联结，每个人都可以以自我为中心建立起自己的内容关系圈，在形态上呈现出“链式”的特征。链式的信息传播存在无数传播节点，更容易形成信息的“裂变”，形成强大的传播效应，因此，微博社群并没有明显的群体边界，信息空间呈现出开放性的特征。微信群具有突出的“关系”的特征，有不同程度的群体边界，信息传播的最大特征是信息流的会话形式，并没有固定的轮回会话机制，话题趋向日常化，实现了多对一、一对多、多对多等多种的交流方式的融合，导致互动话题主题不突出、零散、易偏转。

不同的媒介场景又塑造了不同的行为方式和角色。网络社群的联结方式、信息传播模式以及社群的时空特征都深深地影响着粉丝群体的社群行为与互动方式。

第七章

粉丝群场景对互动的影响

第六章主要从媒介场景演变的角度，探讨了粉丝群体在不同媒介中的形态特征。约书亚・梅罗维茨（Joshua Meyrowitz）在对电子媒介场景的研究中认为，媒介场景的变化导致行为的改变，不同时代的信息系统具有不同的特征。随着信息时代的发展，媒介日益渗透于日常生活之中，那么在网络社群场景下，不同的粉丝社群互动方式又有哪些不同？场景怎样影响了微信粉丝社群的内在互动？这些问题本章将着重进行探讨。

第一节　粉丝社群场景中的互动特征

一、论坛与微博粉丝社群场景中的互动

随着互联网的发展，粉丝的实践场所拓展至网络平台，粉丝群

体依托不同的媒介平台建立起粉丝社群，例如 Web1.0 时代的 BBS、贴吧、论坛、网站，以及 Web2.0 时代的微博、豆瓣等社交平台。互联网的发展，虚拟社群的形态也在发生变化，具有不同的特征。

论坛与微博粉丝社群构建起了不同场景特征的粉丝社群。论坛社群场景以内容建立起粉丝与粉丝之间的联系，粉丝多以论坛中帖子的内容为互动的中心建立起彼此之间的互动，层级式的信息模式使参与互动的粉丝不断卷入话题的讨论中，因此具有相对封闭的性质。微博场景是建立在以人为中心的内容联结，依靠“节点”的传播使信息的扩散呈现出裂变的模式，使微博社群空间具有开放性的特征。这两种不同场景特征的社群，在粉丝的互动中形成不同的互动模式。

（一）论坛场景互动特征：互动向等级的转化

论坛粉丝社群，信息交流的主要方式是通过社群成员发帖、评论、回复等形式实现互动。论坛粉丝社群为了保证粉丝社群中成员的忠诚程度和粉丝社群的活跃程度，设置了不同的等级与所拥有的权限直接挂钩，等级越高，拥有的互动权限越多，而增加等级与提高身份需要依靠经验值的积累。粉丝社群成员通过完成日程任务、积累经验值的方式，提升自己在粉丝社群中的位置。一般而言，粉丝社群经验值积累的机制包括：每天签到、发主题帖、回帖、投票等活动均可以得到相应经验值。因此，每日粉丝任务的完成程度直接关系到其在粉丝社群中的层级，级别的高低又限制了粉丝入会和参与粉丝社群活动的机会。粉丝社群通过这种制度，将粉丝群体划分为不同的等级，形成了“在线互动 - 积累经验值 - 等级身份和特权”的体系。

陈彧认为粉丝成员在内部展开的等级、身份、地位、话语权的追逐与博弈，体现了以 BBS、论坛为代表的虚拟社区空间结构。粉丝在贴吧社群中“在线互动”“经验值”与“等级身份与特权”三者可直接兑换和挂钩，导致了多数边缘群体和少数核心群体的金字塔结构，在粉丝社群内部则体现为粉丝身份的分层。粉丝要完成从社群边缘到中心的移动，需要花费大量的时间去参与社群的互动，完成每日的任务。逐渐地，贴吧内部形成了金字塔型的层级分化，底部是大量边缘粉丝，而在顶端的是少数粉丝，他们拥有更多的发言权、权威与声望。例如百度鹿晗贴吧，自 2006 年建立至 2019 年 3 月，关注人数有 3 503 206，发帖量达 47 576 604 篇。粉丝成员需要完成日常的应援活动，完成任务后方可积累经验值，获得对应的头衔和级别。百度鹿晗贴吧共分为 1 ～ 18 级，目前只有两位成员达到 17 级的经验值，45 位达到 15 级。67 200 人达到 13 级，而最基础的 7 级（7 级以上才有发帖权利）拥有 1 171 634 人，呈现出显著的金字塔等级层级。

（二）微博场景互动特征：信息场景的侵占

微博粉丝社群的互动以空间开放性、扁平化“链式”网络结构为特征。微博打破了论坛、贴吧以内容和话题吸引粉丝的社群联系方式，每一位粉丝以自我为中心通过 @、评论、转发、围观等互动方式直接与他人展开交往。黄雪亮认为，当前虚拟社区由空间型虚拟社区逐渐发展到关系型虚拟社群[①]。

---

① 黄雪亮、周大鸣，大社区、小世界：关系型虚拟社区的兴起——以新浪微博社区为例，青海民族研究，2016，27（4）：57-61。

开放空间、信息即时传播使微博成为明星与粉丝狂欢的广场，粉丝已经进入“造星的前台”。祝颖通过对易烊千玺粉丝群体的个案分析认为，微博的即时性不仅满足了粉丝第一时间了解偶像信息的需求，而且多媒体化的信息呈现方式使偶像的信息内容呈现更加丰富化[①]。粉丝们常常主动搜索偶像信息，永远追随在偶像最快、最新、最热资讯的路上。此外，粉丝们还通过微博热搜榜加入讨论，以及超级话题和话题标签的方式加入对偶像话题中的讨论中去。

在微博场景中，粉丝群体主要围绕意见领袖、热搜话题而互动。意见领袖（大V）因其拥有庞大的粉丝群体关注而具备广泛的传播能力，因此在微博传播中拥有重要的角色。热搜话题是微博重要的内容入口，根据话题在线讨论的人数多寡进行排序，热搜前50位的话题拥有强大的传播力和曝光量。

微博的回复都拥有点赞的功能，评论会根据点赞的数量多寡从上到下排列，这样的机制就导致被广泛点赞的内容就被推至评论的前排。粉丝群体充分利用这样的信息传播机制，一旦有大V发布与自己偶像相关的信息，粉丝们便依照微博站子的指示，聚集于有关明星信息的微博评论下，以控制评论、点赞的手段，将有利于自己偶像的评论与信息“顶”至前排。大量的有利于偶像的评论出现在前几屏，呈现出“霸屏”的现象，那些“异己”的声音往往被埋没在大量的好评之下，而很少被人看到。粉丝们以控评的方式，将“路人”强行拉到粉丝好评的信息场景之下，强制性地霸占信息场景。同样地，关于明星与偶像的微博热搜也可以采用同样的方式进

① 祝颖，新媒介时代粉丝群体的参与式行为实践研究，安徽大学，2017。

行升和降。粉丝以霸占信息场景入口的方式，维护着自己的偶像，帮助偶像扩大宣传、树立良好的形象。王策认为微博为粉丝“赋权”，在一定时间内的聚集会形成强大的舆论力量，给予粉丝群体之间与官方媒介话语之间“博弈”与“协商”的机会[①]。在微博开放空间中，加剧了粉丝群体之间的矛盾与冲突，微博势必会成为不同粉丝群体之间相互争夺话语权的场域。

除此之外，微博赋予了每个人平等的传播权利，每个人都拥有了展示自己的平台与机会。曾经只在媒介屏幕上新闻报道中出现的明星们也通过微博展示自己的日常生活，以往不曾表露在众人面前的后台行为前置，增进了粉丝对明星的了解，拉近了粉丝与明星之间的距离，同时明星也将微博作为宣传的平台，进行信息的扩散与传播。

二、微信社群场景中的互动：语境化的互动

微信作为即时通信工具，基于关系联结的信息即时传达是微信的最重要特征，因此文字符号与图像符号的传播是微信互动场景下核心的互动要素。微信群内的互动形式主要基于发送文字、表情包、小视频、群直播等微信群特有的功能，再加上微信群场景的信息流、共在性的特征，在粉丝群体的互动中形成了独特的互动方式。在此主要简单论述 3 种互动方式：接龙互动、表情包以及微信直播。

---

① 王策，网络时代“粉丝”受众对偶像文本的解读和传播，辽宁大学，2012。

首先，微信信息流的会话形式是所有互动形式的共同特征。微信群成员之间的互动是由一来一往的对话组成的，这样的会话形式呈现出对话的时间线性特征，从而使信息堆叠造成内容的混杂，对于群体成员来说，会造成一定程度的沟通困难与效率低下。同时，对话没有明确的轮回机制，导致互动话题主题不突出、零散、易偏转。在这种情况下，不利于群体组织信息的传递，微信群对话便形成了会话的补偿机制——接龙互动的形式。

其次，微信互动中存在大量的图像信息，不仅包括照片、图片、表情包，还包括动态的小视频，以及实时直播的群视频等形式。图像化的信息增强了互动的视觉化特征和信息的传递，补充了文字信息的不足。微信互动中，表情包的使用使互动更加形象，弥补了成员之间身体不在场的“副语言”的缺失。在微信场景中，对于表情包意义的解读需要还原到具体的上下文语境之中以及特定的群体场景中，因此微信场景的语境化对表情包的生产和运用起到了重要的作用。

此外，微信群直播将线下与线上互动进行融合。微信使用者可以同时穿梭于现实和虚拟两个不同的时空场景之中，“打碎了时空对立，呈现了时空交融、虚实结合的奇特场景，创造了人类一种崭新的共在感”①。微信群直播将线下活动与线上互动进行结合，使群体的互动在线上与线下穿梭，以一种新的方式定义了“地点”，使之更具现场感和共在感。

在微信群中可以进行文字、图片、视频、语音等互动功能，形

① 孙玮，微信：中国人的“在世存有”，学术月刊，2015（12）：45-50。

式更加丰富。微信群中丰富的互动方式，加强了群体凝聚的感觉，也拉近了群体成员之间的情感联结。微信群成员之间的图像与语音传播互动将“隐蔽的后台”展现在互动之中，无论是随手拍摄的小视频、实时进行的语音互动、同时共在的群视频，都将更深的后台行为展现在微信群成员的面前，更能展现出一个更为真实的生活样貌。这成为与贴吧、论坛、微博社群互动的重要区别。

第二节 佳丽 3000 微信群日常互动

不同社群媒介场景特征影响了不同粉丝社群的互动方式。胡岑岑在对百度《太阳的后裔》贴吧的研究中指出，现下粉丝在网络社区中的多种交流实践可以大致划分为信息性交流、情感性交流、生产性交流以及仪式性交流 4 种类型。这些交流实践在粉丝建构和维系网络社区的过程中承担着不同的角色，影响着粉丝个体的观剧体验、个人展演及认同建构[①]。作为粉丝社群的佳丽3000微信群，微信互动中同样具有这 4 种交流形式，那么粉丝交流怎样受到媒介场景特征的影响呢？本节将从共同在场、语境化的互动以及时空共在的仪式狂欢 3 个方面呈现微信粉丝社群中的互动特征。

① 胡岑岑，建构社区与制造快感：网络社区中粉丝的交流实践类型及意义，国际新闻界，2018，(3)：154–175。

一、共同在场的信息交流：日常聊天

（一）有关乐队 / 乐手的信息交流

亨利·詹金斯（Henry Jenkins）曾经引用法国理论学家皮埃尔·列维（Pierre Lévy）的“集体智慧”（collective intelligence）的概念，他认为“在互联网上，没有任何人知道所有的东西，但是每个人知道一些东西”[①]，人们通过协作的方式相互贡献。传统的粉丝群体研究中，粉丝们围绕着共同的偶像文本进行互动，形成粉丝社群。在粉丝的小圈子中，粉丝们超越了身份和地域的限制，在匿名的空间里围绕偶像文本进行互动。他们聚集在偶像的周围，分享偶像最新相关资讯。他们讨论共同感兴趣的话题、分享同一种感情，在共同话题和情感共鸣下寻求一种归属感。

乐队和乐队成员的信息是粉丝们最关注的信息，而群内关于乐队与乐手的信息，离不开乐手们的主动分享。因为乐队成员同时兼任不同乐队的乐手，所以成员巡演的次数多、行程紧密。每日乐手们都会通过在微信群中发语音、小视频、照片等方式，分享自己的日常行程以及在巡演过程中发生的趣事，无论是偶遇了大明星，还是发现了最新奇的事情，或是在巡演城市中吃到了当地美食，这都成为粉丝们津津乐道的话题，成为每日群里讨论话题的重点。因话题与乐手具有强烈的相关性，乐手也经常参与其中，与粉丝进行互动。

除此之外，媒介平台上关于乐队和乐手的视频、音频访谈，也

---

① ［美］亨利·詹金斯，文本盗猎者：电视粉丝与参与式文化，郑熙青译，北京：北京大学出版社，2016：134。

成为粉丝竞相讨论的话题。访谈中出现的关于乐手的“知识点”常常是粉丝们了解乐手喜好和过去经历的来源。例如：“Hayato 为什么要来中国发展？”“Hayato 是因为什么开始学习打鼓的？”“李鹏的儿子是哪国的混血？”“李鹏老师的红毛衣是谁送的？”“金波最喜欢的球队是哪一支？”“为什么称大王子为‘世界之王’？”等。对于这些关于乐手的“小知识”，粉丝中资历较深的粉丝，常常会担任起普及的重任，当群里有粉丝不是很清楚或说错的时候，他们会站出来直接指正，或是在群内进行“补课”与讨论。

（二）音乐爱好者的知识分享

音乐不仅仅是美学上的感受与创作，还涉及对音乐历史和文化的了解。每个人都有自己不同的实践音乐的方式，每个人喜欢音乐的风格、乐队也有所不同。这种差异化给群体带来了相互学习音乐知识的途径和方式。

乐手也在群体互动中起到了重要的角色。作为群里最有音乐资质的“圈内人”，充当了传播知识与经验的角色，相对于粉丝，他们处于中国独立音乐历史旋涡的中心，也见证了独立音乐发展的历史，作为一些经历的参与者，他们从第一人称的视角还原当时的情景，也有更多的了解和感触。无论是 20 世纪初的“无聊军队”，还是国外最新的音乐流派和音乐风格的发展，乐手们对音乐知识的普及，都为粉丝们的音乐生活打开了一扇门。

一日，有粉丝发到群中一篇关于 joyside 乐队的微信推文，乐手们看到后便开始了还原当时情景的讨论。

丫头：joyside 乐队在无名高地（北京著名 Live House）

的那场演出我就在现场，当时大家都是去看joyside的，根本没有人知道谁是五月天（中国台湾著名摇滚乐团），五月天也是被joyside震撼到了，当时在场都不敢出声的。

大王子：当时那场才……30块钱吧！

李鹏：当时谁不知道joyside啊，但是你看joyside现在已经解散了，五月天成摇滚天团已经全球巡演了。

丫头：嗯 现在无名高地也没了。

除了有关音乐话题的日常分享外，为了把音乐分享的形式固定下来，咖喱3000乐队成员每人每周推荐1～2首自己喜欢的或者对自己意义重大的音乐，由乐队经纪人进行汇总和整理，并借助网易云的歌单功能和咖喱3000乐队的微信公众平台，将歌单提供给粉丝欣赏。粉丝也因而了解到了很多音乐知识，扩大了对相关音乐的了解。除此之外，粉丝们也会把自己听到的喜欢的歌曲发到群中，在相互讨论中寻找音乐喜好的共鸣。

图7.1 咖喱3000乐队在网易云音乐平台上的歌单

（三）日常生活闲聊

聊天一般指两三人之间的交谈，这种交谈没有明确的方向，既不是想就一个问题达成共识，也不是想取得某种结果，所以聊天是最容易被忽视的日常活动。在电话发明之前，聊天是面对面的交流活动。电话打破了空间的距离，使人与人之间的交流不受空间条件的限制，跨越距离的障碍为人们带来了聊天的机会。移动互联网的发展，聊天成为碎片化生活最有代表性的体现，无论任何时间、任何地点，只要有话题，都可以通过手机与人进行交流。作为一种每日重复的交流，看似无意义的微信日常聊天，却将群成员的生活联系在一起，成为人际交往的“中介”和“润滑剂”。

在佳丽 3000 微信群日常生活的闲聊中，粉丝们寻找着彼此哪怕是一丁点儿的相似点，并放大这种共鸣，激发出关于群体的共在感。“云旅游”“云喝酒”“云吸猫”“云睡觉”……组成了群日常生活中重要的生存方式。

例如每日接近中午时刻，一个外卖分享链接发在群里，拉开了午餐时刻的序幕，也开启了每日的美食共享话题。粉丝们在群里询问着今天中午吃什么的“人生终极问题”，“话音”未落，各地粉丝们纷纷发来自己正在吃的美食，一边分享着自己的美食经验：什么东西好吃、怎么做，自己的饮食嗜好是什么，等等，一边回复“云吃”，共享着其他“佳丽”们的美食。有时在照片里隐约出现的 iPad 中电视剧画面，都会继而成为下一个讨论的话题：

> 阿东你在看《延禧攻略》，可好看了！
>
> 我好喜欢吴谨言啊！
>
> 她演的《皓镧传》也可好看了！
>
> 对对对，聂远也在这部剧里，我看了好几遍。

就这样大家你一言我一句，聊天的话题不断地扩展，一个话题永远指向下一个话题。共享美食并不是最主要的目的，粉丝们在这样的互动中相互寻找着彼此之间的默契和话题，共建着对群体情感的联系。

群内聊天话题不断也与群内成员身份的异质性有重要的关系。佳丽们来自全国各地，从事着不同的行业，拥有着不同的身份，日常生活习惯与经历有着一定程度的差别，这也是激发群成员之间互动的原因。

> 大家来自全国各地，有些奇奇怪怪的饮食或者经历是我平时没有遇见过的，（我）对这些也挺好奇的，看他们分享这些，我可以看到大家不同的生活。有次梁弋蔓分享她在新疆的生活，新疆真的是太漂亮了，我一直想去，但是一直没有去。她还在群里分享了去新疆玩的一些攻略，我都收藏了，之后可以用得上。（阿左）

佳丽群中的“云”生活不仅仅是分享日常中吃喝玩乐以及生活中的琐碎，而是在零散的、漫不经心的、只言片语的群体聊天中，共享着彼此的生活，构筑着彼此的联结，将群体成员零碎的日常生活拼凑成一副群体的图景。

二、语境化的图像生产互动：表情包

从 1982 年人类第一个 ASCII 字符表情“：-）”诞生之日起，随着网络的发展，从 Web1.0 的日本颜文字，Web2.0 的 Yahoo Messenger 彩色脸谱、Emoji 表情系列、QQ 表情，再到如今的表情包文化的诞生和发展，虚拟表情经历了从知觉到视觉、从字符到感官的转变[①]。

在以文字为主要交流方式的电子交流空间内，因交流双方身体的不在场，参与对话的双方/多方无法直接观察到交流中的表情、肢体、体态、眼神等“副语言”，双方的交流与互动失去了重要的视觉线索，因而无法即时获得视觉上的情感反馈。表情包在弥补了视觉上不足的同时，也补充着对文字表达的不足，是一种“身体述情”。同时，从身体与空间的关系上看，表情包让互动双方突破了地理空间的限制，重新获得身体在场的权利[②]。

表情包的传播单位被称为米姆（meme），或者模因、谜因等，意为被模仿的东西，由英国生物学家理查德·道金斯（Richard Dawkins）于1976年出版的《自私的基因》中提出。道金斯认为，米姆传播过程其实就是语言、观念、信仰、行为方式等的传递过程[③]。米姆通常由一系列的文本素材组成，但并不是病毒传播似的简单复制，而是通过人的加工、创造并赋予意义的过程，米姆更多地体现了用户主动性、创造性和参与性[④]。

粉丝们疯狂地收藏着关于偶像的图像资源，静态的包括照片、写真、宣传照等，动态的主要指视频，音乐MV、现场视频或者直播中的面部表情、姿态动作等，这些图像资源都是重要的表情包生

---

① 刘汉波，表情包文化：权力转换下的身体述情和身份建构，云南社会科学，2017（1）：185–190。

② 同上。

③ ［英］理查德·道金斯，自私的基因，卢允中等译，北京：中信出版社，2012：237。

④ 郭小安、杨绍婷，网络民族主义运动中的米姆式传播与共意动员，国际新闻界，2016（11）：54–74。

产的原料。乐手表情包多是以“图片 + 文字”或纯文字两种形式组成，内容呈现多以乐手的照片或者是乐手群语音翻译成的文本为材料，配之以网络流行语或者符合语境的语言。“图片搭配有助于话语的视觉形象结构，简洁口号有利于视觉形象理解与认知”[①]。粉丝社群内的互动可以分解为粉丝之间通过传递与偶像有关的符号元素，促进形成共享关系，同时还需要传受双方在符号解释项上达成共识，以便通过意义共享建立相互理解的关系。

粉丝们的表情包创作是情感表达的重要形式，粉丝将乐手们的图像进行加工，并配上符合图像的文字，组合成新的叙事场景，做成静态或者动态表情包，满足了粉丝的创造性和表达情感的需求。乐手表情包在粉丝群体中传播，凝聚了群体的感情。由咖喱乐队群粉丝所创作的乐队 / 乐手表情包主要表现为 3 种特点：语境化、情感性、群体性。

1. 语境化

乐手的表情包大部分是基于群内互动的图像生产，即在聊天中即刻生产的表情包，这些表情包在互动的当下充当了一种语言的补充和情感上的强调，丰富了群内互动的趣味性。表情包可以收藏、转发和保存，有些乐手经典的表情包常常被粉丝们保存，在不同的场景加以复用。复用的方式有二：一是基于表情包上的文本的含义，在新的语境中的使用，表达的含义只是文本本身；二是基于表情包上乐手形象的在场，表情包的使用是代替乐手本身，在语境中的复

① 汤景泰，网络社群的政治参与与集体行动——以 FB“表情包大战”为例，新闻大学，2016（3）：96-101。

现。随着不同语言场景的变化，同一表情包的使用在不同的语境中拥有新的意义所指，而且表情包也可以作为之前语境的重现与强调。

2. 情感性

粉丝们往往以一种调侃或恶搞的形式来制作有关乐手的表情包，这样拉近了乐迷和乐手之间的关系。在将表情包从完整的影像语境中分裂出来，并重新拼贴与阐释的过程中，也将乐手“高高在上”的地位进行了解构，重构了乐手与乐迷之间的关系。正如米歇尔·福柯（Michel Foucault）所言，话语与权力是一种辩证同构关系，通过话语特有的实践形式又赋予权力新的内容。作为网络聊天符号所构建的语言体系，表情包赋予了制作者和使用者一种话语权力，这种话语权力对打破“粉丝－偶像”二元关系具有十足的力量。这也是粉丝对乐手关系的一种表达方式。

> 群里一有他们的照片什么的，就忍不住想要去做（表情包），很有趣呀，比如当时他们在聊一件特别平常的事情，丢个表情包，气氛立马就会变，他们的表情很丰富，做一个表情包可以用来调侃他们一下。（文雯）

> 表情包不像打出来的文字，有同样的意思但比较形象，如果你发文字就体会不出来，但是表情包就比较形象和婉转。如果我想开乐手一个玩笑，用文字和表情包是不一样的，用表情包就不用很担心玩笑开过了。比如我用文字说“请你离开”和我发 Hayato 伸手请人出去的表情包，表情包会更轻松一些，大家就当作是一个玩笑，不会太较真。（小杨 r）

3. 群体性

乐手表情包作为一种群体符号，其背后所深藏的意义也只有在佳丽3000粉丝群里的粉丝才能明白。在这种共享的符号意义中，建构了咖喱作为群体的认同感，也以此建立了群体话语的边界，就像新垣结衣所描述的：

> 乐手的表情包有时候就是一个梗，是需要你懂表情包背后的意思的，有时候我在群里用一个表情包，比如说李鹏老师头顶被涂绿的那个，需要大家知道这个是因为大家调侃李鹏老师的红毛衣需要配上绿色才完美，于是才有了李老师“绿”色头发的表情包。这些背后的含义如果不是这个群里的人，估计很少会有人知道是什么意思吧。

同时，语境化的表达使表情包往往只有粉丝内部成员才能相互理解。正是由于乐手表情包的场景性、情感性和群体性，乐手表情包的传播范围主要在粉丝社群中和粉丝之间传播。

> 我平时使用主要还是在群里，还有跟我比较近的朋友之间，我闺蜜虽然不粉他们，但是我经常跟她分享他们的一些信息，她也大概懂表情包是谁或者是什么意思，其他人（非咖喱群）我也不会发。（新垣结衣）

> 我觉得，咖喱的表情包，其他的场景可以用其他更……合适的表情包代替，毕竟聊天的对象不一样，可以选择的空间也多。（阿左）

三、时空共在的仪式狂欢："云直播"与"云 pogo"[①]

仪式被认为是作用于特定场合的一套规定好了的正式行为，其意义在于能够"激发、维持和重塑"群体生活，能够使"每个集体成员都能感受到，他们有着共同的信念，他们可以借这个信念团结起来"，从而形成一个共同体[②]。

贯穿线上与线下场景的乐队巡演直播，是集体仪式生活的体现。迈克尔·波拉尼（Michael Polanyi）1958 年在《个人知识》中提出了"场"的概念[③]。简单地说，"'场'就是人们在共同参与、有意无意地相互观察、相互交流、相互了解、共同合作、共同体验所形成的无形的圈子，网络社区就是交流信息和知识的'场'"[④]。咖喱 3000 粉丝们直播"云现场"和"云 pogo"的微信群便是粉丝们实践的"场"。分散在全国各地的粉丝们，同步或异步地通过微信群场景的时空共在，实现了在"场"的集结，实现了"共同在场"的群体体验。

这种体验一方面让粉丝感受到一种"在场"和"参与"的仪式性快感；另一方面，通过与其他粉丝的类同步交流，粉丝之间建立

---

① pogo 指的是听音乐现场时听众的身体随着音乐摇摆，并与他人进行不冒犯的身体接触，在这里可以理解为远程直播的自我狂欢。

② 胡岑岑，建构社区与制造快感：网络社区中粉丝的交流实践类型及意义，国际新闻界，2018，(3)：154–175。

③ [英] 迈克尔·波拉尼，个人知识，许泽民译，贵阳：贵州人民出版社，2000：140。

④ 陈远、倪超群、邹晶，网络社区信息传播的相关理论述评，图书情报知识，2008 (2)：23–26。

起一定的情感联系和对社区的认同，从而强化了网络粉丝社区这一“想象的共同体”[①]。

在咖喱3000的微信群中，最让粉丝们期待的就是乐队巡演。2017年12月10日，咖喱3000作为暖场嘉宾在北京MAO Live House进行了首场演出。

图7.2 咖喱3000演出现场（图片来源：DVD@404NOTFOUND）

消息提前发出去好几天，群里的“佳丽”们便开始商量着如何一起前往北京观看现场。

> 当时我就在群里问了一下，有谁会去现场吗，贝卡、糖豆先生立马就回应了。因为我在天津上学，离北京也不是很远，所以时间不是很有压力。后来贝卡、糖豆先生拉上子怡，后来丁丁和易燃在群里说也要去，于是我们就相互加了微信，约好见面的时间。（璇）

① 蔡骐，网络虚拟社区中的趣缘文化传播，新闻与传播研究，2014（9）：5-23。

这样分别来自北京（贝卡、糖豆先生、子怡）、天津（璇）、河北（丁丁）、山西（易燃）等地的粉丝迅速联系起来。

因为这次演出主办方没有直播，所以那些无法到现场的粉丝们只能寄希望于可以去现场的人，希望可以在咖喱3000演出的时候“云现场”“云pogo”。准备去现场的璇主动提出帮大家直播，没有办法去现场的粉丝纷纷给璇发来红包，“众筹”直播流量的资金。

> 群里大部分都不是北京附近的，所以很多人都表示很羡慕我们，这场算是咖喱的首场演出，也是想给大家一个共同见证的机会。（贝卡）

> 为了给群里的佳丽们直播，我专门下了花椒直播，还买了全天不限流量的套餐。群里好多粉丝争着说要给我众筹帮我报销，其实那真的没有多少钱，我也没有收，但是大家这么有心真的是很有爱了。（璇）

巡演当天，12月10日0点刚过，群里粉丝便开始了倒计时：“离咖喱3000首演还有20个小时！”此后的每一个小时，群里的粉丝都会进行时间倒计时，提醒着所有“佳丽”们一起迎接咖喱的首场演出。下午去北京参加演出的面基小分队成功汇合后，在群中发来照片和视频，正式拉开了“云现场”的序幕。粉丝们在群里讨论什么时候去演出地点，要不要提前吃饭，怎样才能和乐手们合影等话题，这时乐手们也出现在群里，发来了他们正在收拾行李的小视频，并且嘱咐大家演出开始的比较晚不用去太早。

晚上19点59分，粉丝在群里开始倒计时，演出即将开始。璇把自己开的直播频道链接发在群中，大家一边看直播，一边在微信群里互动，一起“云pogo”。每结束一首歌，都会有粉丝把直播中完整的视频录屏保存，发到群中提供给大家收藏，也让当下没有时间看到音乐现场直播的粉丝可以之后欣赏。

在直播结束之后，在场的几位粉丝们与乐手合影并分享到了群中，为了表达共享一同参与了咖喱3000的首次巡演，全国各地的粉丝们相互协作，纷纷把自己的头像P在了合影上，一位粉丝P完之后发在群里，下一个再继续P，就像接龙一样，把合影P得满满的。

图7.3 现场粉丝合影及群内粉丝“云”合影

> 其实那张合影最后被P得面目全非，哈哈。但是那照片真的是一个一个头像P上去的，之前大家相互并不认识，P照片的时候所有人都能看到，诶，新加的这个头像原来是你呀，诶，这个小姐姐真漂亮，就一句句的熟了，你看到一张张面孔的时候，感觉是真实的。（新垣结衣）

每次咖喱巡演，这样的“云现场”都会准时出现在群中。在这样身体虚拟在场的互动，佳丽们拉近了群体之间的心理距离，在这样的集体仪式中，凝聚了群体的感情，留下了属于自己的集体记忆。

共享仪式对于创造和维系一个社群并强化个体的归属感十分重要，通过象征符号的表演、集体记忆的再现、在场体验的共享方式，产生强大的社群整合力量，创造强烈的群体认同感和归属感。通过共享仪式，粉丝们凝聚成一个具有内部核心和外部边界的整体性结构。

微信场景的共同在场特征，支撑了佳丽 3000 微信群中的群体仪式的实现，重塑了群成员对生活的秩序感；集体仪式的“狂欢化”，强化了群体的凝聚力和稳定性，加强了粉丝对群体的认同感和归属感。微信群仪式性的交流，强化了佳丽 3000 粉丝社群“想象的共同体”。

本章小结

不同的粉丝实践场景形成了不同的粉丝互动方式，粉丝群体在论坛、微博、微信群三种不同的媒介场景中建立了各具特色的互动方式。

论坛场景下，为了保证粉丝社群中成员的忠诚程度，粉丝社群设置了不同的等级，并与所拥有的权限直接挂钩，等级越高，拥有的互动权限越多。通过这种制度，粉丝群体被划分为不同的等级，形成了“在线互动－积累经验值－等级身份和特权”的体系和金字塔型的层级分化。

微博粉丝社群的互动以空间开放性、扁平化“链式”网络结构为特征，粉丝以自我为中心直接与他人展开交往，粉丝已经进入“造星的前台”。粉丝们以控制评论、点赞的手段，将有利于自己偶像的评论与信息“顶”至前排，微博成为不同粉丝群体之间相互争夺话语权的场域，粉丝与明星的距离也被极大地拉近了。

媒介场景的变化诞生了微信独特的语境化的、时空共在的互动形式和社群文化。接龙互动、表情包、微信直播促成了微信交流的共在感、现场感和形象感。在日常性及仪式性的互动中，佳丽 3000 粉丝们通过语境化的象征符号展演，逐渐培养出粉丝群体强大的、具有向心力的群体意识，并加强了群体内的认同。

第八章

粉丝社群场景对群体角色的影响

媒介通过改变各类社会人群所接触的场景类型，改变对各种不同角色的认识。不同的粉丝社群场景特征，不仅影响了社群成员的互动模式，互动模式不断形塑了不同的群体角色与粉丝和明星之间的角色关系。那么与其他粉丝社群场景相比，微信粉丝群场景构筑了怎样的粉丝群体角色？微信粉丝群场景的粉丝与粉丝之间、粉丝与明星之间的角色关系又有了哪些变化与不同？本章将着重讨论这些问题。

本章将从粉丝群体内部、粉丝群体与明星两个方面分别考察粉丝社群中的角色关系，以及社群场景对群体角色的影响。首先从对比的角度考察不同粉丝社群中粉丝角色关系，突出微信粉丝社群群体角色的特征；其次从角色过程的角度考察佳丽 3000 微信群中粉丝与偶像角色的变化过程，探讨在微信群的互动场景中，明星与粉丝之间的角色发生的变化。

第一节　粉丝社群内部角色特征

不同的媒介场景特征影响了群体之间的互动形式与内容，同时也在不断地互动之中影响了群体的角色关系。在论坛、微博、微信群这 3 种不同的粉丝社群中，粉丝之间的角色、粉丝与明星之间的角色特点是怎样的？场景对群体之间的角色形塑又有怎样的影响？以下分别从 3 种社群进行阐述。

一、论坛社群内部角色：规则管理与分层

正如前面所总结的论坛场景特征，获取内容是粉丝群体聚集在论坛里的重要原因。论坛使用者进入论坛社群场景中，通过浏览、评论、发帖等形式进行内容互动。一般而言，粉丝不需通过登录也可以在论坛进行部分内容的浏览，若需获取多信息内容或者互动则需要以登陆 / 注册的形式进入场景。对于大部分论坛，粉丝登录之后都可进行评论，但发帖则需要更多的经验值和等级。与发帖相较之下，评论互动的门槛相对比较低，评论信息质量参差不齐。

为了保证粉丝社区的交流秩序、群体的高度集中与粉丝群体的凝聚力，论坛与贴吧粉丝社群具有十分明确的互动规则体系。在互动规则上，删帖规定、帖子分类要求及规定、帖子违规处理和加精华标准都有明晰的要求。这些要求，一方面保证粉丝社区内容生产的高质量，对发帖规则、回复规则，包括对字数的限制、图片的数量与质量均有要求；另一方面禁止无效信息对优质内容的稀释与干扰，粉丝贴吧社群一般都要求不得在贴吧进行灌水、回复重复内容

的“刷楼”等行为。这些规则是粉丝社群在长时间运营过程之中总结的，在实际操作中，管理员的身份具有强大的权利，需要人为地判断信息质量，对论坛的信息进行把关。对于违反论坛互动规则的人。论坛管理员可以自主选择进行删帖、处理；对于严重违反论坛规则的粉丝，管理员可以给予禁言的处罚。因此，在论坛社群中形成了“管理者 – 普通粉丝”的管理与被管理的角色关系。

在论坛粉丝群体内部也形成了一个相对稳定的管理组织，在运营与管理上已经具有相当成熟的经验。明星贴吧不仅分为总吧，还会根据不同的地区成立分会吧。贴吧内部管理由总吧统一进行管理，总吧统一发起与组织日常活动，各分会同时执行。贴吧内部根据不同的职责进行分工，分管美工、图文、翻译等不同的职责，形成了严格的内部管理等级。在日常运营维护中逐渐形成了“贴吧运营团队 – 核心粉丝 – 普通粉丝”的等级分层关系。潘曙雅通过对《来自星星的你》贴吧的研究发现，个体粉丝对稀缺资源的掌握关系着群体的等级与稳定，社群中的管理者（贴吧吧主）通过删帖、封锁的形式控制信息传播，维持原有的权力分层[①]。论坛管理者与粉丝社群运营团队角色重合，与核心粉丝一起在社群中充当了意见领袖的角色，掌握着信息传递中的话语权。

① 潘曙雅、张煜祺，虚拟在场：网络粉丝社群的互动仪式链，国际新闻界，2014（9）：35–46。

二、微博社群内部角色：意见领袖与围观

在微博这种开放式的公共空间中，粉丝群体从论坛社群的封闭圈子中走了出来，逐渐进入大众的视野中。微博社群场景所具有信息的传播与接收的开放性、互动性的特征，在一定程度上消解了粉丝群体内管理与被管理的等级差异。微博以结点联结的特征使意见领袖在微博传播中具有重要的作用。微博意见领袖具有庞大的关注群体，以人为节点的裂变信息传播，使其具有强大的信息扩散能力和传播能力。因此，在粉丝社群中表现为广大的粉丝群体对微博意见领袖（娱乐大V、微博站子）的关注与追随，在传播上体现为中心集中与开放边缘的结构。

粉丝群体内的重要意见领袖是经过微博平台认证的微博明星应援站，简称站子。站姐利用微博平台作为为偶像宣传的站点，并成为广泛粉丝群体追随的焦点，站子担任了自发组织、收集、发布明星最新的动态、组织粉丝活动、引导粉丝舆论、为明星进行打榜应援等职责，同时具有十分明晰的分工和安排。微博站子拥有核心的管理团队，规模成熟的明星应援站子，需要拥有十几到几十位具有丰富追星资历的粉丝作为工作人员，自愿为粉丝社群进行管理和运营工作。与贴吧相似，一个明星站子包括多种不同的组别，不同的组别负责不同的站内事务，分工十分明确。站子的组别一般分为：美工组、管理组、周边组、打投组等。除此之外，根据不同类型的明星还有不同的组别设置，例如前线组、翻译组、搬运组等。微博站子是粉丝群体中的核心，承担了明星资讯传播、树立明星形象、维系粉丝群体、公共关系等职责，可以说微博站子就是微博粉丝群

体的“指挥部”。

微博的开放性特征使粉丝社群的边界变得难以确定，任何人都可以通过关注和搜索的方式关注微博站子，了解到明星的资讯动态。因而围绕微博站子，存在着大量的粉丝群体，他们时而追随明星以及与明星有关的话题热点，参与明星超级话题中的互动；时而跟随微博站子了解活动资讯；时而只是站在外围进行围观吃瓜，具有很强的流动性特征。在拥有明星资源上，在粉丝群体内，核心微博站子是传播的核心据点，但更多的是外围粉丝们对明星话题的“参与”“跟随”与“围观”。

三、微信群社群内部角色：流动性角色与扁平

与论坛、贴吧等粉丝社群不同的是，微信群是一个群体内信息敞视的场景，对群体成员的信息开放，群内信息发送与接收都具有平等性，微信群中无论是粉丝还是乐手还是粉丝，任何人都可以看到群成员在微信群中发送的信息。微信群成员出于共同喜爱和自愿的原则聚集在一起，粉丝群体之间较为平等和自由，所以和其他管理与被管理形式的粉丝社群相比，在群内角色上具有去等级化与去中心化的特点。

在微信群组建过程中，依旧存在一定的先赋角色。群主是在微信群诞生之日起便存在的角色。微信群的群主是主动发起、建立微信群的人，往往具有较为强大的人际关系和主动承担管理群体的责任、义务的意愿。佳丽 3000 微信群最初是由粉丝们建立起来的，以方便粉丝们日常进行交流。后来随着乐队成员相继入群，佳丽 3000

微信群由原来单纯的粉丝社群转变为明星－粉丝社群，微信群内信息传播需求也发生了变化。例如，作为乐队的粉丝微信群，乐队日常信息发布和事务的通知，无法有效地通知到全员群体，而是需要先告知群主，再由群主@全员进行通知，这样的信息传播效率较低。因此，佳丽3000微信群进行了群主易位，将群主转移至乐队的微信号进行管理。

乐队微信号日常由乐队成员或乐队经纪人轮流进行管理。乐队微信群主的日常职责主要有：在群内通知有关乐队的事务，例如巡演信息、媒体访谈、乐队公众号更新、乐队周歌单更新等信息；群成员的管理，例如粉丝入群管理、粉丝建议的征集、投票等。乐队微信号成为代表乐队统一对内和对外进行沟通与宣传的形象，但是在日常生活中，这一角色几乎不会干涉粉丝之间的互动，只是作为事务性的角色出现，群主角色与微信群内成员之间没有等级之分。

其次，由于微信群场景内对话机制呈现出信息流的形式，话题分散且很难形成话语的核心，因此在微信群的互动中，会形成一些流动性的角色。粉丝之间以自组织的方式、自愿共享的原则相互协作，形成一种特殊的流动性的角色："课代表"。因微信群内粉丝众多，有乐手参与互动时，群内发言踊跃，一个小时之内微信信息数就可达几千条，而微信群聊以信息流方式的消息呈现，对话长且话题零散，爬楼往往成为一件相对耗时的工程。"课代表"为了方便没有时间进行爬楼的粉丝即时了解群内的话题信息，将一段时间内（一般是半天内）大家讨论话题的重点进行总结成一段文字，包括话题主题、话题核心内容等。"课代表"的角色并不是固定的，是粉丝们自发自愿承担起的责任，因而角色具有流动的特征。有时候昨天的“课代表”有事，没有即时出现在群里，其他的粉丝便会主动承担这个角色。

图8.1 流动的“课代表”

佳丽 3000 微信群与其他形式的粉丝社群相比，由于内部成员成分的差异，粉丝在内部并没有形成核心管理角色，粉丝之间更是一种平等、自愿、共享、协作的共处模式。乐手相对成为微信群互动中的话题主导者和引导者，在互动层面形成了核心乐手 – 粉丝的模式。与微博不同的是，这种模式是在双向互动中形成的。在微信群中，粉丝们的大部分话题围绕着乐手展开；乐手的出现，会打断群内粉丝正在进行的话题，出现话题的偏转和转移；同时，粉丝们积极投入到乐手发起的话题讨论中去。由此可见，在微信群的日常互动中，乐手在一定程度上处于互动的核心位置。但是，明星与粉丝之间的互动是否加剧了明星 – 粉丝的二元关系？还是又有新的变化？下一部分将从过程性角色的角度进行分析，微信群内的互动对乐手和粉丝的角色转变产生的影响。

第二节　粉丝社群外部角色关系的变化

一、论坛与微博场景中粉丝与明星的角色关系

明星是伴随着大众媒介的发展而日益被人们广泛关注和熟悉的，在一定程度上可以说大众媒介对于明星群体的发展具有重要的、不可或缺的作用，他们为荧幕而生、为关注而生。电子媒介改变了以往人们亲临现场才算经历现场所发生事情的必要条件。通过电子传播媒介，粉丝们可以通过电视、广播等媒介收听观看明星的作品、了解明星资讯。

媒介的发展带来新型的人际关系。大众媒介信息是单向的，但是媒介提供了荧幕表演者的图像信息，“对表演者对反应场景类似于原始群体中表演者所处的场景。认识相隔最遥远和最著名的人，就如同他们是我们朋友圈里的人[①]”。1956 年心理学家唐纳德·霍顿（Donald Horton）和 R. 理查德·沃尔（R. Richard Wohl）称之为“准社会交往”（Para-social Interaction）[②]。他们用这一概念来描述媒介使用者与媒介人物的关系，即某些受众特别是电视观众往往会对其喜爱的电视人物或角色（包括播音员、名人、虚构人物等）产生某种依恋，并发展出一种想象的人际交往关系，受众觉得他们“认识”

---

① ［美］约书亚·梅罗维茨，消失的地域：电子媒介对社会行为的影响，肖志军译，北京：清华大学出版社，2002：113。

② Horton，D. and Wohl，R. R.，“Mass Communication and para-social interaction”，*Psychiatry*，1956（19）：215-229.

在电视上“遇到”的人，并且时刻伴随着他们。这就有力地解释了为什么大众明星去世或者遭受不测，无数的人感到失落与难过。20世纪70年代，“准社会交往”的理论概念经丹尼斯·麦奎尔（Denis McQuail）等人的研究开始进入大众传媒研究领域。近年来，准社会交往更多地转入对名人和电视角色的研究，最突出的是名人崇拜和追星研究[①]。一些学者们如麦奎尔运用“使用与满足”理论，揭示准社会交往的替代性功能，一些认为准社会交往源于受众与传媒人物普遍的情感联结[②]。

网络媒介的发展，信息的易得性使明星各方面的信息唾手可得，明星信息全方位侵入到粉丝群体内，那么粉丝与明星之间的角色关系是否因此发生了变化呢？在网络时代，粉丝接收明星信息的渠道更为广泛，种类更加丰富，照片、音频、视频等内容不仅可以在线观看，也可以下载保存，不仅可以与其他粉丝进行分享，也可以根据自己的意志进行剪裁和拼接。但是本质上来说，明星依旧是存在于大小屏幕中的媒介图像。

论坛场景是存在内容偏向的，场景的联结机制是非关系性的，互动的机制相对缺乏，因此很难在论坛看到明星与粉丝群体的互动。而微博场景具有开放性与互动性的特征，在一定程度上改变了粉丝与明星之间的关系。李丹认为，微博给予了明星自我展示的平台，消解了以往大众媒介掌握明星形象的权力，给予了明星一定展

① 章洁、方建移，研究回顾：作为传媒现象的准社会交往，新闻界，2009（2）：19-21。

② Rubin，R.B. and McHugh，M.P.，“Development of parasocial interaction relationships”，*Journal of Broadcasting & Electronic Media*，1987（31）：279-292.

示自己日常生活的自主权。但粉丝通过在明星微博下评论的互动方式，与所崇拜的明星进行“近距离”的单向互动，很少得到明星的回应，缺少双向的反馈[①]。正如朱姝在对 K–POP 粉丝微博社群的研究中认为，虽然社交平台的出现突破了粉丝与偶像之间沟通的障碍，但媒介的存在是永远无法逾越的距离，粉丝与偶像的关系依旧是基于对偶像认同的想象，将粉丝自己对友谊、爱情等情感投射在偶像身上[②]。因此，无论是论坛还是微博，粉丝与明星之间的互动依旧是单向性的，论坛与微博场景中的粉丝群体与明星之间的角色关系依旧是明星与粉丝的二元对立。

二、从偶像到朋友：微信粉丝群的角色过程

微信群的场景给予了粉丝群体与明星群体一种联结的可能性，将明星与粉丝放置于时空共在的交往场景之下进行互动与交流。在这样的场景下，明星与粉丝之间的角色关系也发生了变化。符号互动论认为，群体或社会总是处在行动之中，互动的本质在于对其他行动者行动意义的解释和创造，个体由此建构并重新建构自身的社会角色。在过程角色理论中，角色被视为是有关行为、情感、动机和价值的意义集合体，个体通过自身对角色期望的理解进行行动和角色扮演。行动既是对既定角色的表达，也是当下互动情境中产生的新角色的展示。个体与组织和社会之间是双向互动的，它们不断

① 李丹，众生狂欢：明星与粉丝的微博互动关系研究，东南传播，2012（7）。

② 朱姝，想象与展演：K–POP 迷的日常实践及其意义生产研究，南京大学，2017。

对行动进行协商、重构，甚至可能拒绝既有的角色而创造新的角色和地位。角色的指定是一个协商和再协商的持续过程，它依赖于个体的行动目标和对情境的理解。总之，角色是通过互动产生和维持的，而互动是一个持续变化的过程，因此要从动态的、系统的角度去分析角色[①]。

佳丽3000微信群中乐手与粉丝之间的角色关系也是在这种动态的互动当中不断被重构与协商的，以下将以佳丽3000微信群中的角色过程的角度，阐述明星和粉丝之间角色的变化所经历的3个时期。

（一）角色试探期：在互动中了解

在没有佳丽3000微信群之前，粉丝们对偶像们的印象不是在舞台上的光芒四射、魅力无限，就是在媒介报道或者微博等社交媒介上面的熟悉但又不可亲近的形象。在粉丝眼里，自己的偶像永远是“只可远观而不可亵玩”的存在。当乐手们进入佳丽3000微信群，成为同群好友之后，粉丝们在激动之余，依旧是按照明星－粉丝之间的先赋角色关系，将乐手视为不可靠近和不能随意进行打扰的对象。

在乐手们入群初期，粉丝们难以掩饰自己的激动心情，你一言我一语，一屏新信息刷过，信息量之多使人常常还没来得及看清楚，就已经刷过几屏之外，有些时候甚至会直接导致手机卡机，这样的景象被乐手笑称“信息多得，简直不是微信群，是弹幕”。

大量的信息流严重影响了微信群中正常的互动，粉丝们开始

---

① 乐国安、汪新建，社会心理学理论与体系，北京：北京师范大学出版社，2011：60。

冷静下来，有人开始号召大家“不要再刷屏，会影响到乐手，把乐手吓跑的”。“再这样下去，乐手会退群的。”“弹幕”期过后，乐手才逐渐在群中发言，乐手的每一句话，粉丝们都竞相回应，出现了“一呼百应”的情景。在这个时期，乐手与粉丝之间还未开始真正的互动与对话，一对多的互动，往往让乐手不知如何做出回复，只是有选择性地进行回应。

> 刚刚入群的时候群里的信息要炸了一样，只要乐手出现，大家都会拼命在群里发信息，让乐手发语言、发照片，大家只是单纯想和乐手互动而已，他们能满足一些自己的小要求就觉得很知足，但是深入的交流不是很多，后来才慢慢深入了。（丁丁）

微信群日常互动中，以粉丝作为互动主体，他们的话题围绕乐手们展开，相互交流与信息分享。一旦乐手在微信群中出现，粉丝们的话题立即转向乐手，打断之前群内的话题。粉丝始终跟随着乐手的出现与发言，顺承地回应乐手的信息。在这个过程中，微信群中的互动是一对多、多对一的切换，乐手们在传播上处于话语的中心位置。在这一时期，乐手与粉丝之间是相互试探的过程，粉丝常常抱着一份“想要调戏一下”“了解乐手更多信息”的心态，尝试着与乐手进行更多的话题，而乐手们则小心谨慎，根据自己当时的情境，选择性地回复微信群中粉丝们的提问或者要求。在这个时期，粉丝与明星之间处于一种试探性的交流阶段。

（二）角色转化期：私密信息的暴露

随着微信群聊“停止刷屏”“不能妨碍到乐手的生活和工作”等

不成文的规则确立，乐手在群中的互动逐渐频繁起来，乐手开始深入参与到与粉丝们的互动中。每日工作之余，乐手习惯性地以照片或者小视频的形式将自己的行程与动态发到群中“我要出发了，好早，天还没亮”“刚刚到深圳，谁昨天跟我说深圳超冷的来着？热到出汗”。甚至在出席一些音乐颁奖盛典前，乐手在微信群询问粉丝，帮忙参考当天穿什么衣服、怎样搭配；在当天节目录制时，乐手也不忘在后台在微信群里直播一下自己的现场状态。

在无聊的深夜，乐手与粉丝们彻夜畅谈，有时乐手会以微信群直播的方式为粉丝介绍自己收藏的书和唱片以及背后的故事，共鸣之处，粉丝常常也参与到讨论中；Hayato 也曾在微信群视频中直播，将自己电脑里面收藏整理的照片和音乐分享给大家，畅谈自己的成长历程和职业经历；这周末王梓又烧了一桌好菜，在乐队排练过后请大家去家里开 Party，等等。乐手们完全将自己日常生活的后台展现在大家面前。

微信群交织了现实、虚拟等多个空间，将不同的场景合并叠加在微信群这一共同的场景之下，直击自己的生活后台层面，将乐手日常后台信息放置于微信群的“前台”中。在这个过程中，除了乐手在日常互动中主动展现个人信息，微信群中直播、语音等的互动形式，都在一定程度上暴露了乐手的私下形象与行为。保罗·莱文森（Paul Levinson）（一译保罗·利文森）在对电话的分析中认为，电话的声音以及个人之间的互动使传播双方拥有了私密感和亲近感[①]。微信群中直播、语音等的互动形式，不仅有乐手个人声音，还

① ［美］保罗·利文森，软边缘：信息革命的历史与未来，熊澄宇等译，北京：清华大学出版社，2002：13。

会配合实时的图像信息，更使粉丝体会到一种亲密感。

（三）角色稳定期：走下魅力权威的神坛

约书亚·梅罗维茨（Joshua Meyrowitz）认为，场景的叠加会使后台信息前置，权威扮演其角色的场景发生变化，电子媒介侵蚀了政治家传统的后区与前区之间的屏障，他们正在失去对自己形象和表演的控制①。通过日常互动，粉丝们越来越熟悉乐手的生活以及在现实生活中的状态。他们往日舞台上的神秘感和“神性”光环逐渐消失，粉丝逐渐把乐手当作一个与自己并没有什么区别的普通人。粉丝与乐手的相处方式更像是朋友：

> 慢慢地发现，其实大家都是一样吃外卖，一样为了生活奔波赚钱。跟他们相比，除了职业的不同，大家的生活整体的状态也没有很大的区别。你跟他们（乐手）聊天，你越觉得他们的生活并没有那么光鲜，冬天早上赶 4 点的飞机这谁能受得了啊。大家都一样的辛苦，慢慢地你了解他们的生活，也就懂得他们了。（新垣结衣）
>
> 他们跟那种大众明星比，并没什么所谓的‘人设’，和他们聊天更像是朋友。如果说有什么不一样的发现和体验，那就是了解与自己完全不同的一种生活方式。（聪聪）

在这个过程中权威发生了变化，英雄降为普通百姓。马克斯·韦伯（Max Weber）在《经济与社会》中将权威分为传统型权

---

① ［美］约书亚·梅罗维茨，消失的地域：电子媒介对社会行为的影响，肖志军译，北京：清华大学出版社，2002：260。

威、合法性权威和魅力性权威3种类型[①]。明星作为魅力性权威，在微信群中的深入互动将乐手们的现实生活场景与媒介场景进行叠加，随着自我暴露的增加以及日常生活的不断呈现，一方面乐手与粉丝在日常互动的过程中加深了彼此之间的感情和依恋；另一方面逐渐打破了曾经明星－粉丝二元对立的角色关系，明星逐渐“祛魅”，走下充满神性光芒的圣坛。

三、从粉丝群到准初级群体：微信粉丝群角色的变化

“初级群体”（Primary Group）和“次级群体”（Secondry Group）这一对社会学概念是查尔斯·霍顿·库利（Charies Horton Cooley）在《社会组织》一书中提出的[②]。他用以解释传统社会与现代社会在群体形式上的不同。初级群体是以面对面的亲密交往，温暖的情感以及合作为特征的。次级群体是非个人化的、契约式的、正式的和理性的。初级群体在个体形成其社会性，以及形成包括爱、自由和公正等基本理想方面起着基础性作用。初级关系会造成一种“我们”感，这种感情使自我对此群体的生活具有很强的认同感。初级群体的基本经验就是形成与其他成员的社会一体感[③]。在库利的定义中，初级群体是基于地域的、面对面交往的群体。而微信群打破时间、地点的实时共在和互动，虚拟在线在时空纬度上对“身体缺场”做

① ［德］马克斯·韦伯，经济与社会，林荣远译，北京：商务印书馆，1997。

② ［美］查尔斯·霍顿·库利，社会组织，北京：中国传媒大学出版社，2013。

③ ［美］兰德尔·柯林斯，迈克尔·马科夫斯基，发现社会：西方社会学思想评述，李霞译，北京：商务印书馆，2014：261。

了一定的补偿。粉丝之间、粉丝与乐手之间逐渐成为具有“准初级群体”性质的朋友关系。

林南对社会支持的定义为“意识到的或实际的由社区、社会网络和亲密伙伴提供的表达性的或工具性的资源”。佳丽 3000 微信群即是在成员间日常的互动和相处之中，基于强弱关系的联结，给予群成员彼此力所能及的支持，这些支持包括情感性支持、工具性支持等。这两种群体支持集中体现在佳丽 3000 群体中，形成了独特的参与式文化。以下将从 3 个方面展开论述。

（一）情感性支持

情感支持包括理解、倾听、交谈以及帮助人们以某种视角对待生活。“准初级群体”的朋友关系既包括粉丝之间的友爱互助，也包括粉丝与乐手之间的友情支持，甚至是超越了线上关系的实质性的帮助。在佳丽 3000 微信群里，粉丝之间除了在群里分享日常，有一些无法在其他人面前说的话，也可以同群里的好友分享：

> 有些话并不能给别人说，因为有一些心理上的顾及，毕竟一个人在北京工作，怕家人或者朋友担心。上次生病我腿疼得厉害，也不知道是什么原因，就想问问群里的朋友有没有人知道或者遇到有类似的情况。还有就是想得到一种心理上的宽慰吧，能够得到大家的关心，大家不一定能帮我解决问题，但是能有一个地方说出来我觉得就挺好的。（贝卡）

这种感情上的支持，不仅仅在于群成员主动的情感输出，能够得到大家的回应还是无比重要的。粉丝小杨 r 有一次在听现场的过程之中把手机弄丢了，对于一个学生而言，丢失价值千元的手机无非是巨大的经济负担和压力。小杨 r 事后在群里诉说自己的难过，也想问下群里是否有一同在现场的小伙伴看到了手机。面对小杨 r 的遭遇，群里的朋友前来安慰她，有人发红包给小杨 r，此后一连串的红包出现在群里，红包上面的留言“给小杨 r 众筹买手机”“小杨 r 别哭”“小杨 r 的新手机”，以防止红包被别人误抢。还有小伙伴不知道从哪里找来拼多多的手机组团抢购的链接，号召大家组团抢手机，如果组团成功就可以送小杨 r 一部新手机[①]。

在日常不断的互动中，乐手们也渐渐地在微信群中找到了归属感。他们在群中表露自己的喜怒哀乐，毫无顾忌地表达自己的情绪和看法，甚至外人看来是不顾自己形象的。2018 年 6 月 19 日，贝斯手金波突然发微博说在自己再三考虑下，决定退出咖喱 3000 乐队，随后便退出了微信群，没有留下任何的解释。微信群里所有人都不知道发生了什么事情，包括其他 3 位乐手。随后其他 3 位乐手发现金波也把他们的微信都拉黑了，李鹏把拉黑的微信截图发在群里，再也控制不住自己难过的情绪。李鹏一边在群里回忆曾经和金波拍过的照片和视频，在群里直播过的快乐生活，一起巡演、一起写歌、一起 BBQ、一起开玩笑的情景，一边在群里发语音痛哭流涕：

> 上周我们还在一起巡演，为什么突然就走，你说你要把我当一辈子的哥哥，我把你当作弟弟，为什么这样对大家？为什么不接电话？为什么要拉黑我们？你忘了我们一起写的《偷偷》吗？歌都还没有发（发行），说好的一

① 拼多多组团拼手机的规则是：先由多位好友参与组团，组团成功之后再由拼多多平台进行抽奖，抽到的组即可按照优惠价购买手机。

> 辈子的兄弟呢，为什么自顾自就走了？金波儿，你在哪儿啊……（李鹏）

粉丝们不断地安慰李鹏，也同样表达着自己难过的心情。此时大家才真正感受到，乐手已经成为自己所熟悉的朋友，是群体的一部分。微信群作为一个情感共同体，使成员感受到了作为一个群体一员情感上的宽慰和支撑。在佳丽3000群中，这样的感情支持跨越了地理空间的限制，在“云”中可实现为群成员提供情感支持和实质性的帮助。

（二）工具性支持

除来自粉丝之间的情感或实质性的帮助之外，乐手在群中也作为朋友为粉丝提供工具性支持，即在日常生活中，包括生活、就业、家庭等，基于个人社会网络获得物质、信息等多种工具性资源。由于在微信粉丝群内，成员来自不同的社会阶层和职业，他们所拥有的资源具有较大的异质性，因此信息和资源往往可以给群体成员带来意想不到的支持。

> 我上次准备去广州草莓（音乐节），但是没有抢到票，就在群里问有没有人转或者是有多余的票，那时候鼓手Hayato主动问我如果开场前还没有办法进来的话，在群里跟他说一声，他想办法帮我。我当时听到感动坏了，我最后找到了票，也没有再麻烦Hayato，我们知道有这份心意就好。（ying_yin）

在微信群的日常互动中以及在访谈中发现，通过这个微信群也可以得到成员之间给予的力所能及的帮助。在微信群中得到一定的资源，不仅仅是粉丝之间，也包括乐手。2月的一天，贝斯手金波在群里问大家：

亲爱的佳丽们，有谁在北京有空闲可以出租的房子资源吗？（金波）

三言两语之后，大家知道了缘由，金波此前租房的房东在租房合同到期之前就把房子卖掉了，导致金波必须在两天以内就得找到新的住处搬出去。一时间，群里的粉丝们纷纷出谋划策，北京当地的粉丝首先站了出来，询问金波对房子的位置、条件、价格上面的要求，帮金波问问身边的好友，广发朋友圈帮助金波扩散消息。不在北京的粉丝也纷纷献计献策，又是找自己的朋友，又是联系自己的家人，或者根据自己的租房经验给金波各种建议。

Ying_yin：我在自如（租房App）上面租的房子，拎包入住，他们负责物业，还是挺省心的。

长泽雅美：但是需要看看甲醛是否超标，最近自如甲醛的事情还挺闹心的。

刘木木：波儿，你可以在搜房网上面找找看，一定要找不是中介的那种，直接联系房东比较靠谱，我之前找的中介，之后事情特别多，而且还加收手续费。

Ying_yin：对，一定要找房东，中介很坑。

阿沈：有空的话，大家一起帮波儿看看房子吧，找到了合适点儿的，可以把联系方式发群里，让波儿去联系一下。

Ying_yin：这个主意好。

佳狗：我也帮你看看有没有合适的房源。

雪鹅：波儿，你看看这个，这我朋友在三里屯出租的房子，我把联系方式给你，你问一下。

就这样，你一言我一句，大家纷纷行动起来，强大的成员网络为金波提供了信息支持。当天下午金波就去看了房，群成员的互助帮助金波成功找到了新的住所。金波回想起当时的一幕：

> 那（租房）事儿，我刚开始还挺不好意思的，真的挺急，但没想到大家给了我这么多帮助，又是问朋友又是帮我找房子的，雪鹅（群里的粉丝）专门联系她的朋友，说一房子挺合适的，很快就搞定了，价格也挺合适的，很感激大家。

（三）参与式群体文化的共建

具有"准初级群体"性质的佳丽3000微信粉丝社群，群体成员不仅在日常交往中感受、获得集体的情感性支持和工具性支持，伴随着互动的加深，群成员互动从日常生活层面逐渐深入到群体文化层面。

"参与式文化"是美国传播学者亨利·詹金斯（Henry Jenkins）在1992年提出来的。他在对电视迷社群进行研究时发现，电视粉丝经常会聚集在一起讨论剧情，并且根据自己的理解对原文本进行改写或再生产。詹金斯指出，参与式文化是一种基于共享目的而鼓励创造的文化[①]，突出了粉丝的创造性，摆脱了法兰克福学派所认为的"受众是被动的"论调。随着互联网以及网络社群的发展，信息的生

① 张宏伟，参与式生产：文化产品生产的转向与变革，新闻与传播研究，2015（11）：109-117。

产和传播更加便捷，参与式生产在新的市场环境下形成。张宏伟认为，参与式生产是指原本作为消费者的一方以智力、体力或情感为资源，逐渐参与到产品的设计、生产、流通等环节，成为产品生产者的组成部分[①]。消费者因参与到生产的部分环节而具备了生产者的属性。

微信粉丝群体不再仅仅是音乐消费链条上的一环，粉丝也参与到专业音乐的生产环节中，成为乐队作品创作的参与者，打破了乐手与粉丝之间基于音乐作品“传者－受众”的关系，粉丝成为乐队创作的参与者，建立起粉丝与乐手作为共同体的文化符号。咖喱3000乐队与粉丝共同创作的歌曲《棒棒糖》就是一个典型的例子。咖喱3000的歌曲《棒棒糖》就是在微信群粉丝群体参与音乐生产中诞生的。粉丝参与过程主要分为两个部分：一是音乐的创作过程，二是音乐的传播过程。

2017年12月，乐队在微信群中向粉丝征集基础旋律，以微信60秒语音的方式唱出自己喜欢的旋律，乐队再将这些零散的旋律进行二次创作。之后，乐队将粉丝的日常语音聊天进行收集，重新混音之后放入音乐的音轨，作为乐曲的开头旋律。在音乐小样[②]（Demo）出来之后，乐队还将小样发到群里，提供给粉丝们进行评价和提出意见。

在音乐的录制阶段，因为编曲特殊需要，乐队成员在群里询问

---

① 张宏伟，参与式生产：文化产品生产的转向与变革，新闻与传播研究，2015（11）：109–117。。

② Demo，“Demonstration”的缩写，指“样片”“样稿”，在音乐中意为“音乐样品”或“音乐小样”。

大家是否有人会拉大提琴。恰好粉丝群里有一位女生目前正在音乐学院读书，主修大提琴专业，于是便自告奋勇参与了乐曲的部分制作，为《棒棒糖》这首歌提供了大提琴旋律部分。

> 当天我受邀请参加他们的录音，下课之后就赶紧赶过去了，在响鼓（北京著名音乐录音室）录的，他们真的很敬业，我下午5点到的，晚上11点才开始录制我的部分。因为从来没有用大提琴拉过这种风格的音乐，空闲的时候李鹏帮助了我不少，包括改谱子和旋律，怎样和其他的声音融合，他们都是我的老师，能参与这样的制作是我学习音乐以来的第一次，真的挺荣幸的。歌曲发行之后，大提琴手那里还署上了我的名字。（璇）

不仅如此，为了配合歌曲的宣传，乐队还向粉丝们收集每个人吃棒棒糖的照片，在进行隐私处理之后，将所有照片合成制作为《棒棒糖》专辑封面。专辑封面设计出来之后，乐手把图片发在了群里，在群内引起了不小的轰动，参与封面照片收集的粉丝在图片里纷纷“找自己”。在音乐的宣传和传播阶段，在音乐上线的第一时间，粉丝们主动将音乐转发至各种社交平台，在数字音乐平台进行打榜和评论，提升歌曲的热度。

> 封面图发出来之后，我一直找不到我自己在哪儿，就在群里问乐手，是不是所有人的照片都在里面，丫头说是的，还把没有处理的合成照片发到了群里，方便大家找自己一下，我一看果然是我的照片被别人挡住了一半。有那么一丝丝不开心，挡我的还是认识的一位小姐姐，就这样吧，也挺开心的，哈哈。（小杨r）

图8.2 《棒棒糖》单曲封面

《棒棒糖》在粉丝的心里有着独特的位置，在这个过程中，粉丝的参与同时获得了一种作为群体一分子的满足感、参与感。这种满足感与作为成员共同体的体验与记忆紧密地联系在一起。粉丝也表达了对《棒棒糖》的感受：

听到自己的声音还挺惊讶的，只知道他们收集了很多人的语音，但是没想到里面真的有我的声音，很惊喜。（贝卡）

我还记得当时我就用微信语音唱了一个不到10秒的旋律吧，《棒棒糖》出来之后，有人在群里问有谁可以听出来有自己的旋律吗，我认认真真认认真真听了好多遍，找到了我自己的那段，立马把歌曲转发给了朋友，快瞅瞅，这是我的歌，多棒。（阿沈）

聊起《棒棒糖》这首歌的初衷，乐手们是把这次与粉丝共同的创作当作一次新的尝试：

群里大家的氛围一直挺好的，有天就跟他们提到，要不要大家一起做一首（歌）试试，当时他们也觉得这个想

法挺好的，就向群里的粉丝说了一下我们的想法，他们还是很热烈地支持的，然后就一步步把这个事儿做出来了。（王子）

当时想玩点儿不一样的，让大家可以深度参与进去，也挺有意义的，不同的想法可以在群里相互碰撞，这也是一种新鲜的尝试。（Hayato）

《棒棒糖》就是送给他们（粉丝）的礼物，这首歌做得很认真，前半部分的抒情旋律和后半部分的节奏反差，都是一点点大家磨出来的，前前后后花了有近3个月的时间，然后3月8日发出来了。（李鹏）

深度的音乐参与使粉丝们以一种“建设性”的情感投入到对群体的情感中去，粉丝参与的过程就是对群体身份和群体认同的建设过程。微信群里所能实现的互动、参与、反馈、合作在整个粉丝与乐手共同创作中发挥了关键性作用。这种过程性、持续性、建设性的参与方式，为粉丝带来作为群体成员的集体感和成就感，从而加强了粉丝对群体的认同和群体的凝聚力。《棒棒糖》成为粉丝与乐手凝聚为共同体的标志，也成为咖喱3000群体文化的表征。

本章小结

媒介构建了人们互动的不同场景，进而也改变角色关系与角色认知。本章从对不同类型的粉丝社群角色关系梳理出发，对粉丝群体内部、粉丝群体与明星之间两个方面考察微信粉丝社群中的角色关系和角色过程。

论坛与贴吧粉丝社群具有十分明确的互动规则体系。论坛管理员具有强大的权力，拥有对论坛的信息进行把关的权力。对于违反论坛互动规则的人，可以自主选择进行删帖甚至禁言的处罚。因此，在论坛社群中形成了“管理者－普通粉丝”的管理与被管理的角色关系。在日常运营维护中则逐渐形成“贴吧运营团队－核心粉丝－普通粉丝”的等级分层关系。

微博社群场景所具有信息传播与接收的开放性、互动性在一定程度上消解了粉丝群体内管理与被管理的等级差异。以结点联结的特征使意见领袖“站子”在微博传播中具有重要的作用，微博站子成为粉丝群体中的核心和指挥部，承担了明星资讯传播、树立明星形象、维系粉丝群体、公共关系等职责。粉丝们在外围参与跟随。无论是论坛还是微博，粉丝与明星之间的互动依旧是单向性的，论坛与微博场景中的粉丝群体与明星之间的角色关系依旧是明星与粉丝的二元对立。

在微信粉丝社群场景下，语境化的互动场景使粉丝群体角色更具流动性。在角色过程中，粉丝群体在日常中的情感性支持与工具性支持中，明星与粉丝之间的角色关系打破了身份的二元对立。明星与粉丝在微信群里的角色关系经过了初期的角色试探互动了解、进一步的私密信息分享发生角色转化，最后结成了彼此依赖的朋友式的“情感共同体”。粉丝社群内部也具有了初级群体的性质，具有了情感性、工具性支持的意义，以“参与式文化”的方式完成独特的群体文化建设。

第九章

微信群场景下明星－粉丝的关系建构

喜欢明星意味着什么？每个粉丝都有自己基于自身感受的回答。粉丝们在对明星的喜爱中不断投射自己和表达自己，粉丝社群为粉丝提供了一个情感的出口。对粉丝群体而言，明星本身始终都是一种资源，粉丝之间的互动始终是围绕着明星，对“迷资本”的争夺贯穿于明星与粉丝、粉丝与粉丝之间的关系建构之中。粉丝社群因为接近明星资源上的差异形成了分化与地位的不平等。

由于在以往粉丝社群场景的限制，明星与粉丝之间并未实现直接互动。微信群对内的开放信息空间，信息接收的平等性以及信息流形式的对话机制，对粉丝之间的争夺“迷资本”有怎样的影响？这样的媒介场景特征对明星－粉丝关系建构有怎样的影响？粉丝们又采取了怎样的行动策略以建构与明星之间的关系？以上问题是本章节主要探讨的问题。

第一节　粉丝与明星关系建构的前提

一、粉丝的情感认同与表达

> 我第一次认识 Hayato 是在海龟先生的现场，其实当时我只是陪朋友去看而已，并没有很了解这个乐手。后来就被完全圈粉了！他打鼓的时候真是太帅了，一头飘逸的红色短发跟着节奏甩来甩去，全程完全没有看主唱，注意力全部在他一个人身上了。现场之后，我就立即在微博上面搜索他的信息，找到了他的微博，他还有微信公众账号，才慢慢开始了解他这个人。他对待工作真的很努力，很专业，他在圈里的人缘也超级好，为人谦逊礼貌。之后我就一发不可收拾，天天找关于他的信息，有时候他会在微博和微信公众号上分享他的一些故事和心情，包括之前得过很严重的抑郁症，也遇到过人生低谷期，靠着自己的努力才换来今天能在这么多乐队里面担任鼓手，真的又励志又感动。（小清新）

在小清新的语言中，乐手身上的特质在粉丝的眼里闪闪发光，无论是帅气的外表、谦逊真诚的性格，还是对待工作和生活的态度，都成为粉丝喜爱偶像的原因。对偶像的喜爱以及对偶像发自内心的钦佩成为大多数粉丝的典型心理，这种心理背后不仅是对偶像认同的过程，也是粉丝自我认同建构的过程。个体的认同可以通过雅克・拉康（Jacques Lacun）的镜像理论和情感投射概念进行解释。

镜像理论是雅克·拉康在西格蒙德·弗洛伊德（Sigmund Freud）的自我理论的基础上发展而来的。婴儿出生后 6 ～ 18 个月，尚不能控制自己的身体动作，却能够认出自己在镜中的影像，意识到自己身体的完整性。在镜像阶段，婴儿首次充分认识到自我，开始确立了“自我”与“他人”之间的对立。换句话说，婴儿只有通过镜子认识到了“他人是谁”，才能够意识到“自己是谁”。在他人的目光中，婴儿将镜像内化成为“自我”。拉康认为，镜像阶段就是个体对自我本质、自我构成、自我认同形成的一个过程。粉丝在欣赏偶像身上特质的时候，实际上就是通过“偶像”这面镜子看到了自己，在影像中发现了自我的同一体。

投射心理指个人将自己的思想、态度、愿望、情绪、性格等个性特征，不自觉地反应于外界事物或者他人的一种心理作用。粉丝对偶像的心理投射，就是在追随偶像的过程中将自己内在的渴望、需求转移到偶像身上的过程。访谈对象文雯将鼓手 Hayato 作为可以在精神上鼓励自己的一个榜样：

> Hayato 一个人从日本来北京打拼，刚开始一个朋友都没有，全是靠自己的努力一点点打拼出来的。彭磊在新裤子的那个纪录片里说他第一次见到“丫头”的时候，身体小小的满脸都是痘，不知道吃了多久“711”的味精饭，也没有一件像样的演出服。但是他从来都不会说自己曾经有多惨，而是永远给大家展现自己开朗积极的一面，充满着正能量。希望自己也能像他一样努力，不放弃自己的梦想。

同样地，粉丝往往将个体的自我理想和情感寄托在所崇拜的对象身上，在偶像的成功过程中自己也能获得喜悦[①]。高静雅通过对百度张国荣贴吧的研究，考察了贴吧粉丝自我认同与偶像想象之间的关系[②]。她认为新媒介环境下，通过粉丝对偶像形象的塑造以及粉丝对偶像的情感投射，偶像不仅是粉丝群体的精神榜样和支柱，更是粉丝心中自我形象的投射，在塑造偶像自我形象的同时，形成粉丝的自我展演，从而完成自身的身份认同。偶像身上所具有的品质，对粉丝而言也是一种心理上的慰藉。自己没有实现或者达到的理想状态，在偶像身上得到了实现，从而引起了自我内心共鸣。

> 知道他之前有过这样的遭遇（得抑郁症）的时候，我就像看到了自己一样。这几年我也有抑郁症，时不时地发作，太黑暗、太痛苦了，感觉自己完了，没有救，谁也帮不了你。所以有时候我感觉我可以理解“丫头”，为什么他平时不爱说话，在舞台上的爆发力那么强，因为我也是这样的。他都能挺过来，那么我也可以。（佳狗）

在受访者中，当谈到乐手对自己的意义的时候，很多人都提到了乐手“努力”“追求梦想”“认真生活”等这些品质。粉丝口中的这些优秀品质也是粉丝对理想中自己的期待，以偶像的优秀品格激励自己，在日常生活中为自己带来情感支持和精神动力。

---

① 蔡骐，大众传播中的明星崇拜和粉丝效应，湖南师范大学社会科学学报，2011（1）：131–134。

② 高静雅，百度贴吧内的明星形象塑造及粉丝心理投射现象研究，南京师范大学，2017。

二、粉丝对“迷资本”的争夺

在以往粉丝社群关系的研究中发现，粉丝社群的交往并不是一个单一的关系集合，而是呈现出多种层级和派系结构。粉丝在群体内部的身份属性成为影响其自身在社群内部地位及与社群建立关系的关键。

粉丝分享共同的兴趣，但在偶像相关知识、接近偶像的权利，地位声誉上处于相互竞争的关系[①]。粉丝所具有的社会资本在社群中间转换为“迷资本”，身处社群中个体所具有的“迷资本”的差异，成为社群内部出现分层现象的直接原因。安德莉亚·麦克唐纳（Andrea MacDonald）研究电视剧《时空怪客》的女性粉丝特征时，对粉丝进行了分级，分别从“知识的等级”“粉都层次或性质的等级”“接触机会的等级”“领导者的等级”“场所的等级”5个维度来划分不同层级的粉丝，他认为尽管粉丝们不愿意明确承认等级的存在，但不能否认粉丝分化为一部分“小群体”或称之为“圈子”的现实，其中的等级也是可以识别出来的[②]。这5个维度的集合构成了个体的“迷资本”。这些在论坛、微博粉丝社群中表现得尤为明显，例如在微博粉丝社群中，作为意见领袖的微博站子运营和管理者站姐，时刻跟随明星日常的行程进行跟拍，将最新的明星照片、讯息

---

① ［美］马特·希尔斯，迷文化，朱华瑄译，台北：韦伯文化国际出版有限公司，2005：79。

② 安德莉亚·麦克唐纳，不确定的乌托邦——科幻小说的媒介粉都和计算机中介的交流，张淳译，载陶东风主编，粉丝文化读本，北京：北京大学出版社，2009：406-428。

发布至微博。站姐以其独家的信息资源获得众多粉丝们的关注，形成微博粉丝群体中的核心，也拥有了话语权。

如前所述，粉丝之间的互动主要是围绕着明星展开，明星对于每一个粉丝来说，都是可以展示自身优越感的资源。媒介环境的变化，使粉丝接近偶像的场景发生变化，对"迷资本"的争夺也有了不同。以往粉丝之间争夺的是明星的资讯和信息，而在可以直接与明星互动的微信群中，对"迷资本"争夺的焦点，转化为明星的"注意力"，即博得明星注意并与之互动的机会。

微信群对内的开放信息空间，使得所有粉丝都拥有接收信息的平等性，因此粉丝对明星资源的接触也是均衡的，无论是乐手发照片还是暴露自己的行程，粉丝们都可以在微信群中接收到，并不会产生差别。同时，微信群的对话模式，并没有稳定的轮回对话机制。这样的互动方式必然导致粉丝们参与到明星的对话机会是不均衡的。在一些对话过程中，有些粉丝并不能即时地插上话，只能沦为对话的旁观者。因此在佳丽 3000 微信群中，粉丝们采取了不同的行动策略，增加与明星互动的机会，建构其与明星之间的关系。

第二节　微信群场景下粉丝的身份建构与策略

粉丝在粉丝社群与其他粉丝进行互动的过程中，通过表达与偶像之间的情感，建立起与社群其他成员之间的关系。粉丝与乐手之间的关系依靠在互动中的身份策略实现。通过恰当使用符号以及对角色的争取等方式，建立起与乐手在互动中的关系。

塔尔科特·帕森斯（Talcott Parsons）的社会行动理论认为，一个行动的逻辑包括以下几个方面：①行动是目标指引的（或有目的的）；②行动发生在一定的情境中，在该情境中有一些因素是既定的（行动条件），而另外一些因素则作为达到目的的手段被行动者所利用；③行动要在目标和行动的选择方面进行规范性的调节[①]。粉丝们在群互动其实是个体为满足其需求而进行的有目标指向的活动，对明星情感认同和追求“迷资本”是其动机。通过精心选择或制作虚拟符号（如昵称、头像等）来建构他们在微信群内的身份与关系，塑造特定的形象，借由文本符号形成的对话情境，完成角色扮演与关系体验。在这个过程中，每个成员个体都拥有一定设立虚拟身份的权力，以及在多个身份中切换的机会和可能。

一、身份的符号化：粉丝的昵称设置

在微信群空间内，每一个个体都同时拥有两种身份。一个是基于微信号的真实的社会身份，这是无法更改的；另一个是群——这是一个特定的关系情境里的自我虚拟身份。微信群昵称和头像的可设置性允许个体根据一定的规则和目的而进行改变。

对于粉丝而言，更改群昵称是在众粉丝面前表达自己对某乐手喜爱的重要方式，这种表达不仅是向在群中的粉丝们展示自己的立场，同时也是向乐手展示自己的方式，通过这种方式建立与乐手之

① ［美］T·帕森斯，社会行动的结构，张明德等译，南京：译林出版社，2003：98。

间的亲密关系，满足自己的情感需求。同时这种表达是双向的，对外是一种自我展演，对内是一种自我认同与情感投射。在咖喱乐队微信群中，粉丝昵称的设置主要基于以下几种类型：

1. 与乐手具有一定关系的象征物，一般带有身体的特征，如：Hayato 的乳沟、Hayato 的头发毛儿、Hayato 的鼓棒、李鹏的纹身等。

2. 有关乐手所喜欢的事物，如乐手心目中的理想女友、最爱喜欢的东西等，昵称如：新垣结衣、SNH48- 大工梓、李鹏爱吃饺子、金波的迷妹、Hayato 西安的老婆等。

3. 互动中关于乐手的梗，如李老师的红毛衣、救救杭州的孩子、哈奶奶的昆明老婆等。

4. 与乐队有关的，如今晚咖喱饭、咖喱第 3000 只鸡等。粉丝徐老师将自己的群昵称设置为“新垣结衣”的原因是：

> 我是 Hayato 的粉，是因为我记得 Hayato 有一次访谈的时候别人采访他，问他最喜欢的，就是理想中的对象是什么样子，可以用一个明星来举例，然后他觉得新垣结衣是他的理想型，然后我就记住了。当时群里大家都改了，然后我想我也得改个吧，于是就把自己的群昵称换成了新垣结衣，哈哈，所以在群里我就是他的理想型喽。

每个群昵称设置的背后都是情感饱满的表达，但与乐手有关的信息总是很有限，于是乐手的符号就成为一种竞争的资源。粉丝们千方百计地设计自己的昵称，昵称的构思不仅要保有自己独有的特征，要让大家印象深刻，还要表达出自己与乐手的关系。群中的一个粉丝“盐多酱”，看到徐老师抢先使用了“新垣结衣”这个名字，便将自己的群昵称改成了“新垣结裤”，在访谈中她笑着讲述了自己的创造性发挥：

当时我也想到了“丫头”（指鼓手 Hayato）的那篇采访！但是她比我先改了名字，我也没办法，总不能说我也用这个你再换个吧，哈哈，后来我就抖了个机灵，把“衣”改成了“裤”，大家也能认出来我是“丫头”的粉，但是我又跟她（新垣结衣）不一样。

保留原名称中的某些元素和意义，撕裂其中的意义关系，再进行拼贴，做出了差别，这种亚文化“拼贴”的方式，既表达了对乐手的情感，又保有了自身独特的身份。粉丝“Hayato 西安的老婆”则基于自己线下见面的经验，表达了自己对乐手的感情：

我觉得叫“老婆”“女友”之类的挺正常的，就是表达自己的喜欢嘛。况且大家都来自全国各地，群昵称也能经常改，我感觉有时候乐手并不是特别能分得清谁是谁。（雪鹅）

我家在西安，上次海龟先生巡演西安站的时候见了“丫头”，演出完还一起合了影，好激动，我好像还发在了群里在群里，当时太开心了。我改成“Hayato 西安的老婆”是希望他还记得我，我就是他在西安面基的那个姑娘。（全智贤）

语用学的研究表明，语言符号的理解与语言符号所处的情境有着密切的关系[①]。互动的情境决定了如何使用身份，以及在特殊情况

---

① 黄华新、徐慈华，符号学视野中的网络互动，自然辩证法研究，2003，19（1）：50-54。

下做哪些策略。粉丝们往往追随偶像的身份来相应变换身份，亦步亦趋，与偶像共进：

> “丫头”很喜欢在群里 cos 其他人，每次我的昵称也要变来变去的，今天是他改成了“左炎”，我就跟着改成“左炎昆明的老婆”，他 cos“关铮”我就改成“关铮昆明的老婆”，反正就是跟着他改。（Hayato 昆明的老婆）

除此之外，粉丝将昵称换成与乐手相配的名字，并且与之互动，在视觉上和语言上会形成一种 cp[①] 感。在微信群中的互动是主体之间基于符号之间的互动。互动参与者的 ID 就代表了一个虚拟的身份。粉丝以将自己的昵称改为与乐手组成 cp 的名字，表达对乐手的情感投射，例如：乐手昵称为“Hayato”，粉丝昵称为“Hayato 的老婆”。双方在微信群互动之中，视觉上呈现出一种虚拟化的主体间的互动。

粉丝强制组 cp 也会引起部分粉丝的不满——这样会让别人产生一种相对剥夺的感觉。个人相对剥夺感（relative deprivation）通常是与那些和自己相似的个体进行社会比较产生的一种感受：某个个体被剥夺了他想要的东西，而其他人却拥有这种东西。乐手与粉丝之间的角色扮演游戏，是基于场景性与偶然性的游戏行为，但是旁观的粉丝会因此心理上具有一定程度的情感不均衡，并且对游戏中的粉丝颇有微词：

> 有个女生特别喜欢叫 Hayato 老公，只要乐手一出现就开始（这样）。群里喜欢他的粉丝那么多，就不只是她一个

---

① couple 的简写，在此是伴侣的意思。

人，这样的女生挺容易让人感到讨厌的。（丁丁）

二、角色的语境化：基于语境的角色扮演

正如前文所论证的，在微信群场景中，互动呈现出信息流的对话方式。这样线性的互动方式，将互动者带入到当下的互动情境之中。因此，微信互动上下文语境成为成员交流的背景与底色。粉丝沉浸于互动的场景，根据当下语境进行角色假扮游戏，参与到互动之中。

在粉丝文化中，粉丝根据自己不同的情感需求，将自己称为“女友粉”“妈妈粉”等称谓，“女友粉”是将自己作为偶像的女友或者爱人，将偶像作为自己的男友，以表露出自己对偶像的喜欢，同时满足了粉丝对偶像的情感想象，这样的情形在微信群中也大量存在，充斥在日常的互动之中。粉丝以游戏的形式与乐手互动，满足了自我情感的需求。

当粉丝们围绕一件事情进行讨论的时候，乐手也会基于这样的场景进行角色的假扮游戏。例如一日，当粉丝们正在讨论乐手中谁最幼稚时，大家通过投票表示非李鹏老师莫属，粉丝文雯基于她是李鹏粉丝的立场说：

> 文雯：你们这样，我老公会不开心的。
>
> 粥一锅：哈哈哈，你老公现在在云南巡演，他不知道。
>
> 李鹏（乐手）：你看，他们都欺负我（大哭）
>
> 文雯：摸摸头，谁敢欺负我老公！

在乐手在场的情况下，粉丝扮演成功与否取决于乐手是否参与

到互动之中。在乐手不在场的情况下，粉丝的扮演并没有意义，因为展演的前提是有人在场。只有在场的情况下，游戏扮演才会给扮演主体带来满足感，同时建立起粉丝与乐手之间的关系。

除此之外，粉丝还通过争取其他角色来加强自己在与乐手互动中的位置。佳丽3000微信群中的“人工AI”就是这样的一种角色。所谓“人工AI”是群内粉丝所扮演的辅助乐手互动的角色，相当于乐手的“互动助理”或者“秘书”的角色，负责记录乐手曾经说过的经典语句、统计乐手的互动次数等。例如，乐手李鹏曾在群里夸下海口说要在佳丽3000群内发够100条60秒语音，“人工AI”就负责每次在李鹏发过语音之后，向大家进行报数统计。与“课代表”主动承担起群内互动内容总结者的身份相比，“人工AI”只在乐手出现的时候才会出现，与乐手如影随形，这一富有创造性的角色，不仅丰富了粉丝与乐手之间互动，作为担任“人工AI”的粉丝也与其他粉丝进行了区分，展示出自己与其他粉丝相比与乐手之间不同的关系。

以上通过粉丝与乐手之间的游戏互动方式，通过符号化的昵称策略和身份变换策略，粉丝们在表达了对偶像的情感需求的同时，也满足了粉丝群体对与乐手关系的想象以及情感上的联结。实际上，互动的不均衡依旧会引发粉丝心理上和情感上的不均衡，打破粉丝之间和谐的关系，从而引发粉丝之间的矛盾和摩擦。

本章小结

情感认同是粉丝与明星之间关系建构的基础，也是情感根源。

粉丝通过对偶像的情感投射建立自我认同感和对偶像的共鸣，不断加深粉丝对偶像的爱慕与崇敬之心。在社群内部，粉丝个体在群体内部的身份属性、个体所具有的“迷资本”的差异，成为了影响自身在社群内部地位及与社群建立关系的关键，也造成了社群内部的分层现象。互动的不均衡会引发粉丝们在心理上和情感上的不平衡，不时打破粉丝之间和谐的关系，或引发粉丝之间的矛盾和摩擦。

从媒介的角度来看，在微信群场景下，信息流式的、不均衡的互动方式，以及有限的信息表现力，使得粉丝们的自我角色建构主要围绕着引起明星注意来进行。他们主要有两种互动策略：一是通过设置与明星有关的昵称这种符号化身份的方式，表达与乐手明星的关系，与明星对话及参与群内话题讨论，彰显独特的身份特征。二是通过有创意的角色设定与明星和其他粉丝进行角色扮演和互动，创造自己和乐手之间与众不同的关系的状态，加深自身在群体内的记忆度和识别度。在争夺群内身份权力的同时，粉丝们也在完成自我与明星关系的想象，甚至是浪漫关系的想象。

第十章

微信群场景下粉丝之间的关系建构

在粉丝群体中，围绕着“迷资本”争夺始终是粉丝互动的核心。在微信社群场景中，信息开放性和信息流的互动形式，一方面使粉丝群体拥有了平等的信息接收权利，粉丝采用符号化、语境化的角色身份对“迷资本”进行争夺；另一方面又加剧了粉丝之间关系的不平衡，使粉丝群体之间的关系充满了张力。

那么在这样的场景下，粉丝群体内部之间的关系是怎样建构起来的？他们的关系模式是怎样的？这种关系模式又有怎样的特征？这是本章节要重点回答的问题。

第一节　关系维度下的社群粉丝类型

一、微信粉丝群体的分类方式

微信粉丝社群是由人际关系联结起来的社群，并由关系进行区隔，因此成员之间的关系性是微信粉丝社群建立的前提条件。克莉丝汀·德·法尔克（Kristine de Valck）对荷兰线上社区 SmulWeb 进行研究后指出，线上社区成员有许多类型，她论证了将线上社区成员二分为潜水者或贡献者的做法太过简单，并没有太多的理论意义①。从粉丝的角度来看，各种粉丝群体的内部粉丝的身份属性都具有多元重合、动态性和流动性的特点，不仅有唯饭、cp 饭、团饭、女友粉、妈妈粉、路人粉等各种类别，且往往随时依心情，趣味发生身份转换，例如妈妈粉转女友粉，黑粉转路人粉等，角色流动性大。随着群内互动深度和广度的增加，成员之间的也逐渐形成较为稳定的核心成员以及边缘群体。

在斯蒂芬·瑞森（Stephen Reysen）和尼拉·布兰斯科姆（Nyla Branscombeb）对足球迷群的研究中，研究人员考察了粉丝与俱乐部之间的互动模式，将粉丝与俱乐部之间的联结称之为 Fandom，将粉丝与粉丝之间的联结称之为 Fanship②。

本文借鉴了这两种分类方式，以粉丝与粉丝的联结、粉丝与乐手的联结两个维度进行分类，并且参照罗伯特·V.库兹奈特（Robert V. Kozinets）③对虚拟社区成员的分类方式，同样将微信群粉丝分为4类：观光者、交际者、爱好者、圈内人。其中，当粉丝与乐手、粉丝与粉丝之间的联结都紧密时，称为圈内人；当粉丝与乐手联结紧

① ［美］罗伯特·V·库兹奈特，如何研究网络人群与社区：网络民族志方法实践指导，叶韦明译，重庆：重庆大学出版社，2016：40。

② Reysen，S. and Branscombe，N.R. etc.，“Fanship and Fandom：Comparisons Between Sport and Non-Sport Fans”，*Journal of Sport Behavior*，2010，33（2）：12–30.

③ Kozinets，R.V.，“E-tribalized Marketing？The Strategic implications of virtual communities of consumption”，*European Management Journal*，2011，17（3）：252–264.

密，粉丝之间联结较弱时，称为爱好者；当粉丝与粉丝联结紧密，与乐手联结较弱时，称为交际者；当粉丝与粉丝的联结、粉丝与乐手之间的联结都较弱时，称为观光者。以此分类，方便考察微信群内粉丝与粉丝、粉丝与乐手之间的动态的关系形态以及关系模式的建构。

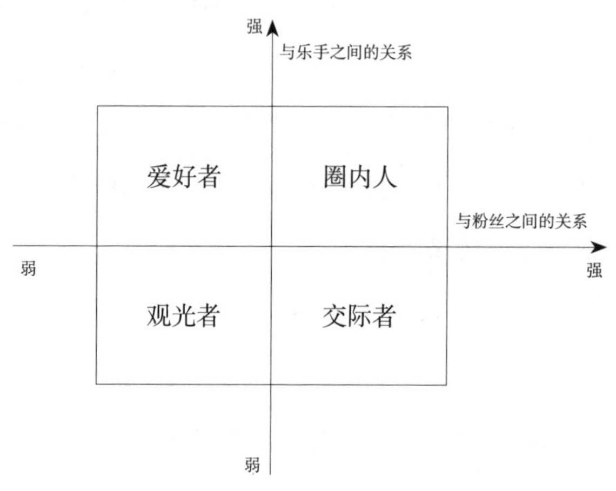

图10.1　微信社群粉丝的分类

二、微信群粉丝类型特征

（一）圈内人：关系的联结者

佳丽 3000 微信群中的圈内人主要指的是在追随偶像的同时，与其他粉丝建立强关系联结的核心群体。他们大部分是在佳丽 3000 微信群成立之初便已进群，之前便是乐手的忠实粉丝，追星的时间较长，相较于其他粉丝，他们对乐手和乐队的了解更多，在获取各方面信息与资讯方面也有更多的渠道。他们私下里常常以“老粉”自居。

在佳丽3000微信群成立初期，这些人成为拉新人进群的主力军，因而也在群里获得了相对具有话语权的地位。要想加入佳丽3000微信群，新人需要加群里“老粉”的微信，通过答题之后才能被“老粉”拉入群中，因而“老粉”具有一定程度的群体把关者和控制者的角色。而那些被拉进来的新人，也常常因为蒙“老粉”帮忙拉进微信群而对“老粉”抱有“人情”，在日常互动中常常在群里极力拥护他们，追随他们的话题讨论。同时，因为“老粉”加了众多粉丝的微信，而具有广泛的人际关系，对群内大大小小的事情了如指掌。

在群内互动中，圈内人在时间上投入的程度更多，也更加主动地提出互动的话题，与乐手、粉丝之间进行互动，喜欢表达自己，自我暴露程度较高。群内大多数的粉丝以及乐手对圈内人都具有一定程度的了解，甚至知道他们实际生活中的信息和喜好。

（二）爱好者：明星的追随者

与圈内人相比，爱好者与其他粉丝之间的关系较弱，他们入群的原因主要是为喜欢乐手或乐队而来的。但是在日常粉丝的互动中，他们对乐手的话题更感兴趣，也常常主动分享关于乐手/乐队的信息。但是对于他们不感兴趣的日常话题，他们常常会选择默默地窥屏，一旦乐手在群里出现，他们便立马从“四面八方”冒了出来，积极地参与到话题的讨论中去，并且乐于分享。受访者新垣结衣便是这样的一位粉丝：

> 咖喱这个群比较特别，乐手很在乎我们（粉丝），日常主要还是比较关注乐队那几个人发了一些什么（信息）吧，

乐队的人出现的时候群里会相当热闹，我就会跟着和乐手们聊两句，但是日常其他人（粉丝）在闲聊的时候我不经常参与，在这里大家交流对乐手的感情比较重要嘛。

但是也有爱好者并不这样认为，为对乐手留下印象，他们也更爱在乐手面前展现自己。

我是好几年的粉丝了，经常去看他们的演出，一年也能面基好多次。其实我并不期望“丫头”能记住我，毕竟全国的粉丝那么多，但是如果能认出我，我当然会超级开心。（聪聪）

（三）交际者：互动的爱好者

相对于圈内人，交际者常常是刚刚入群不久的“新手”。他们对乐手和乐队并没有很长时间的追随。交际者对融入集体有着强大的意愿和积极的行动，十分愿意与大家找到共同交流的话题。他们把佳丽3000群作为一个日常交流的根据地，与拉他们进来的圈内人聊得火热，也有很多交际者是因为好友在微信群里才相继入群的。

群里有好玩的事情当然会找人分享，特别是李鹏发他那两个混血baby照片的时候，怎么会有这么好看的小孩子，我就会跟我闺蜜分享，她知道我很喜欢咖喱，我也常常跟她讲里面的趣事，她慢慢也入坑（喜欢上这个乐队）了，后来我就把她拉到了群里，也成佳丽啦。（佳狗）

我第一次是被朋友拉着去武汉草莓音乐节，本来我是准备听万能青年旅店的，我朋友听新裤子，常常听她说“丫头”人多好、多帅，我就陪她听，结果在现场被圈粉了，后来朋友就拉我进了这个群。群里大家的氛围真的挺好的，常常跟他们一起聊天，我也在群里认识了不少朋友，有些还经常联系一起去看演出。（雪鹅）

（四）观光者：沉默的窥视者

观光者是一群相对复杂的一类群体，他们长时间在群中“潜水”，时不时地加入群体的讨论中，但绝大多数时间不主动发言参与讨论，缺乏交流的动机。他们喜欢以热爱独立音乐自居，自称自己进群主要是因为音乐而来的，强调自己是理智的粉丝，但他们从窥探大家在群中的互动而获得快感，并与自己的现实好友进行交流。

我一般有时间的时候才会看一下群里在聊什么，不会时时刻刻都关注着乐手发什么了，我可能和其他粉丝不太一样。有时间了会看一下群，爬个楼，看看有没有什么特别有趣、好玩的事情。（新垣结裤）

同时，在观光者身上也看到了“嵌套认同”，他们同时游走于各种不同的音乐类微信社群之中，以“狩猎”的方式了解乐队资讯和动态。

我喜欢的乐队还挺多的，不像群里的一些粉丝那么疯狂，听音乐这个事情跟阶段有关系，有些类型也就听一段时间……加群是因为在群里能知道更多关于乐队的信息吧，比如巡演信息，会比较早知道。（阿东）

实际上，微信群粉丝的这 4 种身份并不是一成不变的，当群成员之间互动发生变化时，以及微信群成员对其他粉丝或乐手之间的联结改变时，粉丝所处的类型也会发生变化。群内成员之间在动态之中结成了关系之网。

第二节　粉丝群体的动态关系建构

粉丝关系建构的所围绕的核心是对“迷资本”的争夺。从粉丝群体来看，粉丝入群时间、资历的深浅等，都在一定程度上影响了粉丝在群内的先赋位置，以及与其他粉丝之间的关系。同时，在互动性和流动性的微信群内，粉丝群体之间的关系并不是固定的，在不断深入的互动中产生了各种相互影响的张力，使群之间的关系有合作也有矛盾。

那么，佳丽 3000 微信粉丝群内的 4 种类型的粉丝在日常互动之中形成了怎样的关系形态？这种关系形态是怎样相互转化和影响的？粉丝之间建立了怎样的关系模式？

一、微信粉丝群内三种关系形态

（一）合作与竞争

在佳丽 3000 微信群中，圈内人与爱好者之间因为同时对乐手 / 乐队有着同样强烈的喜爱，在微信群内对乐手 / 乐队的感情上处于合作和竞争的关系。他们在群内保持合作关系，对乐队的活动和乐手的信息积极做出回应。

但是，微信群具有对群体内信息开放的特征，这使所有人卷入到互动的场景中。同时，微信群内互动话题的并行是微信群互动的特征之一，群内多对多、一对多、一对一等互动使得话语的进行节奏并非始终统一。除了主话题之外，在互动中还穿插着其他人各种短暂或者并行的话题。这就使共同在场的一些粉丝被迫卷入一对一话题的场景中，这种互动的不平衡也会引来许多矛盾。笔者注意到有粉丝经常成为别人吐槽的对象，她经常在大家聊天的时候，突然@乐手说另外一个与群内话题毫无关联的事情。但是粉丝们认为这样经常性地@乐手并不是无意为之。

> 那个小国庆（粉丝），芝麻点儿的事就在群里@乐手，乐手他们那么忙没有很多时间看群里的信息，等后来看见有人@了，还得爬楼找，真是不替别人着想。（ying_yin）
>
> 大家和乐手都在聊一个事情，有人总是突然@乐手说另外的话题，乐手也不好不回复，一来一往的，大家看着他们聊也插不上话，怎么说呢就有种在私聊的感觉，我们大家就看着他们霸屏，有些人会插几句不痛不痒的话，但是这样挺没意思的。（全智贤）

（二）融入与共生

粉丝们在微信群中的虚拟身份，是在粉丝社区中的身份体现。由于微信群内互动的不均衡性，使得大量时间和话题都被圈内人的互动所占据。同时，粉丝所掌握的文化资本和社会资本也不同。对于源源不断进入群体的新粉丝，如果想尽快地融入群体，获得群体内互动的潜在规则，就不得不经常与圈内人进行互动，快速地熟识起来，并且与他们建立私人友谊关系。这是一个双向互利的过程：一方面圈内人需要依靠交际者对自身身份的稳固，另一方面交际者需要圈内人作为中介融入集体，在这个过程中，圈内人群体的地位得到不断地强化，圈内人与交际者形成共生的关系。他们之间结成更加稳固的友谊关系。在访谈中，粉丝新垣结衣说到群里的关系的融入：

> 毕竟乐手并不是时时刻刻都在群里出现，大部分的时间还是群里比较活跃的那些粉丝在聊天，一个刚进去的粉丝最先认识的还是那些老粉丝。他们懂（乐手）的信息更多一些，曾经和乐手聊天发生的梗，也只有他们能懂，所以听不明白还得多问问他们才能明白是什么意思。

（三）冲突与旁观

微信群并不是一个等级规则森严的空间，同时粉丝群体也不是一个均质的群体，内部情感和价值观的差异在微信群体中也有所显示，因此粉丝的流失与旁观也司空见惯。再加上没有管理人员对社群成员的行为做出明确支配，对成员的行为态度和人员去留也无法进行干涉。就像乐手 Hayato 说的："我觉得佳丽 3000 这个群就是一个客厅，开放的客厅，粉丝因为喜欢我们想要进来，我们开门欢迎大家进来一起聊天，但是粉丝是自由的，想说什么或者不想说什么，我们都不会干涉。"

异质化的群体使群体的稳定性难以保证，在访谈中发现，粉丝之间价值观的不同、在群中与他人发生矛盾、没有熟识的好友在线等都是粉丝从活跃到不活跃，从互动到旁观的原因。受访者佳狗在建群初期就加入了佳丽 3000 微信群，她讲述了自己和群里发生过的矛盾。

佳丽 3000 微信群粉丝之间几乎没有什么规定，只有一条，不能私加乐手微信，不能将乐手微信信息外泄。有次聊天中，一位粉丝不经意间透露了李鹏今天在微信朋友圈里说自己要去云南演出的消息。佳狗直接站了出来说："群规定不是不让私自加微信吗？不是有群规吗？"其实有粉丝私加乐手微信也是大家心知肚明的事情。但是对于大家不遵守群规的行为，让佳狗感到很气愤：

> 我本来觉得在这个群里和大家和乐手聊聊天就可以了，不要破坏规则，但有些粉丝就是想搞特殊，要是都去加乐手微信，乐手不开心了说群解散了怎么办？有些人加了，考虑过其他没有加的人吗？我觉得我这样想是对的。

这次在群里直接的冲突之后，佳狗在群里就不再那么活跃，更多的只是旁观。此外，微信场景的虚拟在线与不在线使粉丝拥有了极大的自主权，内在性格、入群目的等粉丝个体的差异化也使得在群内的表现有所不一，受访者新垣结裤认为，即使是旁观与窥屏也可以得到乐趣：

> 我本来就不是特别能和别人聊在一起的人，我挺佩服那些可以和群里打成一片的人。我觉得我就旁观窥屏就挺好的，看他们聊天也很有乐趣。尤其是乐手在的时候，看他们聊天斗嘴就跟看小说或者故事一样，但是让我加入进去我不知道自己要说什么。

二、场景作为调和的方式：面子与人情、小群与大群

随着互动的深化，粉丝群体间的关系得到转化，不仅从陌生到熟悉，由弱关系转向强关系，甚至拓展到私人关系层面，这也使得"小圈子"得以产生。在群内的互动中，不少粉丝之间也由陌生人逐

渐熟识起来变为好友，因为聊天投机而结成伙伴关系，并组建与佳丽 3000 微信群的“大群”相区别的“小群”。孙隆基在讨论中国人“做人”与“面子”的问题时曾说到，中国人的人格组成中具有很重要的他人成分，因此就产生了在别人面前“做人”的观念。在别人面前“做人”，亦即给别人“面子”[①]。在人数众多的“大群”里，具有一定公共空间的性质，所有人都在别人的注视之下，也同时关注着所有人的言行。

微信中不同群场景的并置和嵌套，为粉丝间人际矛盾的处理提供了一种调和和缓冲的方法。佳丽 3000 粉丝们往往将“大群”作为交往的前台，“小群”作为交往的“后台”一同使用，当“大群”中发生话语上的冲突，或者不方便讨论和评价的事情放在“小群”里，进行调侃和吐槽，有时甚至要“安排”好在“大群”中如何表演和如何回复。粉丝行为的“前台”与“后台”逐渐产生。

> 佳丽 3000 群毕竟是乐队的，有些粉丝或者乐手说的不合适的言行，即使自己心里不爽也不会说出来。其实再大的事儿也是人家的地盘儿，要给咖喱面子。（阿左）

笔者也加入了一个由核心“圈内人”组成的小群。一日，在佳丽 3000 大群中，大家正在讨论乐队今天去 Modernsky Lab（摩登天空旗下的 Live House）演出，阿左搞错了时间以为今天是南京场，有位粉丝说话比较直接，回复阿左说“南京没有 Modernsky Lab”，这句话刺痛了阿左。阿左便把微信截图放在了小群里：

> 阿左：我承认我今天不对，没搞清楚，以为今天是南

① 孙隆基，中国文化的深层结构，北京：中信出版社，2015：151。

京场，但是被她这么讲，就好难过。

尤古：她说话也太冲了吧！

阿左：就觉得，这是一个熟人才会用的吐槽语气，可我们并不熟啊！

shell 壳子西：楼上那个“海报上有啊”才是正确的，这样的我才接受。

尤古：就是啊，下次你也呛她！

阿左：我可不像她，我做不到！

图10.2 粉丝阿左在小群里发的大群讨论截图

小群的建立成为粉丝们情绪的缓冲地带，在一定程度上减轻了粉丝在大群中所承受的压力，化解粉丝成员之间的矛盾，同时稳固了小群体粉丝之间的友谊。阿左说：

> 在小群里不仅仅是一些在大群中发生的烦心事，大群里发生好玩的事情，我也会在大群里说，也会回到小群里面讨论，小群里的几个人大家都比较熟，大家更能放得开。

三、微信粉丝社群的关系模型

粉丝对明星的情感认同与围绕“迷资本”的争夺，是粉丝群体关系建构的前提。从微信粉丝群体内部关系来看，粉丝与粉丝之间的联结关系、粉丝与明星的联结关系直接影响了粉丝群体在微信群内部的关系建构。从关系建构的动态发展来看，由于微信群始终处于实时动态互动之中，因此群体关系因成员互动的参与度、卷入度不同而有所不同。微信粉丝社群内部存在着诸多互动的不均衡，使得粉丝处于不同的类型，并通过互动的张力处于流动之中，其主要特征如下：

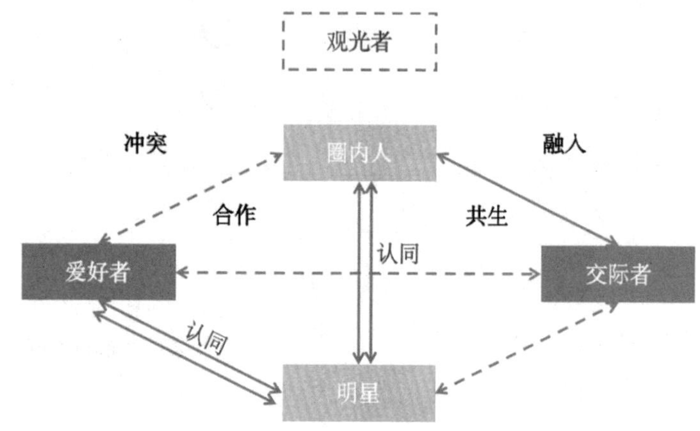

图10.3　微信粉丝社群的“桥梁-融合”关系模型

1. 明星与圈内人成为群体关系的双核心

明星在微信群互动中始终处于核心的位置，他们在群内的互动与关注焦点，始终是粉丝竞相争夺的“迷资本”。因此，明星不仅是粉丝日常话题围绕的中心，也是群体话题的主导者之一。明星凭借粉丝对其的情感认同与“迷资本”的争夺，使自身成为联结所有群体成员互动的桥梁。圈内人凭借其群体关系联结的结点，将加入粉丝群体中的粉丝联结起来。明星与圈内人这两种类型的成员，共同成为群体关系联结的桥梁与中介，将更多的粉丝纳入群体互动中，形成社群“桥梁－融合”的关系模型。可以说，这一关系核心对群体的稳定具有重要的作用。

2. 其他粉丝类型向观光者的转化

观光者与其他粉丝之间以及明星之间的弱关系，成为群体中“沉默的窥视者”。微信虚拟在场与不在场的时空关系，使群成员拥有了加入话题、围观、忽视，或事后“爬楼”的主动权。这使微信群中所有类型的成员都有能力成为他人话题的围观者，在一定的条件下转化为观光者的身份。

3. 群体关系在互动中转化

粉丝对“迷资本”的动态博弈，使佳丽3000微信群内的互动呈现出复杂性和多样性的关系结构。圈内人、爱好者、交际者、观光者在不同的互动中相互转化，身份相互交叉，使得粉丝群体一方面在群体互动中，用共同的情感维系着成员之间的关系；另一方面，微信群的非强制性和流动性、成员在互动中对资源的相互竞争又加剧了群体的不稳定性。

本章小结

粉丝对明星的情感认同及仰慕，作为一种原始动力不断推动着粉丝对“迷资本”的争夺与占有，群聊的字里行间中抢占一车一卒，始终处于动态之中，这种粉丝群体内动态的关系贯穿于整个社群内部互动的始终。

对社群内部粉丝成员进行分析，可以分为圈内人、爱好者、交际者、观光者四类。圈内人是粉丝社群关系的联结者，他们与乐手和其他粉丝的联结都比较紧密，投入的时间和精力多，对群内大大小小的事情了如指掌。与圈内人相比，爱好者与其他粉丝之间的关系较弱，只有在乐手出现时，他们才表现出参与的热情；交际者常常是刚刚入群不久的“新手”，对融入集体有着强大的意愿，积极参与日常交流；观光者的构成相对复杂，他们长时间在群中“潜水”，缺少交流的动机，是沉默的窥视者。

粉丝群里的乐迷们存在着三种主要的关系形态：合作与竞争、融入与共生、冲突与旁观。随着互动的深化，粉丝群体间的关系得到转化，不仅从陌生到熟悉，由弱关系转向强关系，甚至拓展到私人关系层面，这也使得“小圈子”得以产生。

在动态的关系建构中，有两种相反的力量开始影响粉丝群的存在：力量的一方是乐手与圈内人。他们构成了群体关系的双核心，是联结群体关系的桥梁与中介。他们努力用共同的情感维系社群，将更多的粉丝纳入群体互动，因而是社群“桥梁－融合”关系模型的促成者和社群稳定的主要力量。力量的另一方是其他类型的粉丝及其互动关系。互动中的不快、对资源的竞争，使得粉丝们有向观光者转化的趋势，身份变得复杂多样，群内关系变动不居，这些增加了粉丝群体的不稳定。

第三部分

个人社区

在“我为什么不爱发朋友圈”这个短视频里，papi 酱自言自语道：

“前面吃的那个火锅还不错，我发个朋友圈吧。

不对，我同事都在加班啊，这样好像显得我不工作似的，屏蔽他们吧。

不对，我妈前两天刚说过不让我吃火锅的，把家人也屏蔽下。

不对，我上回刚鸽了我闺蜜，隔天就发火锅照片，是不是不太好啊，屏蔽一下她吧。

不对，这个照片里边怎么有酒啊，上回跟客户吃饭说了不能喝酒啊，那把客户也屏蔽一下吧。

不对，这屏蔽了客户是不是把同行也屏蔽呀，万一穿帮了咋办？把同行也屏蔽了。啊对，还有几个杠精，一块屏蔽了吧。

我看看现在还剩谁了，OK，谁都不剩了。

不发了。”

小视频很搞笑，也意味深长。自媒体（We Media）与社交媒（Social Media）的共舞，并不单纯是技术发展的两个面向，更是人类社会中个体与群体这一根本关系的反映，媒介发展带来了个体社会与社群时代的张力。本书前两部分论述了媒介化的社群生活，本章将剖析个体的媒介化生存与自我认同。

第十一章

个人社会网络与自我认同

腾讯官方数据显示，截至2019年3月，微信国内用户及海外用户的合并月活账户数达到11.12亿。许多人睡前做的最后一件事就是浏览朋友圈，早上醒来的第一件事是查看微信消息，朋友之间不再交换电话号码而是互留微信号……微信已然成为人们的一种生活方式，而作为微信的重要社交功能，微信群聊和朋友圈，也就成为许多人进行社会交往活动的“个人网络社区”。

第一节　手机里的个人社区

一、“个人社区”与手机“家园”

20世纪70年代，继社区衰落论、社区虚存论之后，美国社会学家克劳德·S.费舍尔（Claude S. Fischer）等人提出社区解放论

（Community Liberated）的观点。费舍尔在《城市性的亚文化理论》一文中指出，在现代城市中，城市居民更有可能超出邻里范围和地域局限，建立更广泛的人际关系[①]。费舍尔不仅提出了城市亚文化理论，还提出了城市社会网络理论并进行实地调查，从而成为社会网络理论的创始人之一。巴里·韦尔曼（Barry Wellman）和巴里·雷顿（Barry Leighton）1979 年的《社会网络、邻里关系和社区：社区问题的研究进路》一文指出，将社区生活和人际关系研究局限在地域性的邻里关系，会导致社会学忽视人们其他重要的日常活动和社会交往领域。如果仅考虑邻里关系，会忽略人们在居住社区之外的社会亲密关系。他们主张要从地域和场所的局限中解放出来，重新思考社区的概念[②]。个人社区以及相关的社会网络研究在互联网兴起之后更加快速地发展起来。

某种意义上，“一切关于人与技术的讨论，最终还是落到参与其中的人身上，具体而言，就是自我”[③]。手机被称为第五媒体。保罗·莱文森（Paul Levinson，一译保罗·利文森）曾将手机称为我们“温馨的家园”，一方面它使我们能够联系到任何人，另一方面又使人人都能够找到我们；它既赋予了我们了不起的力量，又使我们相当脆弱。这样一个“移动 + 连接”的神奇家园，使我们在个人社

---

① Fischer，C.S.，“The Subcultural Theory of Urbanism：A Twentieth-Year Assessment”，*American Journal of Sociology*，1995，101（3）：543-577.

② Wandersman，A. and Nation，M.，“Urban Neighborhoods and Mental Health：Psychological Contributions to Understanding Toxicity，Resilience，and Interventions，” *American Psychologist*，1998（6）：647-656.

③ 单波、叶琼，阅读《在一起孤独》：网络社交自我的不确定性与可能性，新闻大学，2019（1）：45-59，117-118。

会资本、社会支持网络的强化、形象与关系管理等方面都变得积极且大有可为[①]。这些功能随着智能手机及其应用技术的快速迭代而被更快地推进了。

微信 App 以智能终端手机为载体，不仅集通信、社交、社会传播（公众号订阅）于一身，而且整合了多种社会服务等功能，这种“技术温馨”[②]的确印证了莱文森所预言的媒介技术人性化的发展趋势。

从个人社区角度看，微信更是一个完美的个人社会网络载体。王欢、祝阳指出，微信的设计形成了三维沟通矩阵。X 轴是以语音、文字、图片、视频为主的基本功能，延续了传统网络通信根本功能，尤其是短语音讯息的实现，颠覆了传统的人际沟通方式；Y 轴是以朋友圈、通讯录、QQ、微博、邮箱为主的 SNS 功能，充分利用了闲置的熟人通讯录，建立起以强关系为主的熟人关系圈，SNS 实现了以弱关系交往向强关系交往的转变；Z 轴则是以附近的人、摇一摇、二维码识别、漂流瓶等形式表现的 LRS 功能，利用人际交往的地缘信息，为人际互动提供可能。[③]这样一个完美的个人社区中，不仅有了容纳各种社会关系的可能，而且设置了包括前台、后台等各种的社交场景。朋友圈是个人唱主角、呈现自己、进行人设表演

① 胡春阳，寂静的喧嚣永恒的联系，上海：上海三联书店，2012。

② 在何道宽为保罗·莱文森《手机：挡不住的呼唤》的序言中提到一位麦克卢汉的崇拜者约翰·卡尔金，曾用家园（hearth）的拆字游戏强调任何技术媒介都是利大于弊而给人“技术温馨”的。Hearth 可以拆出 4 个词：hear、heart、ear、earth，即我们要用耳朵和心灵去聆听地球母亲的呼唤，唯其如此，我们才能够拥有这个温馨的家园。

③ 王欢、祝阳，人际交往视角下微信功能的探讨，现代情报，2014，34（2）：82–93。

的专门舞台，并且可以在这里与“观众”互动，以及安全地窥看旁观别人表演的地方。微信群是个人进行各种社会角色扮演的另一个“前台”，各种的群和联系人囊括了个体的所有身份与社会关系，它使无形的群体关系变得“一机在手，由我掌控”。

路易斯·沃斯（Louis Wirth）在《作为一种生活方式的城市性》中指出，在城市环境中，人们密集地居住在一起，具有异质性特征的城市居民在相互接触中形成了不同于传统礼俗社会的、新型的城市意识、交往方式和生活方式[①]。城市性生活的突出表现在于：理性化人格、适应次级群体社会关系、适应超负荷社会交往模式、适应亚文化环境及对多元文化、观点的宽容等。可以说，都市人固有的主要社会关系（如初级群体、次级群体），以及随着生活而展开的社会联结形成各种关系都密集地汇聚在个人的微信号里。

本书的前两个部分，从社区微信群和兴趣社群的分析探讨微信对群体互动的影响和作用机制；这一部分将从个体角度来探讨在微信这一媒介环境下个体的群生活状态。我们运用了问卷调查和非结构访谈的方式进行资料收集。问卷调查的执行时间是在 2018 年的 11 ～ 12 月，访谈则采用随机聊天的方式在各种职业的人群中进行。

二、微信里的社会关系

手机，巩固了以个人为中心来重建社会网络的社会发展趋势。

① ［美］路易斯·沃斯：《作为一种生活方式的都市生活》，赵宝海、魏霞译，载孙逊、杨剑龙主编《阅读城市：作为一种生活方式的都市生活》，上海三联书店，2007：2–18。

微信群，是一个人所属的各类社会群体在微信中的浮现和缩影。微信群中有稳定长期的群，也有临时性的群。临时性的微信群，是指那些因为一次性任务或活动而搭建的微信群，事情完成后就解散或沉寂。与之相对的是非临时性微信群，是指比较稳定的社交活动群。或有持续的稳定关系，或承担一定的社会功能，如交易等，持续存在且有言语行为发生。

1. 群的数量

根据我们的问卷调查数据，38% 的人在微信里有 11 ～ 20 个稳定长期的微信群，25.35% 的人有 21 ～ 30 个非临时群，17.6% 的人有 31 个以上的群。访谈显示，还有的人的群数量超过 200 个。这说明有超过 80% 的人处在数量繁多的各种群中。微信作为一款社交媒体，成功地促进了初级群体 / 次级群体、正式 / 非正式、相关 / 不相关等各种各样的社群的搭建。

从社会学角度来看，群体是人们通过某种社会关系联结起来进行共同活动和情感交流的集体，其内部有稳定长期的成员交往关系。人们在不同的社交空间根据自己对社交“情境”（situation）的“定义”和理解进行角色扮演，按照相应的礼仪方式与不同角色关系的人进行互动。正如符号互动理论家威廉·托马斯（William Thomas）所言，“人们一旦被情境所限定，他们的行动也就随之确定”[①]。前微信时代的社会群体，个体所拥有的社会群体数量，无论初级群体、次级群体，还是趣缘群体，都是比较有限的，联系也没有那么频密。

---

① Thomas，W.I. and Thomas，D.S.，The Child in American，New York：Alfred A. Knopf，1928.

个体微信群数量的暴增，来自以下几方面的社会事实：

（1）借助微信，人们社交领域得以扩大，不仅联结了传统的血缘、地缘、业缘、趣缘关系，还尽可能地组建、重构和扩展了这些关系。比如重新整合的亲缘关系。他除了家庭群、父母兄妹家族群，在老家一些远房的堂兄弟们也建了群，其实有的都不认识。再比如扩大的地缘关系，一些地域性的同乡会、××籍企业家联合会等；以及一些延伸的同行业关系，如行业专业会议组建的群，以此作为学术流派的阵地。

（2）各种需求与功能的媒介化和群化，即通过手机微信媒介来进行，通过群集来完成。比如各种团购群、代购群、外卖群等，都显示了我们各种需求的媒介化，并以群体的方式进行。这些工具性的群是微信出现之前所没有的。

（3）人们社交圈子活动的细化和专门化。人们会根据目标更加细致地划定成员范围和确立边界。在同一个群体内，人们也会因事务的所涉而划出各种圈层，形成不同的分类小群。一位同学在聊天时说："各种同学群，各种组合：一言不合就拉群聊，这个群和那个群可能只差一个成员而已。"也有人吐槽说："一个寝室6个人，建了5个微信群。一群没有A，二群没有B，三群没有C……"这种情形在工作群中也大同小异。大群之外也常另建小群，"防止忽略大群的事情"。一位资深媒体人士TY谈到自己的工作群时说：

> 有好多群。有报社大群，有我们部门的群，我们下面很多小群。根据业务组又分好多小群。我称它们为"战斗小分队"。以前工作靠电话沟通，现在是用微信群来达成对工作任务的分派，沟通效率提速。以前同样一句话，我对

张三说、对李四说，说一大堆，现在我在群里一布置，大家都周知了，中间就没有流程了。

微信可实现在范围边界管理上的精细化，即便是同一类社会关系，也因各种因素而被分化建专群，这是导致手机里微信群数量大增的原因之一。

为数众多并不断增加的群数量，使人们陷入在手机微信精细区分的关系丛和角色丛中。

2. 群的类型与特点

微信群，具有社会关系的属性，是人的社会关系在微信社交媒体上的呈现。这其中，一部分是社会学传统意义上的初级群体、次级群体、趣缘群体，涵盖了亲缘地缘基础上的家庭、朋辈、同学、邻里，职业社会组织基础上的同事、同行关系，以及兴趣同好基础上的网络兴趣社群；还有一部分是基于人的需求和社会服务相联结而形成的，如外卖群、团购群、交易群、二手群、某类服务群等，这一类的群中，大部分都是陌生人。

不同的群，体现的是现实社会关系特征的内在规定性和规范。根据群内的社会结构和联结方式，笔者把微信群大体分为3类：

非正式群：包括亲人家庭群、朋友群、邻里群，对应的是初级关系中的家庭、亲戚和游戏伙伴、地域邻里。从社会学角度看，这是最基本的社会群体形式，它以共同的价值观和道德规范为基础，无正式组织结构、无正式章程，其功能是满足人的心理和情感需求。同学群、校友群也可以归为这一类。兴趣群和一些因业缘关系形成的非正式群体也具有这样的特征。这类的群，内部相对平等，尽管也不无群规，但非常宽泛，其内容和作用就像社会习俗。

正式群：工作群，对应的是社会组织和职业关系，是最为正式的关系。社会组织是为一定的特定目标组建起来的具有严密结构的制度化的群体。马克斯·韦伯（Max Weber）的“科层制”理论概括了社会组织的组织形式和管理方式：以正式规则为管理主体、具有明确的职权分工和职位等级[①]。这些特征在微信工作群中也得以体现。受访者一位公司中层人士 HG 说：

> 工作群在正常情况下，有老板或主管领导，群的意义是老板要发布重要内容广而告之，让大家都知道，但如果就某个细节要讨论的话，就是某一个 A 或 B 之间的两点沟通就不在群里说了，员工一般私聊。通常在发布通知的大的工作群下面会分化出进行专门讨论的小群。小群的等级概念会弱化一些。

组织的运行包括了组织决策、沟通以及组织控制。即便是在群这样一个没有物理空间情境的虚拟网络中，也是严苛的。HG 说：

> 一个群干什么事情有规矩，比如它是一个同学群，大家可以随意聊。既然是一个工作群，我们就只聊工作，既然是领导发布任务，那大家肯定会有一些责任感，对工作有使命感。

功能群：如团购群、交易群、二手闲置群、外卖群等。名为“群”，实际上像“自由市场”一样，各种东西的信息发布，只为某一类消费或交易而存在，群成员基本是陌生人，缺乏社会互动和社

---

① Weber，M.，The Theory of Social and Economic Organization，trans. by Henderson，A.M. and Talcott Parsons，New York：The Free Press，1964.

会内容。

根据问卷调查，排在人们社交关系前3位的依次是朋友群、亲人群和同事/同学群[①]。有超过95%的人有朋友群，92%的人有亲人群，接近90%的人有工作群，这是手机上最重要的三类群，说明这三类关系仍是人们的主要社会关系。其次，兴趣群也占据了近六成。

3. 什么群重要?

对于微信群的重要性主要从两个角度考察：一是就重要性排序。问卷数据显示，从高到低依次是：亲人群、朋友群、同事群/同学群、兴趣群、社区群及其他[②]。二是置顶。置顶是微信的一个功能，通过设置可以让个体认为重要的群信息不被沉没。通过考察人们置顶的群类型，也可以看出群（社会关系）对于个体的重要性程度。有超过一半的人将亲人群置顶，这一比例在中年人中更多。其次，将工作群和朋友群置顶的也超过了四成。

结合访谈可知，在重要性的排序上，存在着性别和年龄的分化。大部分成年女性倾向于认为家庭群重要，而对于职业男性来说，虽然家庭群也很重要，但相当一部分认为同事群或工作群更为重要。这与传统的男主外、女主内的观念和分工有关系。而年轻人处在社

---

① 微信群的类型与受访者的年龄与职业状况相关性较强。学生微信群的类型更多是朋友群、同学群、社团群、兴趣群等；但职业群体亲人群、同事群较多。所以问卷分为两类，一类是职业人群，一类是大学生/学生。前者的群中有“同事群”，后者有同学群。为方便操作，在统计时合并为同事/同学群。问卷中有相当数量的学生，为了克服这一问题，我们通过一些访谈来矫正。

② 其他的群，有老乡群、社团群、同学群、宿舍群、家长群、外卖群、团购群、学习群、代购群、拼单群等。兴趣群有粉丝群、健身群、电影交流群、潮牌交流群、投资群等。

交的开拓时期，会认为朋友群更重要，在年轻人中，将朋友群置顶的比例较高。

个案：一位 47 岁的女性企业会计 R，微信里有 23 个群，亲人群就有 8 个，同学群有 5 个，还有 2 个朋友群，住宅小区有一个业主群，方便楼上、楼下交流；有 2 个孩子，每个孩子班级都有一个家长群；工作群有 5 个，包括同事群、税局群。

> 对我来说，亲人群、同学群、工作群相对比较重要。父母孩子，嘘寒问暖，饮食起居。同学以前感情挺好的，线下也经常聚一聚。我把亲人群置顶，主要是方便了解关注子女异地学习的情况，有什么事也能第一时间找到群与孩子沟通。我爸妈也用微信，所以在微信上也能解决不能每天去看他们的问题，可以多些问候。因为群消息挺多的，也常常和工作上、同学朋友联系，所以很容易把亲人消息给盖住了，群置顶就可以解决这个问题。

而另一位在媒体工作的男性主编在访谈中说：

> 工作群最重要。那是你的角色呀。家里的事，对我来说，不是特别紧迫。这是由我的工作性质决定的。我同事跟我联系——为什么我刚才急着回复（在访谈过程中他停下来回复同事的微信）——他马上要发稿、上报纸，你磨磨唧唧弄，影响工作流程。同事群里都是事。对有的工作（时间）可能没关系，早一个小时晚一个小时无所谓。我们是争分夺秒。如果你这边耽误时间，后面的同事就没办法做，然后单位都受影响。对我来说，工作群比较重要，是优先级。在我这里决策耽误，会带来不好的后果。

当笔者问，如果从下属角度，会把什么群放在首位时，他说：

肯定是我下指令的群。我跟你分享一个案例吧。我去新浪考察，跟一个新浪财经版的主编聊。他说，新浪的一个副总，是分管他们财经版的领导，看到我们媒体发了一条信息，他就在工作群里@了这个主编："尽快跟进、转发"。当时@他的这个领导实际上还在路上，还没有到单位上班，前后大概30～40分钟的样子，第二条微信就发来了："××扣500；××扣400……"，罚单直接就来了。他（指财经版主编）给我看了这条罚单的微信，说："我今天又吃了个罚单"，他最多一个月被罚过1万块钱的罚单。他没有及时看到信息，就是这样不讲人性。他不管你是在路上或是在哪儿干什么，只要头儿跟你说话了，你就得在岗。

我后来也借鉴了他的这个办法，你张三不在，李四要及时补位，不在位不补位，我就要处罚你。互联网就是这样。我上周日6点20分左右留言，没反应。7点还是没反应。7点20分我直接跟他们说"要严肃处理"。我们有明确的时间安排，谁值班、谁到岗。我任务分配下去了，没人反应、人不在岗怎么行。我推测其他企业也类似吧，企业也存在订单业务，有及时性的问题。

一位访谈对象说，"除了家庭群、工作群，其他都会设为免打扰"。现代社会中，初级群体的许多功能为组织所替代，绝大部分人的大多数生命时光是在正式组织中度过的。工作与家庭基本上是都市人生活的重要两端，在微信时代也一样。

对于很多还没有职业关系的大学生来说，属于朋辈群体的朋友群、社团群则比较重要，他们偏向于与同龄朋友交流感情和利用微信开拓新的人际关系。社交网络是一个潜在的关系网络，有被激活变成社会资本的可能。在访谈中，一位播音主持专业的大学生说，他加入了一个商演群，里面有一些已经毕业、就业的师兄师姐，通过他们可获得很多商业演出的兼职机会。微信群的社会关系网络，与线下的社会关系有相一致之处，但又有网络社交的独有特征：虚拟性、多元性、创新型、自由性、异质性。这些使人们的社交更加多元化、自由化，社会资源也能得到扩充。

4. 参与度

一项研究显示，用户在某一微信群中的表达意愿与群的活跃程度、话题共识与社群结构有关，但更多会受到与其他成员之间关系的影响。群成员之间的熟悉度和信赖度影响成员在微信群中的活跃度，情感因素占据主导地位。[①]社会学符号互动论指出，人们在不同场合（社会关系）中表现出与角色规定相一致的行为，这种行为方式和互动模式的差异也表现在微信群中。大部分受访者表示在不同类型的群里，自己的行为方式会有所不同。

根据问卷统计，对微信群聊参与度由高到低依次是，朋友群－亲人群－同事群－兴趣群。在亲人与朋友之中，受访者表示更愿意参与朋友的聊天，可以畅所欲言："在朋友群里会比较活跃，日常和朋友吹水联络感情。"（小D语）朋友群具有较平等的社群结构，成

① 巴志超、李纲、毛进、徐健，微信群内部信息交流的网络结构、行为及其演化分析——基于会话分析视角，情报学报，2018，37（10）：1009-1021。

员处于同一等级和地位，情感维系是群内信息交流的主要功能和目的，朋友间自由轻松交流，而少有来自等级压力带来的沉默，降低成员对于自己表达观点可能带来的不良后果的担心。年轻人尤其喜欢在朋友群里产生共鸣，找到自我："随时随地，任何话题都可以开聊""可以调侃一下群里的人，也能接受别人的调侃，方式比较随意自由"。

在亲人群里的表现则存在个体化的差异，有的比较轻松活泼自然，有的较为疏离。亲人群，也有大小、紧密和相对疏远之别。小群体如家庭群，扩大的家庭，则是亲戚群，有些十几个人的家庭群，是一种扩大的家庭，包括了兄弟姊妹及其配偶以及孩子们，90 后、00 后在亲人群，尤其是人数较多的家族群中经常插不上话："父母长辈喜欢在群中转发完全没有科学依据的养生推文，并教导我们注意身体"，这些行为总让年轻人无言以对，"跟他们总是无法沟通"，甚至会选择将他们屏蔽。"他们讲的我都不感兴趣啊！还老提醒，看着心烦啊"。

塔尔科特·帕森斯（Talcott Parsons）关于社会现代化的理论提出了 5 个"模式变量"，并指出，随着现代化进程的推进，人们的行为模式和社会关系性质会在 5 个维度上发生变化，这其中角色关系的义务维度作为一个变量，在传统社会里义务是扩散的，而现代社会义务是专一的[①]。当各种传统关系被微信强化以后，相应的角色义务也难免被凸显。在现实生活中导致矛盾甚至冲突的代沟，在微信

① Talcott Parsons，The Social System，Landon：Routledge 11 New Fetter Lane，1991.

的移动世界里不仅存在，可能还有所加剧。作为互联网原住民的年轻一代与作为互联网移民的父母，在网络习惯于语言上有着比线下生活更大的差异。小 L 的一句概括很具有代表性："亲人群安静如猫，朋友群放飞自我"。

在访谈中发现，年轻人会将亲人群赋予较高的重要性，但同时又表示自己在群中的参与度低。对比微信线上线下，家庭环境通常是亲和、轻松、关爱的，人们用各种表情和动作来辅助这种表达，但是在微信群聊中，只剩下干巴巴的文字符号，年轻人在一起打打闹闹的、有趣的表情包文化用不上，即使代际之间使用表情包，也是中规中矩、合乎角色的一类，所以显得比较正式化了。

对于工作群，大部分人表示会"谨言慎行""表现得比较正式""会客气一些""讲话会比较严肃认真，说话也简洁明了，不会拖沓"。在正式的组织化关系的微信群中，人们的言语行为似乎也比线下的工作沟通还显得正式些。这一方面是由其目的、性质决定的，也与微信媒介环境有关。剔除了其他的互动因素，只有理性的文字符号时，工作群就愈加正式严谨。某些企业群的老板为了表示一下亲民，也会调节一下气氛。HG 提道：

> 老板也会发现为什么这个群里面这么严肃，就会发布一些脑筋急转弯或者益智题让大家做一做，可能会在某几个小时之内活跃一下。或者会在过年前的几个小时，老板发个红包啊，然后各种"感谢老板"的表情包，就活跃一点。

至于其他的群，家长群、兴趣群和功能群，都以不熟悉的陌生人为主，通常情况下较少参与和表现。引用一位访谈者的话就是：

“活跃的永远是那么几个，不说话的永远不说。”

> 家长群嘛，就是收到老师的消息就回复一句，也挺多家长不断说“老师辛苦了”之类的话。(R)
>
> 我参加过一个吉他社团的群。群里有200多人，但真正活跃的也就10多人。同学群的话可能活跃的会比较多，因为经历相似，大家共同点多一些吧。我说话少。因为同学之间关系很好就算长时间不联系之后，关系依然还可以，但是如果关系一般又较少沟通，真正遇到事情他也不一定能帮你，我觉得说话少反而会好一些。(HG)

本书前面分析过社区群与粉丝群的参与者类别[①]，圈内人/行家、爱好者/信徒、交际者、观光者4类不同的参与者在群里的活跃度有很大不同。观光者大多游离在讨论之外，缺少归属感与认同感。微信群的生命周期可划分为发起、扩张、活跃、稳定、分化、沉寂。[②]对于没有社会纽带基础的群来说，如果缺少持续的互动机制和参与意愿，群便没有了存在的意义。综合上面的几项数据会发现，从重要性、置顶率、参与度、活跃度排序等方面可以看出人们在微信群中的互动规律。

1. 按重要性排序：亲人群>朋友群>同事/同学群
2. 按置顶率排序：亲人群>同事/同学群>朋友群
3. 按参与度排序：朋友群>亲人群>同事/同学群
4. 按活跃度排序：朋友群>同事/同学群>亲人群

---

① 详见本书第二章第3节和第十章第1节。

② 王芳、翟羽佳，微信群社会结构及其演化：基于文本挖掘的案例分析，情报学报，2016(6)：617-629。

由此可以推论，对大多数人而言，由于亲人在我们的生活中扮演着最重要的角色，亲人群在微信群中，其重要性和置顶率最高，但人们的参与度和群活跃度最低，这使得亲人群大多数时候很安静地“高高在上”。朋友群的重要性、参与度和活跃度几项指标都非常高，因为朋友在我们的生活中，是同辈关系紧密的人群，交流的话题多、依赖性强，也是愿意通过频繁的交流以维系感情的重要角色。但感情敌不过饭碗，人们通常不会把朋友群置顶。关于同事群，受工作的需要、正式角色的职责要求约束，不像亲人与朋友群之间有更多的天然情感联结。虽然其参与度和重要性排序相比最低，但其强大的目的性、功利性、实用性，使之实际上占据着“置顶”的位置。

移动社交时代，流动性的社群关系充斥着手机屏幕，但家庭亲人、朋友和职业关系仍是我们最重要的 3 种社会关系群。现实社会关系和交往方式直接延伸或者映射到微信群聊中，微信群作为一个多人交流的平台，不仅没有改变、反而凸显和强调了人们最主要的社会关系与人际关系事实。

第二节 又爱又恨微信“群”

一、群信息冗余：“免打扰”“清理”

几十个甚至上百个群的微信群数量对人来说是十分超载的。置顶功能的开启，显示了人们对群的重要性安排。问卷调查数据显示，对于群消息，有超过七成的人只看重要群的信息，只有一成的人会把所有群的信息都看完，也有一成的人只看 @ 我或 @ 所有人的，即只看明确与我有关的。还有 5% 的人基本不看群消息。这说明，人们关注微信群的信息是根据与个人的关联情况相关的，工具性和实用导向比较明显。

微信群中的未读信息是以量化和可视化的方式来呈现的，每位成员发送的信息都会显示在每个人的手机群里。在访谈中，部分用户对经常性出现的“99+”，对过多的群聊信息感到抗拒和无奈。一方面，他们并不想因为忽略而错过关于所在组织的关键信息或者最新资讯；另一方面，又对其中掺杂的无效信息感到疲累。只有较少部分人会每一条去看。微信群的数量越来越多，但是数量比不上质量。对于大量碎片化的交谈信息，大部分调查对象只选择性地浏览对其有价值的内容，以避免微信群对时间和精力的占用。访谈者 QG 说：

> 微信群聊确实给我们生活带来了很多方便。群聊的价值就是分享。当你需要某种资源时，如果凭借一己之力搜集，那是最没有效率的办法。工作中的沟通群也是如此，领导的指令、同事间的项目协调沟通信息，都可以通过群聊完成。但随着微信的渗透和各种不同类型的微信群的兴起，也产生了无数问题。我们自觉不自觉地加入了无数的群，微信上每天的群消息数量是巨大的，绝大部分的信息都与你个人无关，你就会开启“免打扰”屏蔽群消息以求清净。但这又会使一些通知无法及时看到。

微信群消息被屏蔽，也就失去了群聊的目的。人们经常把看手机说成是“刷”。这个词很形象地把人们查阅手机信息时的动作传达了出来——手指快速地划动，屏幕流畅地飞过。人们不会仔细阅读，而是在完成一个“看完未读消息”的行为，从而获得某种踏实感或愉悦感，消解“信息焦虑症”。

> 或者不再看群消息，群消息太多，N 多个群，每个群有几十条、上百条消息，一般只会打开浏览一遍，然后换到下一个群。

在一些社区群里，各种刷屏、推销、拉票、帮砍价、炫富、广告、晒娃、鸡汤、养生信息等每日上演。有的群看着热闹，虽然热闹也是群体生活的自然要求，但浮泛杂沓的信息之下，人们不会再进行更进一步的认识，群聊带给人的更多是一种速度，而不是交往的深度。人们被海量的信息包围着，陷入“读”还是“不读”的两难之中：不读群消息，怕错过有用的或重要的事情，但读了之后又发现没有什么有价值的信息。正如 PY 所说，“有时会产生一种融不入这个群聊的感觉，但又不想选择退群，所以我基本上是不说话，对微信群消息也更多的是随便浏览，了解下大概算了”。部分受访者提到，会定期清理没有用的群聊和聊天记录，“看到就觉得不舒服，就像屋里塞满了乱七八糟东西”，这种心理在网络上被称为“数字洁癖”。笔者的一位学生，手机里有 41 个群：学生会群、闲置交易群、兼职群、系群、年级群、班群、课程群、团委群、宿舍群、实习群、兴趣群、夸夸群……因为受不了信息的繁乱，她于是就不断地“及时”地删除群信息，但也因此忽略了作业要求。在加了好友之后，她这样写道（如图 11.1）：

图11.1　与学生的聊天截图

排列在手机屏幕上的微信群，只有符号名称上的不同，群图标的组合头像非常小，相似高度，识别度有限，缺少外化的活动空间的边界，这是很多人会把信息发错群的一个原因。缺少像现实行动空间一样的场景边界，只是导致“串群”的客观原因，而主观原因则在于心理边界的消逝：人们需要不停地在多种群角色身份中快速切换，这一刻可能在朋友群里充满自主性和随意性的开放角色，下一刻遇到工作通知和联络又须迅速变成规定角色和职业角色，例如老板的员工。

基思·特斯特（Keith Tester）在《后现代性下的生命与多重时间》中指出，界限让世界具有可理解性，可以确立方向，提供安全感以及解释上的确定性[①]。朱塞佩·托纳托雷（Giuseppe Tornatore）

① ［英］基思·特斯特，后现代性下的生命与多重时间，李康译，北京：北京大学出版社，2010。

执导的电影《海上钢琴师》(*The Legend of 1900*) 中，1900 之所以最终没有走下舷梯进入城市，他有一段自白：

> 键盘有始有终，你确切知道 88 个键就在那儿，错不了。它并不是无限的，而你，才是无限的。你能在键盘上表现的音乐是无限的，我喜欢这样，我能轻松应对，而你现在让我走过跳板，走到城市里，等着我的是一个没有尽头的键盘，我又怎能在这样的键盘上弹奏呢？那是上帝的键盘啊！城市那么大，看不到尽头……太多的选择，太复杂的判断了，难道你不怕精神崩溃吗？陆地，太大了……我宁可舍弃自己的生命，也不愿意在一个找不到尽头的世界生活……我之所以走到一半停下来，不是因为我所能见，而是我所不能见。

手机屏幕上众多跳跃的微信群是没有边界的虚拟时空，需要你在庞大的信息迷丛中快速漂移、迅速切换，以准确的自我定位出入“社会”情境。如果情绪或状态没能成功调整，很容易发生社会学所谓的“角色失调”：要么在多重社会角色扮演中未能及时转场、转换角色发生“角色混淆”，要么因时间精力有限而产生“角色紧张”。

二、不合群：退群，还是被踢出群？

对于层出不穷的群消息，有的人选择弃之不顾、非诚勿扰，有的人选择定期清理、一删为快，还有的人选择“全身而退”。调查数据和访谈都显示，有 75% 以上的人有过退群行为。退群现象最多的是兴趣群，有超过 50% 的人退过兴趣群；41.7% 的人退过同事 / 同学群。针对亲人和朋友的退群较少发生。退群的原因中，“没什么用”的占了近一半的比例，其次是“没意思”和“太吵闹”，也有少部分人是因为发生了不愉快的事而退群。

访谈对象 QQ 最初抱着多结识点人做微商的想法进了很多群，她说：

以前很想搞微商，就加了很多群，可以认识的人多一些嘛，但是后来我又没有搞微商的念头了，我就把群全退了，太吵了。以前加了很多社区群，楼下卖菜的团购群、闲置二手群呀，我都有进去。后来都退了，消息比较多，很烦人。只留下来了闲置二手群。里面还有很多好东西呢，还有的直接（免费）送的，主人不想等那个时间了，就直接处理了。

个体在媒介使用中的创造性实践，某种程度上体现了个体的抵抗与再创造[①]。人们最终会选择那些与自己生活相关的、有价值的群留下来。就像受访者常说的一句话：微信里“那么多群，多少与我有关系”？

但就像中国人常说的，人在江湖身不由己，有些群虽然是鸡肋，无用且打扰，碍于关系和面子，你却很难退。微信群将各种直接的或间接的、现在的或曾经的关系都联结起来，但人生经历的各种群体都渐行渐远，缺少共同话语、缺少现实语境，或价值观差别、阶层分化等都会造成被“强扭在一起”的各种不适。在都市媒体工作

① 潘忠党，“玩转我的 iPhone，搞掂我的世界！”——探讨新传媒技术应用中的“中介化”和“驯化”，苏州大学学报（哲学社会科学版），2014，35（4）：153–162。

的 XT 说：

> 家乡有几个堂兄弟，有的都没有见过，建了个家族群，经常发一些农村的东西，抖音之类的小视频，比较低俗，毫无意义，还非常活跃，一大早四五点，就开始发，很恼火。我退了一次，又给我拉进去，最后还是果断退群。我正在工作的时候，它一下就跳出来了，不当心就会发错，留言留错群，就是这个问题。后来实在受不了又果断退了。同学群也退过，又被他们拉进去。各种震惊了、扎心了，不转不是中国人，××× 的背后的秘密，各种表情包，一搭没一搭的家长里短。太无聊，半夜三更，没完没了，我那时还不知道用免打扰。恼火死了，一帮人矫情，不痛不痒说个没完没了。很生气，果断退了，第二天又把我拉进去。我现在就不关注，成百成千的信息，我都不看了。什么时候无聊上厕所看一眼。

曾经有一则新闻，一位母亲一贯喜欢在同学群里晒女儿各种学霸表现，这次又晒女儿的清华通知书，还说“清华大学录取通知书就是大气”，本以为大家会夸赞女儿，没想到自己竟被班长踢出了群。因为炫耀而被踢出群的现象虽然不多见——毕竟再不喜欢也不至于不顾面子，但“想把炫耀的人狂踢出群”的心理估计并不鲜有。

在群这个“表演的舞台”上的晒，或社会学的所谓的“自我展示”，背后是强烈的获得社会奖赏的动机需求。爱德华·琼斯（Edward Jones）等人认为这种策略性地自我展示（Strategic self-presentation），通过有选择性地暴露和遗漏代表着某种形式的社会影响，自我展示者试图获得超过别人或观众的权力。[①]因此，如果说纷至沓来而又不相干的群信息是对个人生活工作的打扰的话，那么没有控制的炫耀性的晒则是对观众心灵和思想的某种干扰和施加影响。

朋友圈里的晒也是一样的心理。如果说晒到群里让人没办法的话，那么晒到"我的朋友圈"里，"我就可以选择不看"。一位 24 岁的年轻记者 MT 在访谈中说：

发朋友圈就两类，一个是晒、炫耀，一个是分享一些信息。女的一般好晒，微小的生活；男的更关注大的课题，行业的情况啊，政策啊这些大的事情。我有一个男同学，是个奇葩，特别好晒：在苏州买了房子，晒，还说"感谢父母"；去北京出趟差，也发朋友圈："又到帝都"；在机场吃个面，晒："面不好吃，还要四五十元"——感觉别人都是乡巴佬，哪儿也没去过似的——把他屏蔽了。他人不坏，就是好这个。一半接受他吧。

受访对象 QQ 也谈道：

我会把那个发朋友圈发得太勤的给屏蔽掉。我都看不到别人的了，全是他的。我朋友圈那些发的多的，就像刷屏一样，一天发个五六条的，其实也没意思了。给人家一种"你的生活我都知道"那种感觉，没有神秘感……做生意的人都喜欢发朋友圈。做微商的很搞笑了，他发个朋友

---

① Jones，E.E.，Interpersonal perception，New York：Freeman，1990.

Jones，E.E. and Pittman，T.S.，"Toward a General Theory of Strategic Self-presentation"，in Suls，J. ed.，Psychological Perspectives on the Self，Hillsdale，NJ：Eribaum，1982：231–261.

> 圈，让你去点赞，然后我就去点赞了。点完赞之后，没有人去评论，他自己就在下面评论，一会儿一条信息，一会儿又一条信息，就假装在回复别人一样，以为人家在问，他在回复人家。让人有一种错觉，好像他生意很好似的。

根据欧文·戈夫曼（Erving Goffman）的印象管理理论，遵从社交礼仪互相给面子是公共礼仪，但防止拆台行为的发生，也是表演者面临的问题。戈夫曼指出，应有表达的控制和保持一定的社会距离等取得观众的信任和尊重。换句话说，演员越是不下场，越是远离观众。对自己行为和距离的控制都是理想化印象的必要措施[①]。翟学伟在阐述中国人的脸面观时，从言行及其控制角度将中国人形象形成的选择途径分为4种，其中言语表现上说自己不行，但行为上表现出色，这种矛盾法是中国人塑造形象最常用的方法，也是印象效果最好的一种，会得到他人的捧场[②]。言语上的控制，不只是一种形象技巧，更是对他人作为社交主体的尊重，而不是拿他人作为自己表演的观众，企图以炫耀性呈现来获得别人的羡慕。

三、朋友圈的互动与倦怠

在2019年1月9日的微信之夜，张小龙这样描述朋友圈的意义：

> 朋友圈本质是什么？朋友圈本质是开创了新的社交场

---

① ［美］欧文·戈夫曼，日常生活中的自我呈现，黄爱华等译，杭州：浙江人民出版社，1989。

② 翟学伟，中国人的脸面观：社会心理学的一项本土研究，台北：桂冠图书公司，1995：202。

> 所，它不只是时间流，如果说的话，它是一个场合，是一个广场……你每天从广场走过，会看到有三五成群人在广场不同的地方……你可以走到每一个三五成群人类当中，跟他们聊几句，这些都是你认识的人，在他们讨论的主题里可以参与一下，或者不参与到下一个朋友的圈再参与一下。这样一个过程中，当你把整个广场走完的时候，几乎把所有的朋友今天打了一个招呼，或者看到他们做什么，或者参与了他们其中一些人的讨论。

张小龙称微信朋友圈依旧是目前中国最高效的社交场所，朋友圈每天进入的人数在稳固增长中，目前已达到了7.5亿人，总次数则达到100亿。张小龙对微信朋友圈的解读阐释在一定意义上也是对时下流行的“逃离朋友圈”说法的一种回应。

“逃离”，是人们对社交媒体上出现的用户主动流失现象的一种说法。许多学者注意到社交媒体的用户流失现象，国内的主流社交媒体如豆瓣、知乎、微博都出现了资深用户渐行渐远的现象[①]。但微信用户的变化与豆瓣、知乎、微博等社交媒体的用户流失并不一样。后者用户流失一定程度上与前者对用户的吸引有关。“逃离”一词多少有点危言耸听的意味，并不准确，人们可能不那么频繁发朋友圈了，或者分圈层发布、其余大部分人看不到了，也可能不爱点赞了，但是，在我们的调查和访谈中，几乎没有人说不去看朋友圈。因此，一些学者所使用的“社交媒体倦怠”“消极使用行为”“间歇性中辍”

① 李宏、李微，社交媒体倦怠研究述评与展望，情报科学，2017，35（9）：172-176。

等概念可能更符合实际状况。

对微信来说，朋友圈倦怠行为表现在两方面：一是不刷或少刷朋友圈，二是不发布或少发布朋友圈。黄莹通过对16位朋友圈的“流失的使用者”进行半结构访谈后认为，语境消解、隐私边界、防御性印象管理、不联网的权利是不使用者的原因，自愿减少使用朋友圈或不发布信息，是人们通过实践、协商、置顶新规则方式而达到的自我平衡和重建平衡①。语境消解，的确是许多人不发朋友圈或有选择性分层发布的主要原因。24岁的年轻记者MT说：

> 我不发朋友圈。工作前后变化很大。以前上学的时候会发，那时候都是老师、同学，都是爱护你的人，工作以后，朋友圈里有各种人，就不发了。我没有设置分级和圈层。人太多了，分太麻烦了。如果是好朋友可见，那我就直接发到朋友小群里了。我一好哥们，结婚都没有发朋友圈。大家都在群里祝贺。

与其在朋友圈里与朋友相见，还不如直接发给我的朋友群，从朋友圈转入朋友群是一种选择的趋势②。

朋友圈有一个特点，共同朋友的互动大家都能看到。张小龙说这会给个体带来社交压力：

> 因为它是一个完全公开的广场，所以你想点赞或者评

---

① 黄莹，语境消解、隐私边界与“不联网的权利”：对朋友圈“流失的使用者”的质性研究，新闻界，2018（4）：72–79。

② 2019年12月，微信官方新上线了一个功能，在朋友友限设置中增加“仅聊天”选项。设置了“仅聊天”的朋友只限聊天而看不到朋友圈动态、微信运动等内容信息。这一功能旨在强化个体对朋友圈的管理。

论，意味着在广场里面公开地大声说了一句话，你会发现整个广场里面很多人都能听到。那这样带来的压力感是比较强的，而且当你的好友越来越多，这种压力会越来越大。

这也许是朋友圈设置上分圈层的原因——通过技术实现对朋友圈信息的边界设定。不断扩大的朋友圈消解了朋友的实质含义，分享行为可能会到达本人不想被看到的人群。通过分层、设置提醒或“不想让他看”等是一个解决办法。但很多人会嫌麻烦，而且设置的疏漏也可能会造成误解。

也许让大家想“逃离”朋友圈的更重要的原因不是社交压力，而是干扰。当你跟一个朋友互动（点赞或评论）后，其他所有你们共同的朋友只要发生一个互动，虽然不是整个广场的人都能听到，但也是“一个屋子”的人都能听到——你的朋友圈就不断有未读信息提示，你点开一看，每个都与你无关。现实中的QQ是一个开朗、爱说话、笑声不断，甚至有点快人快语的女孩。她在访谈中说：

我会点赞，我会经常评论人家的[①]。我以前，屁大点儿事我都发朋友圈。以前接触的人不一样，跟现在不一样，以前是学生，都是同学，然后你评论一句，我评论一句啊，好玩。但现在不一样了，现在就觉得，评论来评论去，你闲得慌嘛！天天哪有那么多时间去管你那么多！有的人在评论聊天区聊得好嗨、聊得好长啊，真的是没事干了。有事不能私聊吗？非要打出来让人家看到你们聊什么吗？我就想，这是闲得慌吗！现在天天工作哪有人看朋友圈，又

① 评论，被视为认真、用心的和有对话，而不是敷衍性点赞。

不是找朋友圈赚钱。我闲得无聊要看你们聊天吗？我就把赞取消了。干脆不点赞了：都是别人的聊天，跟你也没关系。我就是点了个赞而已！

像QQ这样点了赞后悔的大有人在，TY也说“所以我就不点赞”。我们的调查数据显示，对于朋友圈，有两成的人偶尔或从不点赞；超过一半的人看到有趣内容时才点赞；有近两成的人经常或每天都点赞。一位受访者A说的话也许能代表朋友圈倦怠者的状态和心理：

工作以后，不情愿地加了一些客户、生意伙伴后，一切都开始变了味道。朋友的状态被淹没在众多广告和我丝毫不关心的“娃又叫爸爸了”，“今天又提新车了”的状态，久而久之，对朋友圈失去了期待，每天也是习惯性地翻着，寻找我关心的人有没有动态。

对于发朋友圈这件事，还是仁者见仁、智者见智了。我当然是属于发的少的类型。在我看来，不怎么发朋友圈的人与其说不爱表达、不善表达，不如说不爱太随便表达。我也喜欢被关注，喜欢被点赞、被评论。但我没有那么渴望，甚至有时候会觉得太沉溺于手机上虚拟的吹捧反而衬托出现实中缺乏关注度的事实，“缺什么找什么”这句话多少有些道理。

另一位受访者说：“我现在不想发了。我觉得我过好我的生活就行了，干嘛要让别人知道我在干嘛，干嘛要让别人来评论我。”微信群以及朋友圈的使用，是个人媒体生活中值得思考的问题。所谓的“消极使用行为”，从另一方面看却符合安东尼·吉登斯（Anthony

Giddens）所说的自我和个体生活的反思性建构行为[①]。

人类学家爱德华·T·霍尔（Edward Twitchell Hall）认为，“空间会说话”（space speaks），他的“个人空间”理论认为：人们在物理空间中的远近距离代表了不同的情感距离和社会关系。他根据美国东北部中产阶级成年人的研究，提出了社会存在4种不同的个人空间：亲密距离，45cm以内的距离，是为关系亲密的个人之间接触保留的；个人距离，45～122cm，这是熟人或朋友的距离；社会距离，122～365cm，这是比较正式场合互动保持的距离；公众距离，365cm以上，这是为公众人物演讲等保留的距离。人们一般会依据情感和关系的远近和情境场合在物理空间里互动交往。[②]物理空间的符号意义在于，它表征着互动者之间既有的社会关系或希望的关系状态。

在移动的网络世界中，根据关系的远近也应该存在着个体空间的划分。这4种关系距离也是存在的，只不过它是以信息分享的边界来划定。社交媒体脸书（Facebook）创始人马克·扎克伯格（Mark Zuckerberg）的姐姐兰迪·扎克伯格（Randi Zuckerberg）根据自己的社交媒体使用体会指出，在互联网出现之前，信息分为简单的3类：公共信息、隐私信息和个人信息。公共信息是指不介意大家知道的或可以刊登在报纸头版的所有信息；隐私信息是指除了律师、医生、配偶和日记之外，不会告诉其他任何人的信息；个人信息介于两者之间，包含了很多复杂的细节，可能会告诉朋友，但绝

---

① ［英］安东尼·吉登斯，现代性与自我认同：现代晚期的自我与社会，赵旭东等译，北京：生活·读书·新知三联书店，1998。

② Hall，E.T.，The Silent Language，New York：Double day & Company，1959.

不会跟陌生人分享。[①]相比于公共信息和隐私信息，个人信息是一个模糊地带。作为名人的扎克伯格对自己发在朋友小圈子的照片和信息被一些朋友散发出去而带来的骚扰深感不悦，所以她一再提醒世人要谨慎在社交媒体上发布个人信息。

在互联网上，人们对自我信息的控制能力大大减弱，社交媒体的自我呈现也有很大的责任。一些人设置了“朋友圈仅三天可见”来保护自己的信息，但这样也会让正常交往的朋友无法了解彼此的动态。根据关系程度设置微信朋友圈的分层，可以实现既能够随心分享又不怕隐私泄露的风险——而且技术也提供了这种操作的便利。借鉴霍尔的空间理论和兰迪对个体信息类型的划分，我们将个人微信空间分为 4 种：

1. 私密空间：这个是只有自己所在的空间，表现在微信中的只有自己可见的“个人相册”，相当于文字与影像日记。即便对亲密关系的人也保持关闭状态；

2. 亲密空间：通常包括亲密关系的亲人和知心朋友，规模较小的家庭群、好友群，或朋友圈中能分享个人化生活信息和隐私的圈子；

3. 熟人空间：一般交往的社会关系，非陌生人但关系绝不熟稔，人们可以分享一般性个人信息的空间；

4. 社会空间：在社会中因各种需要所添加的陌生“好友”，比如快递、外卖等社会服务性的人员，是人人都可见的公共信息空间。

---

① ［美］兰迪·扎克伯格，社交的本质：扎克伯格的商业秘密，谢天译，中信出版社，2016：100–106。

第三节 Wechat-self

费迪南·费尔曼（Ferdinand Fellmann）的《生命哲学》以恩斯特·布洛赫（Ernst Bloch）的一句话作为开篇："我在。但我没有我。所以我们生成着。"米兰·昆德拉（Milan Kundera）曾将"缺乏经验"作为人类生存处境的性质之一。他说，人生下来只有一次，人永远无法带着前世生活的经验重新开始另一种生活，因此，人的大地是缺乏经验的大地。人是"经验"的人，人通过经历来生成自我。

一、自我、认同与建构、呈现

美国心理学之父威廉·詹姆斯（William James）是最早对"自我"进行系统研究的心理学家。他在《心理学原理》（1890）一书中首次提出自我的二元性构成。詹姆斯指出，自我包括主我和客我两个方面。主我，是对自己身心活动的觉察，是进行中的意识流，解释和建构；客我，是作为思维对象的自我。"自我"就是一个人可以用来称呼他自己的一切之结合，是个体的内在活动及其拥有的事物与关系的总和。[①]詹姆斯对"自我"概念的理解比较多面，包括客观方面的物质自我、社会自我和主观方面的精神自我。

具体来说，物质自我包括了对人的身体及所属物品的认知；社会自我是对他人印象中自我的认知，我们在别人心中创造的形象是自我的一部分。精神自我是我们的内部或我们的心理自我。我们感

① James，W.，The Principle of Psychology（Vol.1），New York：Hlit，1890（1）.

知到的对自己能力、态度、情绪、兴趣、动机、愿望等，代表了我们对自己的主观体验，它或者是个人意识流，或者是“片段流”，不管具体还是抽象，都是对自己的反映过程，“把我们自己当作思想家”。

符号互动论奠基人、社会心理学家乔治·赫伯特·米德（George Herbert Mead）也将自我分为“主我”和“客我”两个部分：主我是作为意愿和行动主体的我，是每个人自发的、独一无二的自然特征；客我是个人所想象的他人的期待和评价，是自我的社会部分。人的自我是在主我和客我的一系列交流互动中形成的。[①] 因此，自我有两个面向：一是指向他人和社会的面向，即对自己社会特性的认识；二是自我认识，如对自身的躯体、思想、兴趣、品味、目标等的认知。

可以看出，詹姆斯和米德都将人的社会性视为个体自我的重要构成部分——我们如何看待自己在很大程度上取决于我们拥有的各种社会地位和所扮演的社会角色。现实中的人，都处在不同的社会关系、角色和情境中，因而也就有多个“社会我”。也是在这个意义上，詹姆斯说，“有多少人认可并将对个体的印象印入他们心中，个体就拥有多少个社会自我……个体有着如此多不同的自我，因为有许多属于不同群体的人”[②]。在不同的社会情境中，我们的自我是不同的[③]。

与“自我”相关的另一个概念是“自我认同”。自我认同，英文为 Self-identity，又译作自我同一性，是一个人描述其本质自我的方

---

① ［美］乔治·赫伯特·米德，心灵、自我与社会，霍桂桓译，南京：译林出版社，2012。

② James，W.，The Principle of Psychology（Vol.1），New York：Hlit，1890：294.

③ ［美］乔纳森·布朗，自我，陈浩莺等译，北京：人民邮电出版社，2004：21。

式[①]。美国精神分析学家埃里克·埃里克森（Erik H.Erikson）提出的自我同一性概念，用来指一种自我整合，使人形成自我同一感、内在一致性和连续性：

> 最令人满意的同一感被体验为一种心理社会的安宁之感。它最明显的伴随情况是一种个人身体上的自在之感，一种自知有何去何从之感，以及一种预期能获得有价值的人们承认的内在保证。[②]

人在青年期面临最大的心理任务就是如同完成自我同一性的完成、克服同一危机，以顺利进入成年期。尽管人的身体特征也算在自我认同的范围之内，但自我认同的本质自我是心灵或自我意识[③]，是对某种完整性、统一性和连续性的自我的向往与追求。因此，自我认同对于确立自我非常关键和重要。现代社会的多重生存语境，使得自我认同成为个体有待持续完成的过程，如曼纽尔·卡斯特（Manuel Castells）所说，“所谓的认同，是指社会行动者自我辨认和建构意义的过程”[④]。认同，不再是简单的自然过程，而是在生存的复杂境遇和经历中的反思性建构过程。

从心理学意义上，个体在认识自我时，将自我放在某种参照体

---

① ［美］罗伯特·所罗门、凯思林·希金斯，大问题：简明哲学导论，张卜天译，桂林：广西师范大学出版社，2014：240。

② ［美］埃里克·H·埃里克森：同一性：青少年与危机，孙名之译，杭州：浙江教育出版社，1998：166。

③ ［美］罗伯特·所罗门、凯思林·希金斯，大问题：简明哲学导论，张卜天译，桂林：广西师范大学出版社，2014：240–241。

④ ［美］曼纽尔·卡斯特，网络社会的崛起，夏铸九等译，北京，社会科学文献出版社，2006。

系内进行认知的这一倾向，黑兹尔·马尔库斯（Hazel Rose Markus）和北山忍（Shinbu Kitayama）称之为“自我建构”（self-construal），他们在比较文化因素对个体社会化的影响时，区分了东西方两种不同的自我建构类型：独立型自我建构和依存型自我建构[①]。自我建构，从个体内部来说，是自我认知与构建；从社会外在来看，则表现为个体的自我呈现和展示。

欧文·戈夫曼将人们社会互动的表演称为“自我呈现”（self-presentation），通过区域行为人们进行自我的“印象管理”（impressive management）。这是任何旨在创造、修改和保持别人对自己的印象的行为。当我们试图引导别人按照特定的方式看待自己时，我们就在进行自我展示。[②]美国心理学家乔纳森·布朗（Jonathan Brown）将自我展示定义为：任何旨在创造、修改和保持别人对自己的印象的行为。[③]这种自我呈现与本质自我有可能一致，也有可能存在着不同程度的不一致。

随着网络社会的崛起，线上自我建构就成为学者们热衷研究的话题，社交媒体大行其道后，许多学者用“Facebook-self”来形容人们在脸书上的自我呈现与自我建构[④]。自我呈现是自我社会性的一

---

① Markus，H.R. and Kitayama，S.，“Culture and the Self：Implication for Cognition，Emotion and Motivation”，*Journal of Personality and Social Psychology*，1991，98（2）：224–253.

② ［美］欧文·戈夫曼，日常生活中的自我呈现，黄爱华等译，杭州：浙江人民出版社，1989。

③ ［美］乔纳森·布朗，自我，陈浩莺等译，北京：人民邮电出版社，2004：139。

④ Oren，G.–O.，Yossi，L.–B. and Ofir T.，“The ‘Facebook–self’：characteristics and psychological predictors of false self–presentation on Facebook”，*Frontiers in Psyohology*，2015，6（99）.

面。笔者用 Wechat-self 一词，来指人们在微信群和朋友圈里的自我与自我呈现。

二、微信时代的认同机制

自我认同和自我建构的过程和方式在不同时代、不同的社会文化中表现不同。吉登斯的《现代性与自我认同》探讨了自我认同新机制的问题。他指出，由于现代性制度的导入所引起的日常生活的嬗变，从而与个体生活进而也与自我以一种直接的方式交织在一起。高度现代性在外延上拓展到地球的每一个角落，在意向性上伸向个体心理的最核心部分：自我认同。[①]

吉登斯认为现代性的动力机制主要有 3 个：一是时空分离与重组，时间摆脱了特定空间的制约，社会生活不再受“在场”的支配；二是抽离化机制（脱域机制）。脱域是社会关系从彼此互动的地域性关联中，从通过对不确定时间的穿越而被重构的关联中“脱离出来”，社会互动脱离了场所的特殊性；三是反思性。在现代社会，思想和行动总是处在连续不断的、彼此相互反映的过程之中[②]。社会实践总是不断地受到关于这些实践本身的新认识的检验和改造，从而在结构上不断改变自己的特征。在现代性的后传统秩序以及新型媒体的经验背景下，自我认同成了一种反思性地组织起来的活动。

他进而指出，现代性完全改变了日常社会生活的实质，焦虑的

① ［英］安东尼·吉登斯，现代性与自我认同：现代晚期的自我与社会，赵旭东等译，北京：生活·读书·新知三联书店，1998。

② ［英］安东尼·吉登斯，现代性后果，田禾译，南京：译林出版社，2000：33。

情感成为现代人特别突出的体验。传统社会，人是被联结在各种纽带中的，其认同相对明确和稳定；而现代人是如吉登斯所说的“没有纽带的人”[①]。当今社会是齐格蒙特·鲍曼（Zygmunt Bauman）所谓的个体化社会[②]，曾经主导个人关系的那些传统、规则和方针已经不再起作用，诸如家庭、阶级、宗教或婚姻等传统的纽带都不再具有昔日强大的约束力。在流动的社会中，对现代人来说，基本上没有不可解脱的固定纽带。现在的个体面临的是无穷无尽的选择，用来建构、调试、改进或拆解自身与他人形成的联系。在选择生活方式时，自然、社会、他人都失去了外在制约的意义，没有外在固着的参照点，自我陷入难以克服的道德焦虑。吉登斯认为，在现代社会生活中，生活方式的概念具有了特殊的意义，只有坚持一种易于理解的生活方式的信念，才能消除焦虑。

吉登斯对时空分离、脱域机制的分析是极富创见和视野宏阔的。他对于技术尤其是媒介作用的论述也颇有见地。随着社交媒介的兴起和媒介化社会的到来，一些新的作用机制开始对人的自我认同产生作用，从而使微信时代的自我认同与自我呈现出现新的特点。这些媒介机制主要有：

1. 被吞噬的个人生活

在媒介社会中，微信一类的社交媒体 App 几乎接管了个体社会生活和个人生活的所有面向：工作、生活、社会交往以及各种社会服务。因此也具有了霸占人所有时间的能力。受访者 FY 谈道：

---

① ［英］安东尼·吉登斯，亲密关系的变革：现代社会中的性、爱和爱欲，陈永国、汪民安译，北京：社会科学文献出版社，2001。

② ［英］齐格蒙特·鲍曼，个体化社会，范祥涛译，上海：上海三联书店，2002。

> 没有微信之前，周末你（想）跟人打电话，周末了——你打电话多不好意思。现在微信上留个言，他看到或没看到，都不会受太大影响，我就觉得自己的负疚感会小一点儿。以前，周末了，有的人还选择关机，联系不上就拉倒了。我们那时候给大家报销交通费、电话费，第一条规定就是24小时不能关机，如果关机，这项福利就没了，这是作为一项制度。考虑的是8小时之外还能联系上你。

手机时代的初期，个人的私人生活时间就开始被工作“侵蚀”，在移动互联的今天，这种侵蚀向着“侵吞”的趋势发展。电话时代人们还有周末或晚上八九点以后“不打电话”的社交礼仪，也就是不干扰别人生活时间的社会规则，那么现在这样的规则早已经荡然无存。人们在任何时间都可以毫不顾忌地发微信。受访者TY说：

> 微信把工作延伸到了8小时之外、假期等私人生活时间。我们都被绑架了嘛。我打个不恰当的比喻。在一个森林里，有人来推销：“你这儿需要防毒面具吗？”“开玩笑！我这儿空气这么好”。他在旁边建个厂，生产防毒面具，把空气搞得乌烟瘴气，现在大家就都需要防毒面具了。就是这么一个道理。它把生态改变了，大家被迫依赖，所有的节奏都跟着一起走。没有微信之前，大家短信、电话联系，没有新媒体概念的，就是网站、PC端。微信把大家都绑架了。上了它的高速路，把碎片化的时间都占了起来。

不仅工作时间延伸到8小时之外，社交生活也挤占了人们的零碎时间与闲暇时刻。微信成为人们的日常生活，以及一种支配人的闲暇时间与幸福的力量。在对人的生存时空获得更强的、占有性的同时，也培养了人们对它的心理依赖，使人产生一种强迫性冲动。

微信不仅成为主宰你时间的力量，也改变了媒体生态，左右着人们闲暇碎片时间的活动内容。过去人们在茶余饭后可能拿份报纸阅读，现在是拿着手机刷一下朋友圈。

“微信把你的碎片时间都 occupy 了。”（TY）微信 App 强大的媒介 / 中介功能使之成为媒介社会化的有力推手，或者说一种主导性机制。它将人生活的方方面面裹挟进去，成为我们生活的基本环境。

2. 被凸显强化的社会关系

人的各种社会关系寄生于社交媒体技术，没有微信，不可能大规模地复制线上社会关系，把交流和联结“关系化”。笔者有个自称内向的学生，不得不加了很多群，也不得不改变自己原本想忽略不看的群消息的习惯。人们似乎已经失去了接收资讯和信息的主导权。

一位网友在《退出了 18 个微信群聊后，我又活过来了》中写出了被“群关系”绑架、进退两难的心理状况：

> 任何一个 App 上红点，都是提醒事项，会让人有一种点开消除的冲动。即便把一些群聊设置成了免打扰，但每次看到上面的红点，还是会不由自主地点进去。虽然新消息不提示，但某个群一有人说话，就会被自动推到上面来。然后，原本重要的对话框，难以翻找。各种几百人的大群，信息超载。
>
> 各种群消息庸扰不堪，而又进退两难。食之无味，弃之可惜的鸡肋群，就是这么来的。其他类型的群，谁也不认识谁，但是莫名其妙就加进去了的群……浪费着流量，消耗着空间，最关键是刺激着我的强迫症每天不断发作，

> 担心一个不小心就发串了……有时候看到群里各式各样的分享或者吹嘘，甚至还会莫名焦虑。说话的人越多，越发现自己不会说话了。

之所以没有退群，因为各种各样的“两难”：

> 因为不想得罪朋友，不敢得罪领导。
>
> 因为不想让别人觉得自己不合群，不愿在同事中被孤立。
>
> 因为不想失去潜在的某些资源或者好处。

社交媒体可以增加人与人之间的交流沟通，但它所激发的社交欲望，以及我们今天对于社交的消费超越了我们本身的需求，造成时间的浪费和心理负担。莫里·施瓦茨（Morrie Schwartz）教授曾说：这个社会在想要什么和需要什么这个问题上是很困惑的，你需要的是食物，而你想要的是巧克力圣代。[1]

西奥多·阿多诺（Theodor Adorno）、赫伯特·马尔库塞（Herbert Marcuse）曾将现代大众文化比作“社会水泥”[2]。从个人与社会的关系联结角度来看，将微信称之为“社会水泥”亦无不可。它将群生活和群关系有力嵌入个体生活和意识中，社会关系技术化、齐一化和强迫化，不断重复。这种技术化、齐一化突出地表现在社交的浅层化、程式化和套化。最直观的现象就是众多群里的大量“点赞”“鲜花”等接龙式的言语行为和表情包，似乎非常热闹，但停留在不费吹灰之力的动动手指。笔者在 2018 年 11 ～ 12 月组织学生做的问卷调查活动中，有一组学生除做了 62 份问卷外，还别出心裁地

① ［美］米奇·阿尔博姆，相约星期二，吴洪译，上海：上海译文出版社，2007。

② 陈学明等，社会水泥：阿多诺、马尔库塞、本杰明论大众文化，昆明：云南人民出版社，1998。

设计了一个有趣的“小白鼠见面实验”[①]（详见附录2）。实验的研究人员很敏锐地观察到微信群聊天话题的简单化和表面化：

微信群里的聊天可以持续几天非常火热，但这种火热的聊天十有八九是“吃了什么”，美味可以得到一片赞美，而抱怨时，也会有人用一句“太惨了”“心疼”来安慰敷衍。

这些都是网络和微信流行的言语方式。也就是说，志愿者们线上聊天的方式其实是大同小异的，聊天中使用的语气和表情包等内容虽存在差别但不大。这就跟现实中人们见面问好一样，非常表面化。

这个实验最有意思的一点是，研究者们发现，微信群聊与现实社群互动方式的区别：微信中交流和在现实面对面交流，其过程有个很大的不同在于，前者热得快但也容易冷下去；后者热得慢但热起来后能保持温度。在微信里即便大家一开始不认识，也能够很快聊得很热闹，而线下交往则不同：现实中人群发展的情形似乎刚好相反：一开始，陌生感的人与环境、身体在场的干扰，不知从何开始。一旦开始互动游戏，话题内容不断被生成出来，所有人都被带入了群体中，最后获得了积极的社群感受和自我感觉。

线上交往具有虚拟性。没有身体的在场和干扰，没有了确定的语境，人们借助于符号和表情包，可以很轻松地天南海北聊天，但聊完这些泛泛而谈的话题之后，就乏味无可聊了。这可能是很多群慢慢沉寂的主要原因。实验做完后，该小组同学感慨道：在线上聊天，找人说话、消磨时间、获得快乐十分容易，但是想了解他人、传

---

① 小组成员为陈昕怡、朴世龙、姜晓雪、冯丽株，均为深圳大学传播学院2018级学生。该实验设计新颖，有趣，有创意，结论也具有延伸分析的意义。征得他们的同意后收在本书附录2中。

达情绪并不容易。一个人在微信群里展现真正的自己固然没有问题，但若是掩藏自己也十分容易。被凸显和强化的社交关系之下，人们以“社会我”的一面进入社交语境，将内在自我深深埋藏。

3. 微信聊中的“尬”与“窘”

如果要问，微信聊天中什么表情包最流行，恐怕捂脸的表情包首当其冲。

在跟大学生的交流中，学生 JY 分析她在使用捂脸表情包的场景：

一是社交中“表示自己尴尬”[①]。

图11.2 尴尬的情形

尴尬、不好意思，是多数人对这个表情的理解。尴尬作为一种情绪和心理感受，产生于与他人或群体的社会互动中。对尴尬的研究，也有社会学的传统。社会学家查尔斯·霍顿·库利的“镜中我”理论（the looking-glass self）指出，人的自我是在与他人的交往互动中形成的，个人所处的每一种关系都表现为自我的反映：“他人对我是明镜，其中反映我自身。”人通过角色扮演和他人的反馈逐步形

---

① 在小黄人表情系列中，被规定为表示尴尬的“涨红脸、淌汗”的那个表情包反而是不被选择的，它表示的是“真正的尴尬”，真正的尴尬在某种意义上是社交的焦虑和交流的失败。这说明捂脸既是表情，也是一种社交中的策略。

成自我意识，这种自我监控（self-monitoring）包括 3 个步骤：①人们设想自己在他人面前的行为方式；②设想他人对自己行为的评价；③因他人评价而产生的自我感觉，如自豪或屈辱的情感。因此，自豪和羞耻等都是社会我（social self-feeling）的感觉[①]。美国情感社会学家托马斯·舍夫（Thomas Scheff）的羞耻理论以库利“镜中我”理论为基础，提出了一个广义的羞耻感或“羞耻家族”的概念，用来指个体感觉到自我受到他人或社会消极评价时的感受，包括了程度轻微的困窘和程度强烈的羞辱感[②]。程度轻微的尴尬的同义词就包括了困窘、囧、害羞、难堪、丢脸、脸红、悻悻、讪、不好意思、无地自容等心理感受的表达。

戈夫曼认为，互动中的“困窘几乎总是不可避免的”[③]。因为在每一次互动中，在场者都要进行自我呈现，需要猜测、推论对方反应，“表演所建立的现实印象是娇嫩而脆弱的，任何细微的失误都可能将其摧毁”[④]，这种潜在的风险和紧迫感，很自然地会造成“在任何互动中，参与者都会感到轻微的窘迫，或者，在少数情况下会感到蒙耻。生活也许不是豪赌，但互动确实如此”[⑤]。

---

① ［美］查尔斯·霍顿·库利：人类本性与社会秩序，包凡一译，北京：华夏出版社，1989。

② Scheff, T.J.,“Shame and Conformity: The Deference-Emotion System”, *American Sociology Review*, 1988（53）: 395-406.

③ Goffman, E., The Presentation of Self in Everyday life, Edinburgh: University of Edinburgh Social Science Research Centre, Monograph No.2, 1956: 85.

④ ［美］欧文·戈夫曼，日常生活中的自我呈现，冯钢译，北京：北京大学出版社 2008：45。

⑤ 同上，第 207 页。

二是缓解别人可能产生的尴尬。

JY 说："有时候我想说一些话，但是知道这些话有些直白或者尖锐，我会使用它缓解一些尴尬。"要说出一些话，对自己来说有点艰难，它可能会伤害到对方的面子，用这个表情先行表达自己的不好意思。

图11.3 学生JY聊天时用"捂脸"表情包的两个场景

戈夫曼还指出，人们会运用各种措施来预防或补救困窘。在 JY 同学的案例中，她先表达自己这样说不好意思，试图来减轻对方的心理不适感受，达到心理平衡。困窘具有传染性，即个体不仅会因自身的不当言行而困窘，也会因在场他人的不当言行而困窘，以致于整个互动情景出现困窘氛围。在群聊过程中，如果有人说了句不当的话，会出现短时间的令人不安的静寂，"空气中充满尴尬"就是这样的情形。

三是泛化的尴尬。

JY 说："我觉得在什么情况下都可以用。""捂脸"与"笑哭"相近，都包含了笑与哭的矛盾表情，"捂脸"则更多了一些无奈和尴尬的意味。但两者都是"万用型"表情包。

图11.4 学生对表情包捂脸的讨论

据腾讯表情团队称，先是发现捂脸的表情高频地出现在个人收藏包中，于是他们便从周星驰夸张式的“捂脸”搞笑的动作找到设计灵感：“虽然很难说‘捂脸’具体代表什么意思，但这个表情确实表达了不少人的心声。”[①]这个概括是准确的。表情包随着社交媒体的出现而泛滥，它在满足人们在线上进行口语交流时弥补了动作表情和情境缺失的问题，因此，表情包往往带有“情境”特点，它会关涉人们交流时使用的情境。用“尴尬表情包”作为关键词在百度进行图片搜索，会发现尴尬的情境和表现很多：

① http://www.qing5.com/2017/0220/207158.shtml.

尴尬情境及分析

现象或语言描述	意指	社会学角度
发了脾气没人哄，这会很尴尬	自我期待落空	情境定义错误
出现了不该暴露的隐私部位	在公众面前出丑	前台表演失误
一个本该无关风月的粗壮汉说：春天好美啊	违和感、不协调、滑稽可笑	社会期待不一致
不知道哭好还是笑好	不知该如何反应	情境定义困难
无言以对	无法回应	角色扮演困难
气氛突然变得有些尴尬	冷场、不安	尴尬情绪传染

从社会学角度，尴尬表情成为“万能的”“万金油”一样的社交符号，有着内在深刻的社会和文化等结构性因素。

格奥尔格·西美尔（Georg Simmel，一译格奥尔格·齐美尔）在《羞耻心理学》中，认为达尔文指出了羞耻问题的核心：羞耻感根源于个体对自我的关注。也就是说，自我感/个体性是羞耻感产生的前提之一。西美尔进而认为，羞耻感来源于自我的分离或分化：“在无数的关系中，我们仿佛分离出我们的一部分，这一部分代表着其他人对我们的判断、感觉和意志……因此，我们能够觉察出一般由于他人的注意而在我们身上形成的内心状况，并使我们对自己感到羞耻。”[①]这种分化，或者双重的自我，大体上就是威廉·詹姆斯和乔治·赫伯特·米德所谓的“主我”和“客我”割裂。西美尔指出：“这种特别令人难堪的事情似乎就存在于自我夸张与自我贬低之间被

① ［德］齐美尔．社会是如何可能的．林荣远译．桂林：广西师范大学出版社，2002：62。

拉来扯去的状态中。”人的内在自我同一性与多重社会角色和社会情境之间存在冲突：“面对自我本身的完整和规范的理念，自我由于同时出现的缺点而感到被贬低”[①]，“在强调自我和与自我的理念相比自我被贬低之间的被拉来扯去之感……是羞耻的特征”[②]。自我认同与自我分化带来的心理紧张和冲突是羞耻感产生的根源所在。

羞耻感产生的另一个社会前提是齐美尔所说的既远且近的“暧昧性距离”（ambivalence of distances）。在我们身上引起自尊心变化的人，是跟我们有着不远不近关系的人：在完全陌生的关系中，自我被排除到关系之外，因而不会感到羞耻；在亲密无间的关系中，是关系放松而接纳的“后台”区域，也不会产生羞耻感。不远不近的关系中，才让我们对自己的表现充满紧张。现代都市生活，使得这种让人产生尴尬的微妙社会距离日益普遍化。都市人的社会关系中充满了这些不远不近、半生不熟的人，由此导致羞耻具有了“真正社会学意义上的变化”，成为一种典型的“现代性体验”。

诺贝特·埃利亚斯（Norbert Elias）将困窘及羞耻视为情感控制结构的核心，他在《文明的进程》中指出，文明化进程的内在保障就是羞耻阈限的不断推进：

> 随着各种社会功能与利益变得更为复杂而矛盾，人们的行为和感受会越来越频繁地发生奇特的分裂，各种积极因素与消极因素会同时存在，彼此之间的好感与反感会以

① ［德］齐美尔，社会是如何可能的，林荣远译，桂林：广西师范大学出版社，2002：159。

② 同上，第161页。

各种比例和微妙方式混合在一起。[①]

现代发达社会最为重要的结构性特征即细密的社会分工与高度的系统整合，它强化了人们的“利益暧昧性”（ambivalence of interests）和羞耻处境，成为“形塑文明化举止”的核心要素。人们逐渐变得理性化和心理化，形成了超然的长远眼光和敏感的羞耻阈限。人们对微小表情和动作更趋敏感，人自身的世界愈加复杂，他人行为引发自身困窘的原因更加微妙和多样化，困窘和羞耻的感觉也就更加普遍而严重。从心理生成的角度来看，文明化进程便是从外在恐惧转变为内在恐惧（羞耻），从“所有人对所有人的战争”转变为“自我心灵的冲突”[②]。总之，西美尔、埃利亚斯和戈夫曼关于羞耻的论述尽管各有侧重和不同，但都凸显了个体自我与现代社会之间的张力[③]。

当今移动互联网时代，这种自我与社会之间的张力有更趋增强的态势。这是因为，一方面个体化社会的发展，人的个体性和主体性成为自我发展中不断增强的一个趋势，手机更强化了个体作为社会主体与外界联结的主体性意志；另一方面，社交媒体不仅强化了个人与各类强关系和弱关系的联结，而且将个体的所有社会关系汇聚在手机上，群里的动态实时反映，又在不同程度上提示、唤醒、促进群体感。在这种情形下，个体与社会之间的张力更加内在地深化在个体心理中，主我与客我、自我和社会我之间的紧张有加剧的

① Elias，N.，The Civilizing Process，trans. by Edmund Jephcott，Oxford：Blackwell，2000：318.

② ［德］诺贝特·埃利亚斯，文明的进程，王佩莉、袁志英译，上海，上海译文出版社，2013：498。

③ 王佳鹏，羞耻、自我与现代社会——从齐美尔到埃利亚斯、戈夫曼，社会学研究，2017（4）：143-166。

趋势：

> 当我发朋友圈的时候，我会期待着点赞数，再自然而然毫不费力地记下谁赞了我，以后要回赞回去。我的好友中更有甚者，某次我偶然间刷到了一位同学的朋友圈，无意顺手点赞，然后这位同学翻出我几天前的朋友圈点了个赞。（QR）

点赞，某种意义上成了一种人情交易，"赞"成了一种人情货币。社交媒体将群体和他人呈现在个体面前，也同时刺激个体的社交压力和社交焦虑。心理学家卡伦·荷妮（Karen Horney）指出，神经症主要倾向之一就是过分地依赖于他人的支持或依赖他人的关爱、内在的不安全感、在表达自我欲望和做出选择方面自我禁止和存有障碍。

尴尬或羞窘作为现代性体验的弥散化状况，不仅表现在捂脸表情在各种情形下的高频使用，还表现在现代人矛盾、纠结、窘迫情绪的普遍性和日常化。一位学生在聊天中说自己对某件事情的感受是"我讨厌又怀念（捂脸）"，羞耻感，包含了矛盾的反应①，这一典型的表达，呈现出"微妙"的矛盾复杂纠缠的心理状态，以及处于"暧昧性距离""暧昧性利益""暧昧性角色"和"多样化"的困窘。

在线交流时是没有现场和表情的，人们依赖文字并借助于形象符号来表达，这样人们外在的控制和紧张虽然减轻了，但因专注于应对，心理活动反应却有加剧的趋势。文字表达，是抽象的符号，

① Scheef，T.J，"Shame and Conformity：The Deference-Emotion System"，*American Sociological Review*，1988：（53）：395-406.

需经过理性思考的斟酌。经常有人发出去一条信息后“撤回”，这就说明微信聊天时得有一个思考过程。这种交流不同于现场面对面，也许会强化埃利亚斯所谓的“心理化”发展的趋势。

德斯蒙德·莫里斯（Desmond Morris）在《人类行为观察》中将“放下眼‘帘’”动作解读为“信号切断”：

> 社会行为是一个输出和输入的过程，我们通过自己的行为发出信号，同时从他人的行为中接收信号。当一切正常时，我们在两者之间保持着平衡。但是，这种均势有时会受到干扰……如果我们苦于过多的社会输入信号而感到紧张，我们便会通过某种方式阻抑多余的外来刺激。这种阻抑过程就是我们所说的信号切断。它有若干不同的形式[①]。

某些信号切断的行为形式有病态的倾向，如逃避社会活动、处于神经分裂症的状态等。通常社会交往中，大多数压力较小的情况下，我们会做出的是一些普普通通的小动作，最普遍常见的、最明显的是“暂时地闭一下眼睛”“用手捂眼睛”。莫里斯说：

> 从某种意义上，每一次短暂的信号切断就是从社会义务感暴政下的一次小小的、象征性的逃亡。虽只是短暂的一刻，它毕竟阻抑了过多的感觉输入，因而有助于调整对我们每个人来说都如此重要的输入和输出的平衡[②]。

如此，捂脸虽然是一个表情包，实质是自我对感觉输入的拒绝，对社会义务感的“象征性逃亡”，在交互性的社交媒体下，也是对向

---

① ［英］德斯蒙德·莫里斯，人类行为观察，刘文荣、今夫译，深圳：海天出版社，1990：310–311。

② 同上，第 314 页。

别人输出感觉的象征性遮掩，对彼此社交压力的缓解。吉登斯指出，在时空脱域和抽离化机制的境况下，现代人的自我认同处于反思性地重构之中，焦虑交织进自我认同的核心。[①]在社交媒体时代，现代人的多重暧昧处境，意味着自我与社会之间达成平衡的内在紧张和张力增强，困窘成为自我认同中的凸显指标。

4. 景观化的自我

在网络中以形体相貌进行自我展示可以追溯到中国最早的网络社区之一“天涯社区”。根据刘华芹的研究，2005 年 6 月天涯社区开通天涯相册后，形体相貌的自我展示风靡一时。进行自我展示的多为女性，展示的重点内容是自以为傲的方面，那些上传自己图片的网友大多是对自己充满自信的，而网友们则会对这些发布的照片进行评论，人们展示自己以寻找自我认同、自我宣传或提高访问量。[②]如果说在以天涯社区为代表的网络时代，人们要进行身体化的自我呈现还需要勇气，还会受到各种的赞美或非议的评论，那么，几年之后微信的兴起，自我身体化的影像化呈现便蔚然壮观了。

尽管也可以分享链接和文字记录，但毫无疑问，微信朋友圈以照片分享为主要方式。张小龙在谈到微信朋友圈时说，沟通的本质就是人们把自己的人设强加给别人的过程，而发朋友圈就是把自己的“人设”通过朋友圈这种形式塞到朋友脑子里的过程。[③]“人设”，

---

① ［英］安东尼·吉登斯，现代性与自我认同：现代晚期的自我与社会，赵旭东等译，北京：生活·读书·新知三联书店，1998。

② 刘华芹，天涯虚拟社区：互联网上基于文本的社会互动研究，北京：民族出版社，2005：227。

③ http：//www.ymcall.com/artinfo/444444861892660416.html.

是当今流行的个体媒介行为，手机的拍照和相册的存储功能，使手机成为个人“影像馆”。

罗兰·巴尔特（Roland Barthes）在其讨论摄影的著作《明室：摄影札记》（*La Chambre Claire: Note sur la photographie*）中曾这样分析人像摄影：

> 人像摄影是个比武场。四种想象出来的事物在那里交汇，在那里冲突，在那里变形。面对镜头，我同时是：我自以为是的那个人，我希望人家以为我是的那个人，摄影师以为我是的那个人，摄影师要用以展示其艺术才能的那个人。换言之，动作是奇怪的：我在不停地模仿自己。因此，我每次让人（任人）为我拍照时，都有一种不真实的感觉，有时觉得自己是在冒名顶替（像做噩梦时会有的那种感觉）。在想象中，照片（我像拍的那种照片）表现的是难以捉摸的一刻，在那一刻，实在说来我既非主体亦非客体，毋宁说是个感到自己正在变成客体的主体——这时我体会到了轻微的死（带括号的死）的经验：我真的变成幽灵了。①

巴尔特所观察的时代，摄影还是一种相对稀缺、不那么大众化的“奢侈”，影像主体在“不停地模仿自己”：极力呈现社会心理学家詹姆斯和米德所谓的“主我”和“客我”。那么，在景观化的今日社会，人们不仅模仿自己，还通过虚构自己模仿流量明星，美颜相

① 罗兰·巴特，明室：摄影札记，赵克非译，北京：中国人民大学出版社，2011：17。

机和美图软件可以精致修图、美化自我，而且操作简单。更多的普通人都可以轻松实现在个人媒介上按照某一种类型和形象来打造和呈现自己的社会形象，就像明星一样。虚构的目的，或说虚构的功能，如巴尔特所指出的——“在于使摄影与社会和解”[①]。人们甚至不再有巴尔特所说的“不真实的感觉”或“冒名顶替”的感觉，因为，不真实和虚假已经大行其道，真实已被扫地出门。景观化的自我，同时消解了个体的“自在”私人空间。巴尔特将私人领域定义为“某种时间或空间，在其中我不是影像，也不是对象”[②]，也即，我不是什么的反映，也不是他人的对象（客我）。对于个体来说，纯粹的真实似乎已经没有意义了，利用美化和虚假来稀释现实，填补与景观世界相比而显得无聊虚空的生活世界。

在自我“人设”的建构中，最常用的方式有如下几类：

1. 自我身体及我的“周边”：不仅包括自我形象，还包括服饰、用品、宠物、各种财物以及场景等。

2. 行为与活动：通过各种活动，比如吃饭、旅游、休闲、运动、工作等来自我呈现，其中也包括相应的场景。这也是显示自己社会身份和生活状态的重要方式。其中，旅游呈现的非日常生活场景是最突出的内容，也往往引来朋友圈的众多点赞。

3. 社会关系：身份、地位、社会关系。同知名人士的合影，或者参与名人活动的现场，如明星演唱会、明星见面会等，也是彰显

---

① 罗兰·巴特，明室：摄影札记，赵克非译，北京：中国人民大学出版社，2011：37。

② Roland Barthes，Die helle Kammer：Bemerkung zur Photographie，Frankfurt am Main：Suhrkamp Verlag，1989.

自己社会地位和进行形象建构的有效手段。

生活中的每一个场景都被呈现为影像，直接存在的、鲜活的一切被物化地再现，生活由此变成了影像堆积而成的景观。居伊·德波（Guy Debord）在《景观社会》中运用“景观”概念展开对消费社会的理论分析。他指出：在现代生产条件盛行的社会中，整个生活本身都展现为景观的庞大堆聚。直接存在的一切都变成了表象。商品不再直接展示自己，而是通过影像的中介来展示自己。①也可以说，在社交媒体盛行的时代，个体生活也展现为景观的庞大堆聚。

影像，是一种物化的呈现方式。人们通过各种物化的形象来展示自己。景观化自我也就是物化的自我。吉登斯指出，在现代社会，“外貌已成为自我反思性规划的核心因素……身体成为现代性的反思性的一部分”“穿着很大程度上不仅仅使身体的保护手段，它明显地也是符号表演的手段，即赋予自我认同叙事特定外在形式的手段”②。

人及其生活被物化呈现，被景观所替代。人从自我中抽离出来，被影像所统治。景观的统治作用在于，符合影像要求的得以呈现，不符合想象的和他人期待的则不被呈现。下面这段学生的自述非常典型：

> 朋友圈对于我这种会克制不住攀比的人来说，又爱又恨。对于赞数的追求使我每一篇朋友圈都认真斟酌言辞、

---

① Debord, G., The Society of Spectacle, trans. by Donald Nicholson-Smith, Zone Books, 1995: 1.

② ［英］安东尼·吉登斯，现代性与自我认同：现代晚期的自我与社会，赵旭东等译，北京：生活·读书·新知三联书店，1998。

认真挑选照片，认真敲定发送时刻，以达到最大的阅读量和最高的赞数。整个过程费时耗力，所以对结果的期望随之增高。如果得到了期待的结果，我会为此高兴好几个小时，如果没有得到，我会感到失望落寞。长期如此的话，还会感到自卑，觉得自己好像没几个交心的朋友。（LK）

诸如美颜相机和“她 face+”和“ZAO”一类的手机应用软件将影像表演推向极致。只需上传一张照片，在手机上简单操作，能一键生成出各种形象的自己，不同发式、衣饰、场景，也可以将电影片段中的明星，替换成自己的脸：“ZAO– 逢脸造戏：仅需一张照片，出演天下好戏”。如其名字一样，其“Deepfake”傻瓜式的简便技术操作可以让自己同任何明星虚拟地演戏，使自我赝品化达到顶峰。

德波指出，“景观将世界的某一部分作为世界的表象并优越于整个世界”，商品世界的景观及其价值观，就此接入和延伸进入个体的景观之中，借由个体自我的景观，而进一步内化和统治了个体的生活与自我认同。德波指出，在景观社会中，社会生活实际上已被分为三层：资本、商品世界、景观世界。景观就是资本，景观的生产成为社会统一的动力，物对社会的支配（商品拜物教）在景观中彻底表现出来。景观的同一性并不是通过外在强制的方式来实现，而是通过让你成为欲望主体的方式达到支配的目的[①]，也即通过提供幻觉和想象，将消费者变成“幻想的消费者。商品就是这种幻觉，这种幻觉是实在的，景观是幻觉的最普遍形式”“景观是意识形态的顶点，它充分显示和证明了全部意识形态的本质：即对真实生活的否

---

① 仰海峰，德波与景观社会批判，南京社会科学，2008（10）：9–16。

定、奴役和贫困”[①]。景观世界体现了资本逻辑的必然要求，个人生活景观与整个商品世界景观的建构和统治联结在一起。

人与人的联结，被影像所中介。我们不仅观看他人，也观看自己建构出的景观，人们观赏自己，塑造着自己并期望被观看，在将自己变成了景观的同时，共同成为景观的看客和幻想者。

当人们乐于成为景观的时候，生活本来的意义就开始被消解了。对德波而言，“分离”的概念与景观的概念是密切相关的：“从生活的方方面面分离出来的影像汇成同一条河流。在这样的一条河流中，生活原有的统一无法得到重新确立。”[②]被呈现的才是有意义的，没有用影像记录和阐释的行为仿佛失去了意义，影像取得了我们生活的统治地位。“人的眼光是沉重的负担，是吸人膏血的吻”[③]，社交媒体的景观具有交互性：看与被看。被看，加重了自我审视和自我观看的压力。生命不能承受的不是存在，而是作为自我的存在。被看的压力，强化了自我监控和自我规训的意识。

景观中，人们将社会现实变成了自己影像的复制品，影像生活取代并进一步建构真实生活。根据马克思的观点，意识形态是对现实的虚假意识，在景观社会，意识形态由虚假意识发展为社会幻觉，在这种镜像中建构关于自我、主体、需要的幻觉，精神分裂症在这个意义上才能进入到社会生活的各个层面[④]。朋友圈里看世界，翻阅

---

① Debord, G., The Society of Spectacle, trans. by Donald Nicholson-Smith, Zone Books, 1995: 203.

② ［法］居伊·德波，景观社会评论，梁虹译，桂林：广西师范大学出版社，2007：4。

③ ［捷克］米兰·昆德拉：《生活在别处》，袁筱一译，上海译文出版社，2013。

④ 仰海峰，德波与景观社会批判，南京社会科学，2008（10）：9-16。

景观堆聚的朋友圈，是一种流动的、后现代性的自我体验。

> 那些选择栖息于后现代性境况的人，也同时生活在现代人和前现代人当中。这是因为，后现代性的根基本身就在于认为：世界是由多重异质性空间和时间性构成。[①]

来自不同时空的影像图片构成了支离混乱、碎片化的各式情节，令人眼花缭乱。随着手指的滑动一一流过，或稍稍停驻，目光穿梭于多重时空，无数的虚拟"此刻"涌现在你的眼前，"如同遍布无数漩涡的无垠海面"[②]，没有边界出人意料而又令人惊羡、渺茫混杂的心境油然而生，附着于线性时间和确定空间的生命的意义不断被挑战，想象的空间被极度扩展。

无边界感消弭个体生存的自我坐标。空间固有边界，时间也有边界和界限。人类生活的时间本质上是一系列的界限，时间将人们的生活分为日常与非日常、神圣时刻与平凡日子，也有了"被称作过去、现在（当下）和未来……有了此前与此后"，"因为各种生命内容，即感觉、经验、行为、思想，都具有一定的强度和一定的色彩，占有一定的份额并在任何一种顺序中占有一定的地位"[③]。这些界限区分了人的生活节奏和人生阶段，并为生活施加意义。"生命经由时间这一形式，成为与过程和变化具有内在固有联系的东西"[④]。如

① Heller，A. and Féher，F.，The Postmodern Political Condition，New York：Columbia University Press，1988.

② 张晓光，论后现代性背景下《五号屠场》中的生命与多重时间，求知导刊，2016（10）：155–156。

③ ［德］格奥尔格·西美尔，生命直观——先验论四章，刁承俊译，北京：生活·读书·新知三联书店，2003：1。

④ ［英］基思·特斯特，后现代性下的生命与多重时间，李康译，北京：北京大学出版社，2010。

果没有界限，就取消了意义，也不可能超越任何界限；没有时空边界的生命，也就失去了超越的向度，成为流连迷失在景观世界中的“单向度的人”[①]。

景观是对话的反面。除了观看、点赞或羡慕地评论，人们不会有任何深入的、真实的交流。景观话语没有给回应留下任何余地，而逻辑只能通过对话才能够进行社会性的建构。在自我景观化的社会里，“几乎没有什么人会在乎他人”。朋友圈里的掠过式点赞或点赞式的评论，只是从别人的世界目光扫过，少有停留驻足和交汇，在社交媒体的时代，我们失去了交流的欲望。

最后，如吉登斯所言，在现代社会中身体在建构自我认同过程中发挥着重要作用，人们在衣食住行等生活中所使用的品牌都对自我认同产生深远影响。然而，这些方面都只是属于詹姆斯所谓的“客我”方面的碎片化呈现：身体、物和地点。人的“主我”，那个精神的，对自我和自我认同进行体会、整合、进而产生觉知的“我”逃遁了。黑塞曾把人比喻为葱头，它由数层不同的皮（自我）组成，剥到最后它就一无所有：没有核、没有心、没有灵魂。有自我而没有认同，就是葱头式的人。

在《生命哲学》中，费迪南·费尔曼（Ferdinand Fellmann）指出，“生命哲学在越来越趋于物化和媒体化的世界里显得格外重要”[②]。在一个崇尚消费和消极地接受各种信息的世界里，存在着自我异化和失去自我主宰的危险。

---

① ［美］赫伯特·马尔库塞，单向度的人：发达工业社会意识形态研究，刘继译，上海：上海译文出版社，1989。

② ［德］费迪南·费尔曼，生命哲学，李健鸣译，北京：华夏出版社，2000。

本章小结

本书前两部分探讨了群体层面的线上互动与过程，本章从巴里·韦尔曼等学者“个人社区”的理论视角出发，聚焦于多重社交网络中的个体状况。

智能手机 App 尤其是微信无疑是个人社会网络的绝佳载体。它不仅具有聚纳各种社会关系的功能，而且设置了包括前台、后台以及表演舞台等各种的社交场景，使无形的群体关系变得可见、可操作。

随着微信的出现而暴增的群数量使人们陷入精细区分的关系丛和角色丛中。微信群的社会关系网络，与线下的社会关系有相一致之处，但又有网络社交的独有特征：虚拟性、多元性、创新型、自由性、异质性。尽管流动性的社群关系充斥着手机屏幕，但家庭亲人、朋友和职业关系仍是我们最重要的三种社会关系。

群数量和群讯息的巨量超载给许多人带来巨大的信息压力和社交压力，人们在庞大的信息迷丛中快速漂移、迅速切换，企图以准确的自我定位出入“社会”情境，容易导致诸如角色失调、角色混淆、角色紧张或社交倦怠。“个人空间”的失准带来更大的个人信息管理失控的风险和隐患。

自我认同与自我呈现出现新的时代特征。微信时代的典型处境表现为，对个体生活的吞噬、对社会关系的凸显强化、泛化的尴尬情绪以及景观化的自我。这成为个体认同的新机制。“客我”碎片化的拼接大行其道，对精神的自我进行体认、整合，进而产生觉知的“主我”渐行渐远。

进一步讨论

媒介化社会的到来是以手机等新兴媒介与社会生活的彼此“嵌入”达成的。本书从实体社区、粉丝社群以及个人作为社会网络的三个角度和层面进行分析，呈现这种联结所形成的聚合空间及其内部社会过程。

在社区层面，微信技术环境下的社区 / 社群在线生活不断生产出来，媒介和群体生活的彼此嵌入，使得社区线上线下的生活彼此融合在一起，形成一种“融合社区”的状态。微信在线社区不仅成为现实社区的镜像反映——在时间流的线性过程中，每一个融合了现实生活和社会关系的社区都仿佛一幕幕场景；而且是推动社会关系和社区过程的重要机制性动力。

在城市社区，微信群成为社区日常公共生活和内部互动的容器，推动了社区邻里化的趋势。对网络趣缘群体，微信社群形成了新的互动场景，带动了粉丝与粉丝、粉丝与明星的新型关系。

这些流动展开的场景都汇聚在个体的手机屏幕中，每一个个体也就被不同程度地纳入各种群聊生活中，形成在数量、类型上远远超过以往的个人社区。人们在不同群（社区）的情境下扮演自己的角色，这是他们公共生活的前台；在朋友圈里还有个人化的舞台，既可以呈现建构自我，也可以旁观或喝彩。

一、网络社群场景的特点

约书亚·梅罗维茨（Joshua Meyrowitz）的媒介情境理论着眼于传统电子媒介时代，其理论贡献在于发现了媒介场景对人的行为和角色的影响，但是，这个理论是梅罗维茨是在大众媒介时代的信息环境下提出的，强调的是大众媒介打破了此前印刷媒介信息场景的区隔，重点是突出了电子媒介信息的融合性特征，即在大众媒介将不同群体融入至同一信息场景中，以及在这样融合场景中人的行为与角色所发生的变化。在网络时代，场景的联结方式发生了变化。主要表现在以下方面：

1. 网络场景是主观性与客观性的统一

与电子媒介场景相比，网络信息场景的区隔/融合方式发生了巨大的变化。信息的联结不仅影响了信息的接触，还是划分不同交往场景的重要依据，成为在网络场景下新的信息场景的“幕布”。网络场景中的信息联结，主要受两方面的影响。首先，人是具有自主选择信息能力的主体，主体根据自己的需求选择与人和信息的联结，是个体性和主观性的统一。其次，网络场景联结的方式还受到网络平台技术逻辑的影响，例如通过注册登录功能等才能进入相应的场景之中。因此，影响网络场景的联结需要具备两个条件：一是行为主体的选择，二是网络平台的信息模式。因此，网络场景是主观性与客观性的统一。

2. 网络社群场景的联结：内容趋向与关系趋向

在网络场景中，人的需求以及意愿是联结场景的重要因素之一，那么在网络社群场景下人既有对信息获取的需求，也有对人际交往的需求，因此在网络社群场景下，社群成员聚集也分为两个方面，即内容的趋向性和关系的趋向性，也就是说人加入群体的动机是获取信息和人际交往。所以网络社群中成员是基于内容或者是基于关系而联结起来的。例如，论坛是典型的内容趋向社群，社群成员聚集在论坛的各大板块与话题之下是想要获取信息，并且与信息进行互动。微博是以人为联结的内容趋向社群，在微博社群中基于“结点”的联结，其本质上依旧是要获取结点的信息内容，比如关注自己喜欢的明星，关注明星的动态。而微信群则是关系趋向社群，彼此加为微信好友是为了建立人际关系，与他人进行互动与交流。因此，网络社群场景的联结模式分为两种：与人的联结和与内容的联结。这两种方式与媒介信息模式一起，共同影响了网络社群场景中的信息流动方式。

3. 社群交往场景三要素：联结方式、信息模式、时空特征

梅罗维茨认为，电子媒介突破了物质地点的束缚，而网络则打破了时间与空间的限制，改变了人们对于时间和空间的感受，也会直接影响互动的形态与互动关系。网络社群互动中的时空关系，时间上表现为即时性和延时性，空间上则表现为流动性，人在群体内与群体外、虚拟与现实空间的穿梭，也体现为信息在现实与虚拟空间的流动。因此，联结方式、信息模式、时空关系成为网络社群场景的三个重要因素，共同影响了网络社群场景中的信息流动方式。

二、网络次生口语文化

从媒介文化的角度进一步思考社交媒体及微信群的媒介环境，美国学者沃尔特·翁（Walter J.Ong）关于“次生口语文化”（second orality）的概念非常有启发性[①]。尽管受制于所处时代，翁所谓的次生口语文化，主要指的是电话、广播和电视媒体。在社交网络时代，从场景、个体－群体、认知效应等角度来看，次生口语文化有着突出的“两极性”特点。

1. 虚拟场景的两极性

微信群聊的语境是非常情境化、具体而贴近生活的，具有口语情境的突出特征。但基于电子技术的“在场”，不同于原生口语文化中的物理在场，而是虚拟在场和“符号”在场，因而还具有抽离、分析、客观、异步性等书面文化情境的特征。

于是，微信社交媒体构成的次生口语情境兼有口语情境和书面情境的两极性：既有情境化，又超越情境；既是接近的，又同时疏离；既实时同步，又可能延迟异步；参与者既侧身群中参与，又隐身旁观中立。

这种两极性的形成，其客观基础是借由 CMC“人－机－人”形成的媒介沟通模式，而主观方面则取决于个体“是否出场”的选择。电子世界里的虚拟在场，多少显示了与他人或群体生活若有若无似的联结。每个人掌心小小的屏幕里，林林总总的微信群一字竖排，

---

① ［美］沃尔特·翁，口语文化与书面文化——语词的技术化，何道宽译，北京：北京大学出版社，2007。翁指出，继电话、电视之后，电子技术又把我们带进了次生口语文化的时代。但对于次生口语文化的特点，他并没有“展开细说”（见该书第 103 页）。

表示着不同的关系丛与不同的角色关系；话语不停从各个群里涌出，手机上的屏读，是“刷屏”而不是“读屏”：匆匆点开一个，目光随手指飞快地滑过，眨眼间已扫过数屏；有时动动手指，也可能“我是天空中的一片云，偶尔留影在你的波心”。同时的“在场”与“不在场”“入境”与“出境”，是我们移动媒介时代的社群生活状态。

2. 个体－群体的两极性

口语文化是与他人的交流紧密联系在一起的，它造就集体感和群体性；而以文字发明和印刷术带来的书面文化，“解放了人的自恋情结”[①]，书面文化里是孤立的读者和他的眼睛所构成的封闭空间，如学者尼尔·波兹曼（Neil Postman）所云：“印刷术给予了我们自我，使我们以独特的个体来思索和谈话”[②]，书本的本性是“桀骜不驯的”，它促成了个体的自主意识和主体性。这是沃尔特·翁所说的书面文化与口语文化两极性的重要表现。次生口语文化是内化了书面文字“反身性”和印刷文化“现代理性”之后的口语文化，两极性则成为次生口语文化的内在规定性。

手机媒体本身也兼具“个体－群体”的两级属性。从哈罗德·伊尼斯（Harold Innis）的媒介分类来看[③]，手机是倚重空间的媒介，突破空间的局限，移动实时，便于沟通交流，易于形成大规模的社会组织和人群的集结，有增进群体联结、产生强烈群体感的

---

① ［美］伊丽莎白·爱森斯坦，作为变革动因的印刷机——早期近代欧洲的传播与文化变革，何道宽译，北京：北京大学出版社，2010：10，69。

② ［美］尼尔·波兹曼，童年的消逝，吴燕莛译，桂林：广西师范大学出版社，2004：41。

③ ［加］哈罗德·伊尼斯，帝国与传播，何道宽译，北京：中国人民大学出版社，2003。

功效。前文所分析的接龙现象在各类微信群里层出不穷，本身就是群体性的直观表现。

但另一方面，手机社交媒体的交互性，突出了个体的社交主体，是巴里·韦尔曼（Berry Wellman）所谓“个人网络”（Personalized Networking）或“个人社区”(Personalized community）[①]的最佳载体。个体是自我社会关系网络的中心；同时，微信群成员在讨论过程中享有不经过审查就可以发布自己信息的“编辑权”，凡此都确立了个体的主体性。

因此，个人进行微信群对话的过程，实际是孤立的说话者与看不见的但不该忽略也不会缺场的听众共在的情境。也可以说，次生口语文化是同时凸显群体性和个体性的两极性文化：促进群体和集体感生成的同时，也确立自我中心网络和自我表达的主体性意义。

3. 认知－自我的两极性

媒介对人认知方式和意识的改变是媒介环境学派研究的终极人文关怀。根据沃尔特·翁关于口语文化与书面文化的分析，口语文化是移情的、参与共鸣的、贴近人生世界以及最低限度的抽象性；文字则不然，文字使人与对象分离开来，带来精确性，促进内省清晰，“文字改变人类意识的力量胜过其他一切”。文字世界既打开了通往外部世界的大门，也打开了通向自身的大门，从根本上削弱了口语文化的社会基础。

微信群聊的语境，兼备口语交流和书面交流的特点：它首先是

---

① Wellman B.，“Physical Place and Cyber Place：The Rise of Personalized Networking”，*International Journal of Urban and Regional Research*，2001，25（2）：227–252.

口语交流的语境，情境化、移情和贴近，充满即时性的对话语境又容易产生直接而情绪化的反应；但这种交流又是通过键盘输入、诉诸文字符号和视觉符号进行的，容许“抽离”情境，不同程度地摄入理性和分析，因而使沟通不同程度地经历了内省与自我意识的过程。当出现对抗或争端情形时，人往往会陷入这种理性与情绪的漩涡中。

也许可以推想，社交网络空间的两极性在三个相关维度上积累起内部张力：媒介场景、个体－群体关系以及自我认知效应，这种两级张力会对个体理性带来某种压力，有增加个体内在危机的风险。

次生口语文化，其本质而言，如沃尔特·翁所指出的，这是一个基于文字之上的“更加刻意为之的自觉的口语文化”，个体有敏锐的社会意识，群体心态是自觉的，因而是在按部就班中产生的[1]。次生口语文化中的群体性与个体性的两极存在，一方面导致更多的群体性活动和集体行为，另一方面也产生大量的个体自我呈现。

---

① ［美］沃尔特·翁，口语文化与书面文化——语词的技术化，何道宽译，北京：北京大学出版社，2007：104。

附　录

附录 1：问卷调查情况

为把握人们使用微信群聊的情况，2018 年 11 ～ 12 月，我们进行了问卷调查。调查主要通过网络和微信等社交媒体在线上发布问卷，同时在线下填写问卷，共回收问卷 1 568 份，有效问卷 1 517 份。另外，随机或通过关系进行访谈 57 次。填写人群的基本情况如下：

1. 性别

男 45.75%，女 54.25%。

2. 调查对象年龄分布

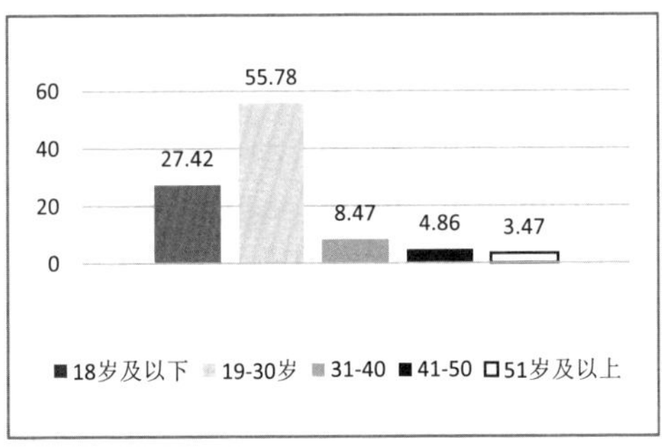

3. 调查对象职业分布

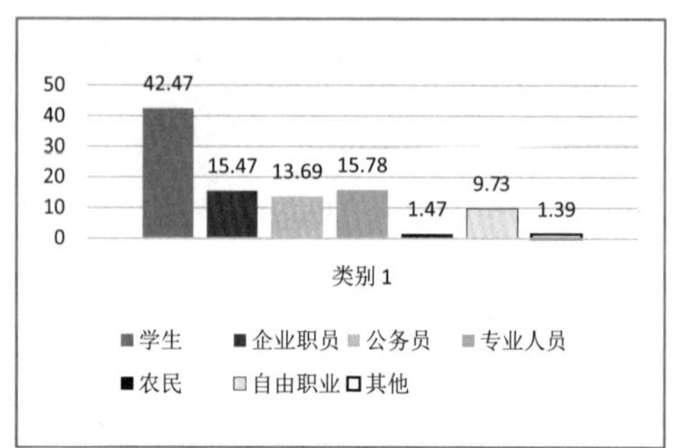

问卷中，大学生的比例较高，是由于许多问卷是在朋友圈中发放的。

4. 微信使用时间

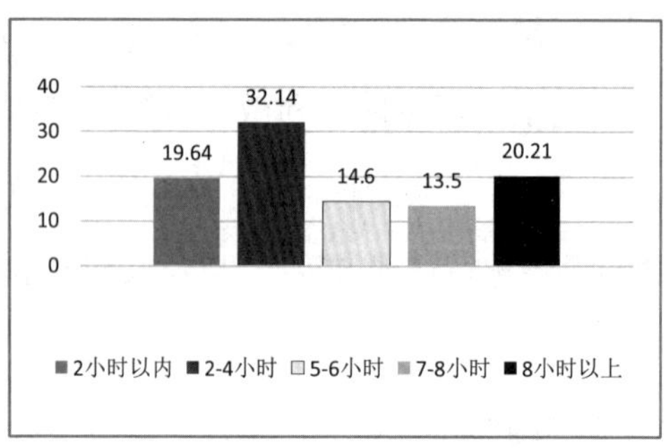

5. 非临时群数量分布

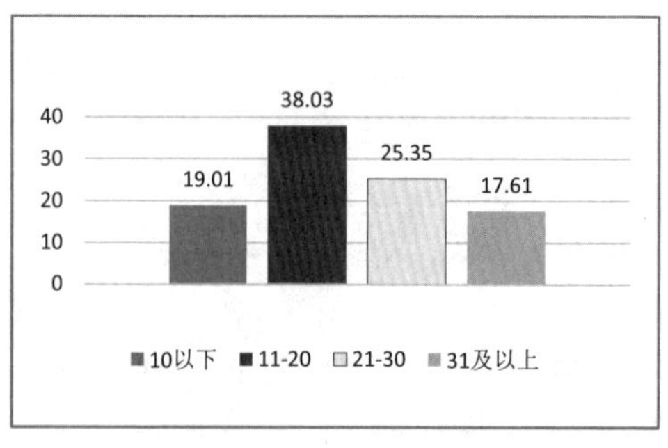

6. 微信群类型（多选）

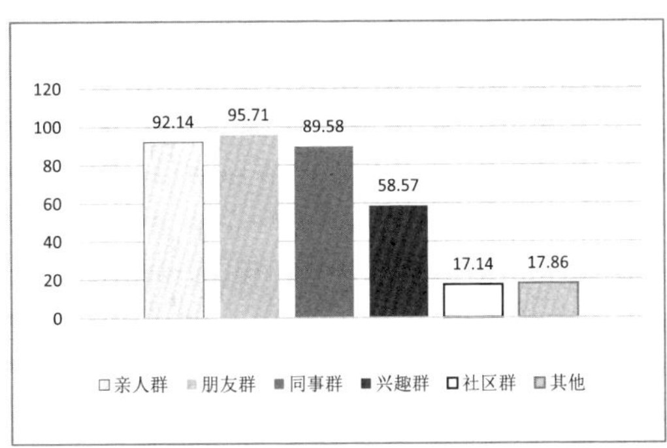

7. 重要性程度排序（由高到低）

选项	平均综合得分
亲人群	5.11
朋友群	4.41
同事群	4.31
兴趣群	2.54
社区/业主群	1.47
其他	0.22

8. 置顶群类型及比例（多选）

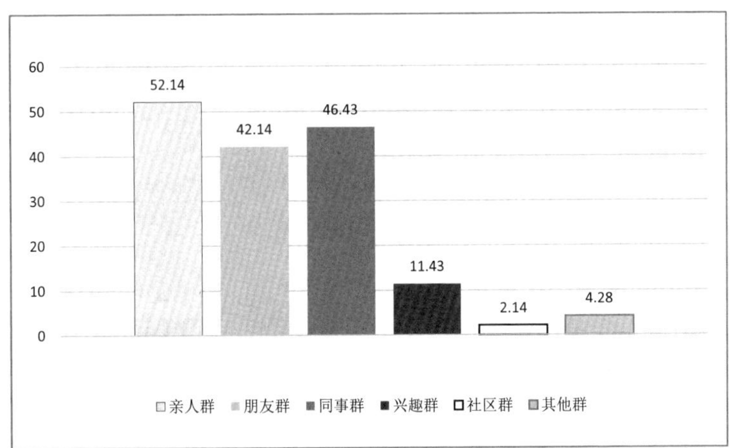

9. 活跃程度排序

选项	平均综合得分
朋友群	5.11
亲人群	4.41
同事群	4.31
兴趣群	2.54
社区/业主群	1.47
其他	0.22

10. 参与度排序

选项	平均综合得分
朋友群	6.74
亲人群	5.41
同事群	4.7
兴趣群	3.54
社区/业主群	2.27
其他	2.59

11. 群消息阅读

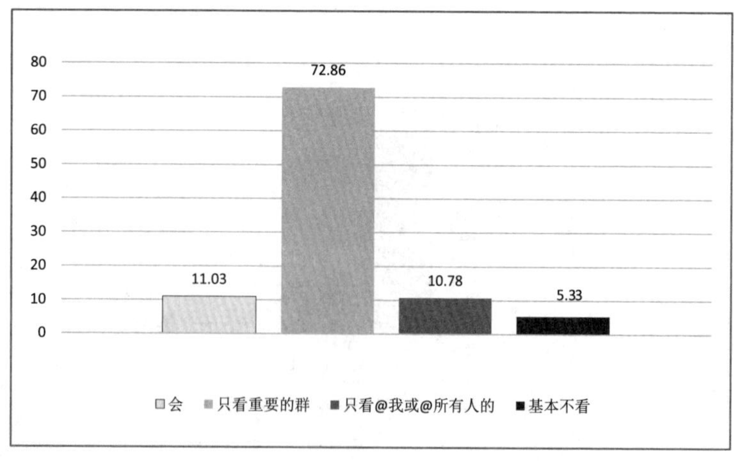

12. 刷朋友圈点赞频率

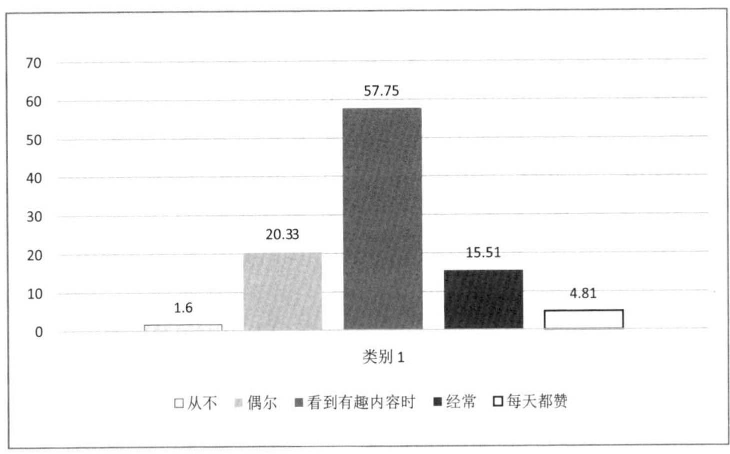

13. 退群

是：76.19%；

否：23.81%。

14. 退群类别（多选）

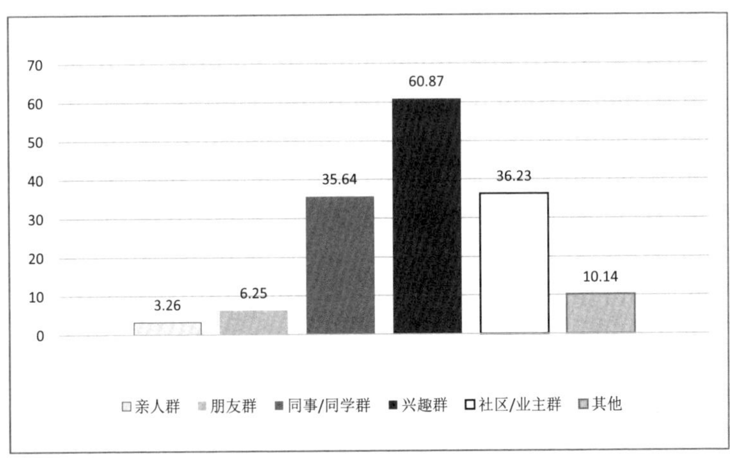

15. 退群原因（多选）

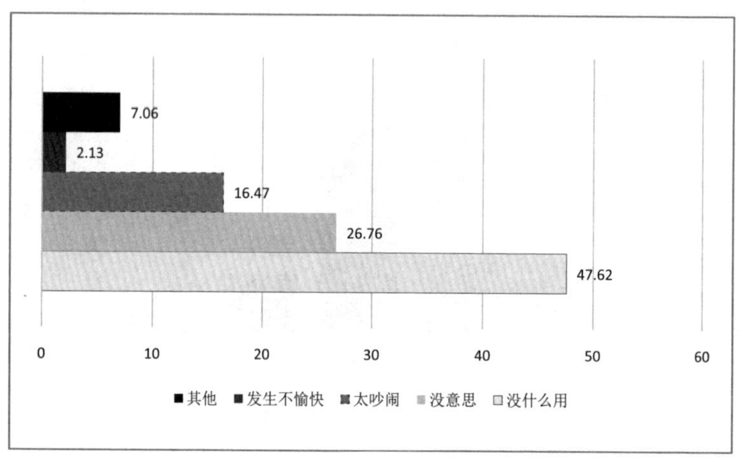

附录 2：小白鼠见面实验

一、实验名称：小白鼠见面实验

二、实验目的：研究个体在微信群和现实生活，即面对面交流的行为一致性。

三、实验方法及原理：小组成员和 4 名互不相识的志愿者（其中一人既是成员又是志愿者）在同一微信群中聊天，一个星期后全员进行面对面交流。通过对志愿者在微信群里的聊天方式、用词、活跃度等，与面对面交流中的说话方式、动作表情等进行比较和匹配，结合个人对其他人的线上线下印象，总结出结论。

四、实验人数：7 人

五、实验预期：根据问卷调查中的问题“微信群中的您和现实生活中的您是否具有一致性”，62 个样本中有 74.19% 的人选择“基本一致”，25.81% 的人选择“不太一样”，预期在志愿者中线上线下差异不会太大，有较大的识别度。

六、实验流程

1. 微信群内聊天，小组成员进行适量引导。

2. 聚集志愿者见面，志愿者不公布自己的线上身份。对志愿者进行编号。

3. 志愿者写下自己对群友的印象。

4. 游戏环节：所有人一起进行三项言语交流较多的游戏。

4.1 谁是卧底；

4.2 我有你没有：轮流说一件只有自己做过、别人都没有做过的事，否则说话人输；

4.3 闹钟炸弹：手机闹钟定时，手持手机的人向下一个人问问题，问完立刻将手机传到下一人手中，闹钟响起时手持手机者输。

5. 向志愿者解释本次实验的目的，志愿者被告知接下来将被要求猜测对方身份。

6. 真心话环节：志愿者可自由提问，可通过此环节把握更多群友的信息。

7. 志愿者在纸上写下自己认为的群友对应编号和线下印象，提交答案后公开所有人的身份。

8. 自由交流讨论，抒发感想。

七、实验现象及初步分析

所有 4 名志愿者（分别用 ABCD 代替）的答案都表现出猜测群友身份出错或对群友线上线下印象有变化。在 3 名志愿者 ABC 中，

A、B 被混淆一次，B、C 被混淆一次。印象改变上典型的是，线上觉得比较活泼，线下觉得话比较少，或者从内向改变为外向。

经观察，在微信聊天中，志愿者可以十分快速地畅聊起来，讨论内容包括学习、家乡、南北差异和天气、吃饭等琐碎的日常事情。然而大家在微信群中聊天的热度并不能持续很久，到了中后期每个人发言量都大大减少，偶尔才会聊起来。志愿者在微信群中会广泛地使用表情包，交流语气也比较活泼，群内气氛一直十分轻松愉快。

而在面对面交谈中，大家刚见面时交谈很少，在等待开始的时间内所有的人都围坐一圈看着手机屏幕，实验的线下部分开始后大家也还是有些生疏，气氛比较尴尬。随着游戏的进行，志愿者们也逐渐放开，开始轻松自由地交谈和游戏。一直到最后都处于一种十分自然愉快的气氛中，并且几乎所有人都获得了类似“活泼”“亲切”“很好相处”一类的正面评价。

志愿者们多多少少都表现出来在微信聊天中与面对面交流上的差异。其中被他人混淆两次的 B 是本次实验的一个典型。在微信群中，B 可谓是志愿者中发言最为活跃的一位，而在面对面交谈中，B 属于较晚进入交谈自如状态的一位。B 得到的线上评价更偏向开朗：很照顾人，不让大家在群里尴尬，应该是个很暖的 girl——给出这个评价的志愿者也同时在现实中把 B 认错了。而在线下，B 得到的印象则包括了“安静”“外冷内热”等更偏于内敛的关键词。其他 3 位志愿者表现的差异性不太大。

附录3：学生微信使用自述（节选）[①]

“社交时代，每个人都是主角。Wechat这一类社交平台最大影响，是将社交性与媒体性相结合，让每一个个体成为自己生活的主角，或者说是自己电视剧的主角，观众就是自己朋友圈的每个人，每个人的朋友圈都充满了神奇色彩。在生活中，我们很难站在独属于自己的舞台绽放异彩，但在朋友圈中，可能自己分享的一顿美食、一只宠物都能与“观众”产生共鸣，并收到点赞。我们都是小人物，但小人物也能收获自己意料不到的赞美，这对于年轻一代的自我建构是非常有益的。”

——罗同学

“我会比较频繁地发布朋友圈，发一些自己的心情、吐槽、喜欢的音乐、关于生活的记录之类的，有一段时间试过每天都会发两三条朋友圈，现在也基本都是每天都会发一两条。但记得曾看过一篇外国翻译过来的文章，大意是说，人在现实生活的成就大小跟人在社交网络上的活跃频率成反比，活动频率更低的人成就更大；相反，经常活跃在社交网络上的人成就会相对更小。当时看完以后，尽管不敢苟同，但实则对于自己每天都活跃在微信朋友群、朋

① 摘选自深圳大学传播学院2019年学生的微信使用自述。经过了学生们的同意，在此表示感谢。

友圈这一事实，的确感到有点紧张。”

——岑同学

“以前玩QQ的时候就很喜欢发说说，用途就相当于现在的朋友圈。发完之后每隔一分钟就要打开手机看一看有没有人点赞、有没有人评论。如果有很多人点赞评论，则说明这条说说是成功的；如果有评论我也一定会回复，且最好你来我往把一条评论拓展成很多条的样子，这样显得我这条说说很有意思；但如果这条说说只有零星几个赞，又没有评论，我就会感觉很失落甚至想删掉这条说说。我实在不喜欢被这种心情困扰，所以现在微信上也渐渐养成了不发朋友圈的习惯。”

——黄同学

“因为自己试过冷场的感觉，很不好受，所以会尽量捧场，即使不是真心的。我也是个没有感情的点赞机器。现实中密切交往的人非常少，不再需要去维系那仅有的点赞之交。我逐渐把自己从微信虚拟状态中来回现实，随着年纪的增长，我认识到仅仅在微信上构建自己的理想人设是没有意义的，在现实中提升自己才是关键。我不再频繁地刷朋友圈，想要升级关系的话会直接私聊，而不是在朋友圈里下功夫。”

——谢同学

“在微信上，我会更加斟酌考虑我的用词，因为它不像现实中说话那样，瞬间就过去了，对方也不会多想什么。在微信中，你说的每句话都会被清晰地记录下来，所以发微信时我会格外谨慎，尤其是面对年龄比我大的或者地位比我高的人时（如老师、家教孩子的家长），一句话发出之前我可能要修改好几次，甚至询问别人的意见，这样说是否得体。反过来，我对别人发过来的话也容易胡思乱想，毕竟那句话就摆在你面前，看多几遍不知不觉就会生出很多其他的意思。”

——区同学

“就我而言，在一个所有群成员都仅限于点头之交程度的大群里，发信息就相当于把自己暴露在几百个人的注视之中，我会担心：是否有人会回复我？我的问题是否有问的意义？我的言辞是否准确礼貌？如果没有人回复的话我是否会显得特别尴尬？……担心太多，以致于我想问什么问题的话，宁可私聊，也不愿意在群里发消息。如果看到别人发信息问问题时，我会把自己放置于一个旁观者的状态（旁观者效应），认为几百人里面总会有人回复他的（责任分散），而如果所有人都这样思考，就导致无人回复。如此反复，群中成员之间的互动少之又少。”

——王同学

“现代人似乎很多人都有这个通病：手机一离远了就担

心会有人找自己，我也不例外，每每将手机放远了就担心，哎呀，会不会有人发微信找我，可事实上，每次将手机拿回都并没有人找。可每次还是不死心地，将手机放在手边，就算屏幕一直不亮起，也时不时打开微信看看，有没有开了消息免打扰的群聊冒出小红点，有没有朋友圈被别人点赞或评论需要回应。其实很多人都明白，没有那么多人总是需要自己，但微信却总是被载满了被需要的期望。”

——郑同学

“一些无聊的聊天一般不会参与。这在我眼中是一种无意义的社交模式，对个人而言带不来什么益处，更多的是浪费时间和财力……虽然交际很重要，但是日久见真情，还有大把时间用于认识，没必要一开始就混得很熟，然后发现了别人有着自己所不能容忍的缺点，但是困于既有关系而不敢提出来，于是这种社交便会成为人的负担。所以我不过度参与、陷入其中，但是会从中取其精华满足自己的能力培养和体验需求。”

——蔡同学

“我们在现实生活中所担任的角色决定了我们在微信群中所担任的角色。之前，因为爷爷、奶奶对微信不熟悉，于是家族群便由我建立并不断邀请亲人们进群，自然而然我就成了群主。等爷爷琢磨清楚微信之后，有一天突然跟我说“群主要发红包呀”，我当时十分地摸不着头脑，不明所以。不过没过多久，我立刻明白了他的意思，我立马将群主的位置转让给爷爷，于是爷爷变成了群主。在整个过程中，虽然我们之间没有明说，但都心领神会。对于在农村长大且又当过兵的爷爷来说，这个“群主”不仅仅是一个微信群中最高管理者，更象征着他在我们家族中族长的地位。”

——唐同学

“2011 年 1 月 21 日，腾讯推出了微信，彼时的我，还是一名懵懂的小学生。连手机都没有的我，无法想象它会对我的生活带来多大的影响。从小学三年级起，我就拥有了自己的 QQ 帐号，大学之前的大部分网上活动都是在 QQ 上完成的：QQ 农场牧场大乐斗，其乐无穷……直到进入大学。

我可能是 2019 级学生中最后一批拥有微信的人。高考结束，我拥有了第一部手机，有了第一个微信账号、第一批好友。那时我的朋友圈，充斥着老爸老妈、姑姑婶婶们的日常，他们之中有发全民 K 歌中 No.1 的，有发各种健康小贴士鸡汤美文的，还有发我最不喜欢的抖音快手短视频的。感觉自己深处一群“牛鬼蛇神”之中。我对他们的动态也不感冒，毕竟线上线下，抬头不见低头见，会腻的。不过现在出来上学，根据王境泽的“真香”定律，我反而把他们的每一条动态视若珍宝，时刻关注那个小红点的出没，不时点赞，不时评论回复，这可以给远在他乡的我一丝温暖的慰藉。从这一点上，我非常感谢微信，它搭建了一座过去和未来联系的桥梁，也减缓了亲人间代沟的加深。”

——邓同学

致 谢

本书的合作计划始于5年前。我和刘楠都对智能手机里各种应用带来的社群关系深感兴趣，也都希望探究手机媒体对人与社会的影响。经过探讨和比较，满怀热情地做出了将微信群中的两类社区作为研究对象的设想。

然正如人们常说的：梦想很丰满，现实很骨感。最磨人的，是存在于内心中挥之不去的延宕感。部分原因是由于质性研究本身须假以时日而无法速成，更多原因则在于眼高手低和能力有限，当写作思路不够清畅或感到没有新意或乏味的时候就束之高阁。渐渐地也习惯了安于顺其自然。

因此，我们特别感谢深圳大学传播学院院长巢乃鹏教授。巢教授为人温和、宽厚而又严谨、坚定，没有他的鼓励、推动和扶持，就不会有本书的面世。感谢传播学院前院长王晓华教授，与晓华教授工作，开展内外交流是人生中的一桩乐事，也让我产生了很多灵感。

由衷感谢麻省理工学院（MIT）比较媒体实验室的王瑾教授。2017年至2018年，我非常幸运地作为访问学者跟随王瑾教授做研究，不仅从她的著作和课堂上受益良多，课后的交往交流也多有启发。在 MIT 访学期间，王瑾教授推荐了大量的外文著作，让我领略了许多前沿成果，开拓了研究视野和思路。

胡莹、华薇、陈昕瑜、刘劲松、黄春平、辜晓进、李明伟、尹连根、彭华新、张晗、张田田、曾温娜、茅知非等同事都是我的良朋益友，在愉快相处中收获的不仅是知识和信息，更多的是关心和帮助。感恩诸位关照。

在长达四五年的研究过程中，我时而会在课堂上跟我的学生分享我的研究和观点。作为互联网原住民，他们对于手机的各种使用远胜于我，年轻文化的流行也让他们充满活力和自信。他们会对我的某些“无知”会心一笑，但我对现象的理论分析也令他们感到新鲜有趣，这种代际间的碰撞和教学相长的过程让人乐在其中。我特别感谢传播学院 2018 级、2019 级本科学生。这些可爱的 00 后们，课上积极交流、课后配合完成问卷调查和作业，主动在课群里聊天回应。对他们的观察所得也成就了本书某些有趣的思考和认识。

感谢深圳大学传播学院 2015 级的陈丽玲、方海珠、朱东翘、黄耀桦、周思凡、兰匀璐、麦润汶同学。他们选择了我提供的社区生鲜市场的毕业设计选题，跑社区做实地调研和访谈，顺利完成了他们的毕业成果，也为本书提供了其他社区经济活动的案例材料。同时，感谢深圳证券时报社余胜良、于德江等老师对学生们的指导。

感谢我们的受访者，感谢咖喱 3000 所有乐手。特别是鼓手 Hayato，他事无巨细地帮助刘楠联络其他乐队成员、安排访谈和行程，给予了巨大的帮助，在此表达感谢。感谢两个个案群里的所有业主和乐迷朋友。为了能在自然状况下进行观察，我们并没有申明身份，除少数访谈对象外，大部分人不知情。尽管我们做了匿名处理，但仍对我们的研究所可能具有的某种冒犯忐忑不安。我们十分清楚，当我们借助自己的思维方式和概念体系对研究对象的生活和意义加以理解，并用自己的语言表述出来时，这本身就是一种权力的介入；我们小心警惕这种观看和书写中的权力，不断反思自己的研究框架和理论视角。谨在此表达歉意和谢意。

最后，特别而真诚的感谢送给中国大百科全书出版社的鞠慧卿、程广媛两位编辑老师。感谢鞠老师对拙作的严格把关和细致审阅，促使我们的写作更加逻辑严密和行文流畅。

还要感谢为我们默默付出的家人。悠悠岁月，漫漫人生，唯有亲情让我们内心安然幸福、踏实做事。这本小书也是送给他们的礼物。

王　琛

2020 年 4 月 于文山湖畔